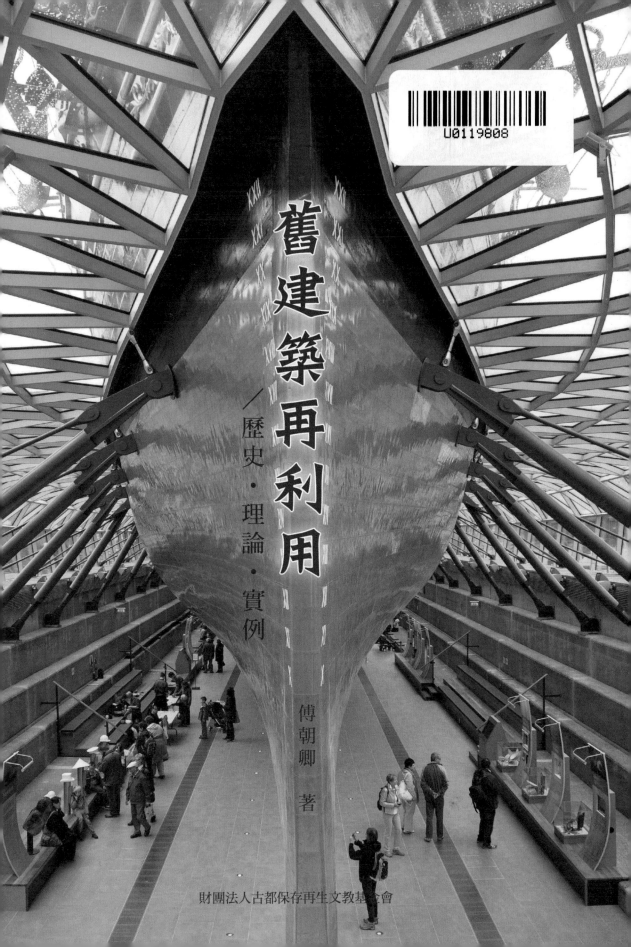

舊建築再利用

/ 歷史・理論・實例

傅朝卿 著

財團法人古都保存再生文教基金會

目錄

案例賞析－新舊共容類型　207

案例賞析－新舊共融類型 311

自序

　　1990年，我自英國返回國立成功大學任教，因有感於台灣的古蹟保存過於依賴傳統凍結式的保存，造成不少文化遺產淪為供人參觀的僵屍，毫無生命力，於是開始在文化遺產界提倡舊建築再利用的觀念，同時也在學校開設相關課程，指導學生進行相關議題的研究。時間一晃，已過了二十多年，舊建築再利用已經從很少人知曉，多數人不認同的狀況，成為今日文化遺產界的顯學，不但每一處文化遺產都會提倡再利用，相關文化資產法令也修正，將再利用納入其中，令人欣慰。為了使舊建築符合新機能，國際上對舊建築做適度的改造，並導入現代化設備的再利用，早已於1980年代成為空間設計主流之一。凍結一棟舊建築使其不再繼續破壞是一種消極的辦法，替舊建築尋求新的生命則是更積極的舉動。這種觀念乃是根基於歷史發展中各種事物必然會更動之自然現象，即如挪威建築師兼理論家諾伯修茲（Christian Norberg-Schulz）所說：「保存和改變其實並不是相對的，因為毫無保留的改變乃是破壞，而絲毫不允許改變的保存則是頑固。我們必須認清的是，所有的客體始終都必須面對新的情況，我們絕不可能再次面對完全相同的客體，我們所面對的，都是在新情況中的同一個客體，亦即不同的中介媒質。如同我們要保存過去的客體，則必然必須以新的方式去做。」

　　台灣的文化遺產與建築學者從1980年代後期也有人體會到台灣古蹟之特質應該比較不適合用日本文化文財嚴肅的凍結保存方式。漢寶德在1988年的「文化資產維護研討會」就曾於〈文化資產維護的意義與做法〉一文中呼籲「對於不具有重大歷史、文化意義的古建築而言，就該放棄冷凍式保存的教條，坦白的以形貌為保存目標以配合世界的潮流。」事實上，一向被公認在保存政策與手法最嚴苛之日本也在1988年修改部分觀念，建設省於該年明確的提出，「今後公家官舍建築物在整修時，為了都市環境及地域的活化性，具有歷史性價值的公家官舍建築應積極的保存、活用。」日本之保存界當時已經體會到再利用不但可以保存歷史，更能發揮積極的創造性，就如同村松貞次郎所強調的：「對保存、活用光是保留的消極想法是無法進行。為了更美好的街道，為了使人人易於親和，我們可以利用前人所遺留下的重要設計要素，即如何更有效的利用－需要積極的想法，不光是保留而是創造。近代建築物的保存、再生其根本之道，應是創造的精神。」

　　事實上，舊建築再利用的觀念早在1977年，由國際著名的景觀建築師勞倫斯哈普林到台灣演講時就引入，並且由馬以工撰文〈古屋的再循環使用〉加以介紹。不過在當

時再利用之觀念並未引起很大之回響。十年之後，戴育澤之《台灣都市中近代公共建築之維護與再利用》（1986）首先把再利用之觀念論述及於台灣日治時期建築，認為其也應可應用再利用達成新生，不過關心的人有限。其後續之研究一直等到六年後才由我所指導，施進宗之論文《歷史性建築再利用之探討－以台灣日據時期建築為例》（1992）、李清全之論文《歷史性建築再利用計畫程序初探－以台灣日據時期建築為例》（1993）、巫基福之論文《歷史性建築空間型態之再利用研究：以台灣日治時期公共建築為例》（1995）與陳嘉琳的論文《歷史性建築增建空間、結構及美學議題之探討：以台灣日據時期公共建築為例》（1998）中繼續下去。從此，有關舊建築再利用的研究與探討，日益增多。

除了學界的研究與推動，舊建築再利用在台灣也與公部門的政策與法令密不可分。1998起，行政院文化建設委員會（文化部前身）鑑於國內文化設施長期不敷使用，鼓勵地方整理舊有建築，再度活絡空間生命，以作為藝文用途，形成了「閒置空間再利用」的運動。這個運動事實上可以回溯到「華山藝文特區」（今華山1914）的保存。為了推動閒置空間再利用計畫，文建會在2000年11月頒訂了「閒置空間再利用計畫實施要點」統合七處試辦點（宜蘭設治紀念林園歷史建築－舊主秘公館、新竹老湖口天主堂、彰化田尾鄉文化中心、台南總爺糖廠、高雄鼓山國小、高雄駁二特區、花蓮松園別館）與六處先期規劃點（新竹空軍十一村、大雪山林業公司舊製材廠、草鞋墩藝術園區、民雄廣播文化園區、枋寮車站及台東藝術村）。另外還有台中20號倉庫鐵道藝術網絡（嘉義、台南、新竹及台東）。後來草鞋墩藝術園區因故停擺、增加了湖口老街及林田山的再利用計畫，枋寮車站閒置空間及台東藝術村都成為鐵道藝術網路的一部分，台南站則退出網路。1999年，台灣發生921大地震，文化資產保存法進行修訂，再利用的觀念被適時的導入。邁入二十一世紀後，舊建築再利用已經是台灣文化遺產保存及空間論述的重要課題。

本書的主要內容源自於我在國立成功大學開設的課程，後來因為覺得台灣十分缺乏再利用的資料，乃決定將之集結出版。書的編輯工作始於多年前，然每因近年來我到國外參訪再利用的案例不斷增加，書的內容也隨之更新至今。現在台灣社會的氛圍已普遍能接受舊建築，包括法定文化遺產，進行再利用設計。不管在國外或台灣，再利用之成果也往往成為城市中的亮點。再利用已非嶄新的觀念，不過相信本書仍可提供許多資訊給對再利用有興趣的人。本書從構思到成書超過十年，衷心感謝曾經在每一階段，幫過此書內容的每一個人。

歷史與理論

再利用
理論建構

定義與觀念

　　雖然舊建築（包括古蹟、歷史建築、聚落與閒置空間）再利用已經如火如荼的在台灣展開，許多人對於此課題之認知仍然可能不甚正確，有的還存在著錯誤的觀念，建築再利用之真正定義與意義也沒有被真正努力的討論過。因而，在討論再利用相關議題及案例前，對幾個必要的名詞或觀念提出定義，以使因為誤解定義或意義而導致的偏差可以減少。任何舊建築再利用，牽涉到三件事，一為不適用或閒置，二為舊建築或空間，三為再利用：不適用或閒置是狀態，建築或空間為對象，再利用是手段。

　　首先就不適用或閒置而言，其闡明了對象在再利用前之狀態。然而到底什麼是「不適用或閒置」？在台灣，包括公私部門卻很少認真的檢討。基本上，建築與空間的不適用指的是建築與空間因為時間演變或其他因素，致使原有機能在使用上出現了無法適用於原建築或空間之問題。建築與空間的閒置，明白的說明是建築與空間不再使用，沒有機能，然而造成這種情況的因素卻不只一項。有些是原使用者已不存在或者是有所權

人已經放棄之真正的閒置建築或空間，然而有些卻是管理不當的結果。由於台灣舊建築再利用在公部門主導的案例中，多數是應用於古蹟或閒置空間上，並且在閒置空間上注挹甚多資金。然而不少情況下，我們並未適切地思考建築或空間的特質。不適用或閒置的建築或空間值得再利用必然是其具有某種程度的價值與意義，否則我們又何必大費周章來從事再利用計畫呢？在私有舊建築再利用方面，由於有經濟效應之考量，基本上比較謹慎。在「建築或空間」方面，其定義則是相當廣泛的，包含各種類型之建築物與構造物，甚至是開放空間，只要它們目前是真正的不適用或閒置，應該都是可以再利用的主體。

　　至於「再利用」，其則是目前看法最分歧之部分，而因為不同的認知，也導致了建築或空間再利用不同的作法。首先，我們必須對國內經常混用的「再利用」、「再生」、「活用」等名詞究竟有什麼不同，加以釐清。基本上，「活用」是一種行動，化建築物或空間之被動成主動；「再生」是一種目的，是建築物起死回生之期望；「再利用」則是設計策略之執行，使建築物脫胎換骨。換句話說，舊建築或空間若是想要「再生」，必須經由某種「活用」之行動，以「再利用」來達成。

　　簡單的說，建築再利用就是把舊有的建築或空間重新利用之設計。這種行為上並非現代所創，在中外歷史之記錄中都有類似之舉，文藝復興時期米開朗基羅就曾

把羅馬時期的戴奧克利仙浴場再利用為天使聖塔瑪麗亞（Santa Maria degli Angeli）教堂。（圖1-1.1～1-1.3）只不過現代人將這種觀念更積極的開發出來，使再利用成為建築或空間改造的重要一環。然而在許多不同之場合中，西方之學者與建築專業人員用來描述再利用之字眼也是相當的分歧，比較常見的有整修（renovation）、再生（rehabilitation）、改造（remodelling）、再循環（recycling）、改修（retrofitting）、環境重塑（environmental retrieval）、延續使用（extended use）、重生（reborn）及可適性再利用（adaptive reuse）等。每一字眼所描述之事也有程度及意義上之不同，其中以可適性再利用最能表達舊屋新用之觀念，一般亦簡稱再利用。當然再利用是從保存運動所發展出來的一種步驟，但卻與傳統保存概念有一段差距，依據《建築、設計、工程與施工百科全書》（Encyclopedia of Architecture, Design, Engineering & Construction）之定義，再利用乃是：

在建築領域之中藉由創造一種新的使用機能，或著是藉由重新組構（reconfiguration）一棟建築，以便其原有機能能夠以一種滿足新需求之新形式重新延續一棟建築或構造物之舉。有時候再利用也會被人稱為建築之調適或改修。建築再利用使得我們可以捕捉建築過去之價值，利用之，並將之轉化成將來之新活力。建築再利用成功之關鍵乃是取決於建築師捕捉一棟現存建築之潛力，並將之開發為新生命之能力。

由此可見，建築再利用之意義乃是除了保存部分或整體之史實性外，還替不適用或閒置的建築注入新生命，使建築本身和周圍之環境與人們共享舊建築之第二春。凍結一棟舊建築使其不再繼續破壞是一種消極的辦法，替不適用或閒置的舊建築尋求新的生命則是更積極的舉動。

1-1.1羅馬戴奧克利仙浴場版畫
1-1.2羅馬戴奧克利仙浴場室內想像圖
1-1.3羅馬聖塔瑪麗亞教堂室內

建築再利用對今日人類營建環境特別有意義乃是因為藉由此種保存策略，人類之過去可以被以「活」的面貌出現在今日，甚且與今世共同成為將來之見證。換句話說，再利用提供了人類在文化資產上連續性（continuity）之可行性，因為現代城市中所需要的是歷史的連續性，而市民大眾也必需了解歷史保存並不是多愁善感，而是精神上與城鎮空間發展的必需品。再利用的保存方式是一種比較積極、比較生活化之保存策略，許多不適用或閒置的舊建築都可以此達成其再生之契機，進而使之與大眾生活結合在一起，創造新的建築意義。

「再利用」之理論

基本而言，不管是台灣法定的古蹟、歷史建築、聚落或是閒置空間，只要是舊建築再利用就都存在著共通的理論基礎，就是結構安全的舊建築可以用史實性與現代性兼顧的方式再循環其生命週期，並且讓其以本身之條件得到經濟上之存活能力，創造永續經營的可能性。以下我們就分幾點詳細說明。

（1）建築物生命週期再循環—機能的持續使用

從生命史的觀點來看，一棟建築或是一群建築，從設計施工到完成後，即擁有其自我的生命。因為有生命，建築也因而存在著生老病死的問題。除非是已經被宣告死亡，將已面對老化或生病的一棟建築或是一群建築，加以變更或補強原有建築物之結構，使其可以適合於目前甚至是將來之需求可以說是建再利用之基本精神。再利用雖然一般指稱在原有的舊建築上加入新機能，但廣義的來看，也可以包括原有機能的強化，基本精神雖然原來只是在於使原具有特殊價值之老舊建築免於被毀棄；積極的說則在於重塑舊建築之新的生命力，使之繼續存活，享受生命的第二春，而不只是一個供人憑弔觀賞的古董。

事實上只要有人在使用，建築就會被關心及維修，老舊建築就不會因為被閒置而加速損毀。（圖1-1.4～1-1.5）建築生命週期之再循環也帶有濃厚的環保概念，在地球有限資源逐漸枯竭之今日，再利用所可以節省之建材資源是相當可觀的。建築再利用之重點

則是在於原有建築物空間潛力之發掘又能維持原建築之主要特徵。當然為了使老舊建築符合現代新機能之需求，對原有建築做適度的改造並導入現代化的設備是不可避免的。

（2）「結構安全」與「現代機能」兼顧的保存方式

過去由於「結構上安全」的顧慮，往往使得具有價值的老舊建築遭到拆除之厄運，然而這種結果卻常是表視所導致，並未有嚴謹的結構檢測。事實上，許多外觀有龜裂破損之舊建築基本上都沒有嚴重的結構問題，而絕大多數的結構問題也都可以利用補強的方式，使其可以加入現代機能而繼續使用某段期限。當然，再利用於評估原建築是否適合轉換為新的用途之時，原有建築是否可以承受新機能添加之結構負荷是必需審慎計算的。例如原為一般性質之建築被再利用為圖書館時就會有類似的問題。若有舊建築決定採用各種增建之類的再利用手法時，結構之可行性也是一大關鍵。換句話說，再利用是否可以進行，結構安全性是重要的關鍵因素。（圖1-1.6～1-1.7）

（3）「史實性」與「現代性」兼顧的保存方式

再利用廣義的內涵並非一定涉及到嚴謹的史實性問題，然而一但其涉及史實性保存之課題時，再利用所蘊涵的意義會更為重要，而設計專業者所面臨的挑戰性也更大。歷史原貌之完全保存是傳統歷史保存之重大課題，對「改變」毫不妥協的傳統保存方式

1-1.4台南州廳的生命週期不斷的透過再利用而延續，現為國立台灣文學館（左頁）
1-1.5英國大礦坑博物館因為再利用而延續生命週期（左頁）
1-1.6高雄陳中和宅以鋼樑取代木樑的補強方式
1-1.7澳門大三巴的現代觀景台，也是一種結構補強的行為

雖然可以保存舊建築之全部，但也往往因墨守成規，失掉其存活彈性。再利用之方式則可以在不犧牲經濟利益下，利用各種設計手法，一方面對史實性做不同程度之呼應，另一方面也加入現代化之空、材料等，使原有舊建築中呈現出新與舊的對話。這種概念事實上是對傳統博物館式保存方式的一種反省，因為生命本身在成長過程中就會不斷的改變，如果將建築視為一個生命體，自然不該視新的添加物之出現為壞事，而是如何避免加入新的東西後使原來的面貌盡失。換句話說，建築再利用中史實性與現代，亦即新與舊之辯證美學（Dialectic aesthetics）是非常重要的理論基礎。（圖1-1.8~1-1.9）

（4）建築物財經上的永續經營

當現代性、史實性與結構等問題克服之後，成功的再利用還必須該舊建築可以在經濟上存活。再利用後的舊建築與被凍結保存的舊建築最大之差異乃是其可以因新機能之加入而產生活絡的經濟行為，使歷史與美學可以和現代經濟並存。因此再利用的舊建築不只有保存的問題，還必須認真面對永續經營的課題。換句話說，經濟上之生存力，使再利用之策略在現代資本主義社會中更為實際。（圖1-1.10~1-1.11）

在台灣，由於長久以來保守的觀念使然，法定古蹟本身之商業潛力很少被積極的開發，甚至有人更認為商業與古蹟二者是不相容的事物。然而舊建築的維護是一項必須花錢的事業。這些經費如果一直仰賴公部門補助，在國家財政不充裕的時候，文化資產就可能發生困境，乏人照顧，進而坍塌破壞。在文化資產中引入適當的商業行為是永續經營的一個基本觀念，在國際上已經被普遍的認同。法定古蹟都可以加入適度的商業行為，法定古蹟之外文化資產之保存與維護，更可以有更多的彈性。若是文化資產本身可以有與資產相容的商業行為，就可能會產生收入，以供硬體日常維護之用。如何於再利用的過程中，利用良好的經營管理來生財，進而對文化資產回饋之良性循環，實有很大的思考空間。

建築再利用計畫之基本要件

建築再利用是一項複雜的工作，其過程

1-1.8大英博物館的大中庭計畫是現代性與史實性並存的代表（左頁）

1-1.9羅馬競技場以現代的手法復原了已散佚的樓板（左頁）

1-1.10伊朗伊斯法罕的阿巴斯飯店乃是再利用自古代的驛站，成功的永續經營

1-1.11阿姆斯特丹的海尼根啤酒廠成功的轉型為「海尼根博物館」

1-1.12上海新天地是一種兼顧保存與商業的開發方式

牽涉到許多不同的面向與問題，而且也存在著一些必備的基本要件，任何一處建築或空間若要成功的進行再利用計畫，首先必須要就這些要件加以檢討：

（1）適當的利用（開發）方式

正確的利用方式對於再利用而言是極為重要的，因為不當的開發方式，不僅無法促成計畫成功，反而會對原建築造成不當的破壞，甚至造成文化資產的淪喪。所以，期待一個成功的「再利用」計畫之前，必須先對「再利用」的使用方式建立正確的觀念。

將一處已經不適用或閒置之舊建築變更為新用途，基本上是屬於建築物空間潛力的開發，而非一般傳統「房地產」的開發。以傳統房地產開發模式而言，其本質是在生產一棟全新的建築物，且這棟建築物必須能夠被快速地銷售或出租，以達到投資獲利的目的。在如此標的之下，整個開發工作便傾向於在一個正確的地點去生產一件符合市場需求的建築商品，然後迅速將其出售。反觀「再利用」的開發模式，則是在開發一棟既有的舊建築物，去尋求適合它的使用機能並

促成它成功，經濟存活與建築物史實性的保存之間，如何尋求
共同的平衡點十分重要。因此若以傳統的房地產開發方式來經
營「再利用」計畫是行不通的，因為「再利用」是建立在長久
的經營策略中，而非短暫的房地產利益之下，投資者要是抱持
著不當的開發觀念來從事再利用，其結果注定是要失敗的。故
建立正確而永續的開發觀念是「再利用」計畫程序中的首要的
要求。（圖1-1.12）

（2）計畫的驅動力

　　「再利用」計畫的第二個必備條件是要有促使這些計畫發
生的背後動力，也就是所謂的「計畫驅動力」。從務實的角度
來看，任何計畫的形成是來自計畫的推動者，而非計畫本身。
台灣建築再利用如果想順利而且持續成功的推動，從個人到團
體，從私部門到公部門類型之驅動力則必須被強化。

　　1.政府當局：
　　政府主要是希望透過「再利用」的方式，來改善城鎮中的
不適用或閒置建築，使這些地區能夠恢復往昔的經濟活力，進
而帶動城鎮的發展，增加政府稅收。（圖1-1.13）

　　2.社會團體：
　　此處所謂的社會團體，主要指稱的是那些非以營利性質
為主的民間保存團體而言。他們希望透過「再利用」的方式來
搶救一些即將消失的不適用或閒置建築，使這些建築物能透過
「再利用」的「經濟存活」方式而繼續存留下來。

　　3.不適用或閒置建築的所有權人：
　　這類力量主要來自於房地產的所有權人，希望改善目前的
建築狀況，或是希望替他們所擁有的建築物尋求新的用途及發
展。

4.私人開發者：

這類推動者主要是希望藉由開發不適用或閒置建築的潛力來達到獲取商業利益的目的。

（3）適當的建築物

就如同區位是傳統房地產開發中的決定因素一樣，在「再利用」計畫開始時就選擇一棟適當的建築物是有必要的。因為事實上並非每一處不適用或閒置建築都有足夠的潛力可以進行「再利用」，若是計畫者選擇一棟狀況不佳的建築物，則計畫勢必受到嚴重的影響。由於每一棟建築物都會因其先天條件的不同而各自呈現不同的特色及容貌，所以，如何去評判一棟建築物到底是否適合「再利用」或應作何使用，以下幾項因素是計畫者所應仔細考量的：

1.基地特性：

包括了基地區位、基地大小、基地類型、基地形狀、基地設施、都市計畫土地使用分區管制的限制、基地外部環境特質等影響條件。其中又以基地區位及都市計畫土地使用分區管制的限制對再利用的影響最大，是計畫者所應該特別注意的影響因子。

2.建築物的形態：

包括建築物的樓層數、室內天花板高度、建築物的深度、建築物的空間特質、建築物外部的造型式樣。

3.建築物的狀態：

包括了既有建築物的結構狀態、構造類型以及建築設備等。因為不適用或閒置建築往往數年或數

1-1.13公部門在再利用運動中也可以扮演積極的角色（台中20號倉庫）
1-1.14建築物的狀態是再利用重要的因素之一（台南林百貨）

1-1.15不專業的介入往往造成建築的二度破壞

十年乏人維護，衰敗嚴重，因此結構的安全性以及消防逃生設施的問題最值得計畫者重視。（圖1-1.14）

（4）適當的專業工作群

　　複雜且專業的再利用計畫，適當的專業工作群將是計畫中所不可缺少的必備條件。所謂專業工作群主要包括了各種建築及都市人員、史學專家以及其它與保存、或開發工作有關的專家，再加上決定再利用機能後，該機能的相關專業。他們在計畫過程中協助開發者評估計畫的可行性，並提供決策時的專業技術。其中又建築專業者往往必須在整個計畫過程中扮演著整合各種不同專業力量的角色。（圖1-1.15）

建築再利用的正確發展方向

　　近年來，建築再利用在台灣有逐漸增溫的趨勢，不少廣泛定義為再利用的案例出現。近兩年來，台灣新政府在推動閒置空間再利用一事上，更花費了甚多的人力物力與財力。其結果如何，正等著大家去公評。然而從不少實際執行面向來看，台灣再利用現象在觀念與作法，存在著一些問題，必須徹底改變，否則成果將令人擔心，以下分別說明。

（1）再利用是主流發展不是另類時尚

　　由於台灣在再利用的實踐上，「古蹟」、「歷史建築」、「舊建築」與「閒置空間」被區分的十分清楚，以致於許多人傾向於把再利用，特別是閒置空間再利用視為非主流空間之另類時尚，所採取的各種標準或準則也比較寬鬆。然而若是我們檢視國外再利用的國家，我們卻可以發現「再利用」早就是社會空間改造之主流，許多重要的設施都是再利用的成果。台灣再利用不應該只停留於被視為另類時尚之層次，而是該納入文化發展與空間改造之整體。

（2）再利用是創造生機不是解決遺棄

　　再利用之主要目的是替真正無法被繼續使用，但有具有一定價值的舊建築尋求一線生機，不應是幫忙某些惡意遺棄空間之相關

主管單位尋求解套。因此公部門在推動此項工作時，務必小心謹慎，將資源用之於真正有價值的舊建築，而不是那些管理不當或刻意放棄的建築之上。就此觀點，民宅或私有建物也應該被納入再利用鼓勵之範圍。

（3）再利用是潛力開發不是空間解嚴

由於台灣閒置空間再利用的推動剛好開始於新政府上台之際，因此有不少人會把此風潮視為是過去威權專制空間之解嚴，認為是政治結構的改變，促成了不少過去碰不得之空間之釋放。這種認知也往往使得佔取過去無法取得之空間成為再利用之主要目的。其實再利用真正的意圖絕對不是如此。再利用之字眼事實上蘊藏著空間潛力與經濟能力之開發，而不是只在於「使用」之。另一方面，空間潛力的發掘是存在於不同類型的建築與空間上，並不是閒置空間一項而已。

（4）再利用是機能多樣不是用途窄化用途

由於現實法令之限制與執行觀念之偏差，致使目前台灣絕大多數的再利用，尤其是閒置空間部分，都會傾向於藝文使用，尤其供藝術家工作創作者為多。事實上，藝文用途應該只是再利用的一種可能性。其它包括商業、教育、住宿等各式各樣的可能性都要加以評估，以求找出最合適的再利用機能。許多私有建築再利用時都不再限制只能用於藝文用途，公共建築應可尋求更多可能性。

（5）再利用是設計美學不是因陋就簡

不管是作為任何一種機能，再利用的本質其實是一種空間改造的過程，因此設計美學是非常重要的一環。如何讓再利用的空間充滿了空間體驗的饗宴，是一件高難度的操作過程，但卻必須去克服才會彰顯再利用之真正意義。為了趕進度拼時程的再利用卻往往為了「趕快用」而導致因陋就簡之疑慮。

（6）閒置空間再利用是永續經營不是短期進駐

由於不明白再利用之真正意義，台灣許多閒置空間都被以短期的進駐來完成所謂的再利用。其實這種短線操作是十分令人擔心的，因為其缺乏長遠之思考。再利用應該擁有永續經營的觀念與理想，絕不是只被動的等待公部門的補助。任何再利用計畫都應有包含財務機制的計畫，以確保再利用不會是曇花一現的現象。

再利用
類型與歷史發展

事實上，建築再利用在人類建築發展史上，一直都是存在的一種對待過去建築的態度也是一種設計手法。不過若就再利用設計的本質來看，約略可以分為下列幾種明顯的型態，而每一種再利用型態的出現也反映出再利用「軀殼使用」、「建築保存」、「新舊共容」與「新舊共融」的幾個重要轉變階段。雖然這些轉變的出現，都可以被指認出來，但並不意謂著某種轉變的出現就會讓前期的使用型態消失，而是新舊型態會並行發展。事實上不同階段間存在著重疊的時間，而每一個國家地區的發展時程也不太一樣。一般而言，再利用較為盛行的歐洲國家發展較快，美日較慢，其他國家則更慢，時程因觀念的起步較晚可能會差距十至二十年之久。

第一種類型：軀殼使用

在工業革命以前，絕大多數的建築再利用型態，都是相當單純的應用舊有建築之軀殼。在1960年保存觀念興起前，幾乎所有的再利用型態也仍然大部分都是使用者覺得舊建築之構造體尚可繼續使用，將之

拆掉可惜，因此就勉強的去使用這些舊建築的軀殼，並沒有現代再利用積極改造空間的觀念。這種再利用其實嚴格的說只是「再使用」，在使用舊建築的過程中，也許會因為一些不同的需求，將建築作低強度的改變。因為這種型態的再利用基本考量是使用原有的建築物，並不是從建築遺產保存的觀點來出發，因此有些早期的案例中也許會出現與保存維護觀念相違的改變。

建築再利用其實並不是現代建築師所創，早在羅馬時期，羅馬人就將希臘人所建的戶外劇場加以改造利用，以滿足他們的需求，西西里島的陶爾米納（Taormina）羅馬劇場就是一個很好的案例。希臘時期的戶外劇場基本上都是建立於自然的坡地之上；羅馬的戶外劇場則一般都是獨立於基地上的構造物。但陶爾米納（Taormina）的羅馬劇場卻是將原位於坡地上的希臘劇場再利用而成。再以羅馬萬神廟（Pantheon）為例，這座原創建於西元前27年，後來於西元120年重建的羅馬神廟，在西元608年時由教宗伯尼法斯四世（Boniface）改為奉獻給聖瑪麗亞的教堂後，就不斷的面臨機能更動而必須

1-2.1西西里島的陶爾米納羅馬劇場再利用自希臘時期劇場
1-2.2共和時期的萬神廟門廊為拱圈形式
1-2.3第七世紀時期的萬神廟門廊改為柱廊形式
1-2.4第十七世紀時期的萬神廟加了雙塔

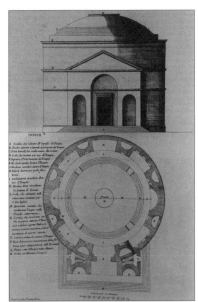

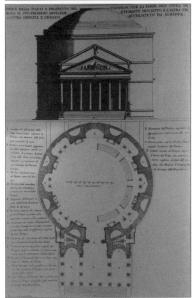

要的調適，不過著眼點都是在於如何利用現有的建築構
造體。更動與添加，如果與整體而言，都是微量的。例
如原來共和時期的拱圈門廊後來被改成現在的柱廊形
式，十三世紀時因為宗教需求於門廊上加建了一座小鐘
塔。到了十七世紀時，教宗烏爾班八世（Urban VIII）
又將此座小鐘塔拆除，改為由伯尼尼設計的雙塔。（圖
1-2.1～1-2.4）

　　文藝復興時期由米開朗基羅將羅馬時期興建的戴
奧克利仙浴場（Baths of Diocletian），再利用為羅馬
天使聖塔瑪麗亞教堂（Santa Maria degli Angeli）的案
例則已較為積極。米開朗基羅在此建築中最大的成就
乃是他如何應用原有羅馬浴場空間改變成教堂的「再
利用」計畫，此計畫可以說是歷史上最早成功的再利
用案例之一。另外像西西里島夕拉古沙市中心的主教
堂（1728），是一個巴洛克建築的佳作，但其實整個
教堂建築也是由西元前五世紀所建的希臘雅典娜神廟
（Temple of Athena）從西元第七世紀逐漸再利用而
成，教堂之內外都可以看到希臘多立克柱式被整合於牆

1-2.5西西里島夕拉古沙主教堂再利用自希臘時期雅典娜神廟
1-2.6西西里島夕拉古沙主教堂再利用自希臘時期雅典娜神廟
1-2.7巴斯羅馬浴場博物館使用的是羅馬時期浴場軀殼
1-2.8巴斯羅馬浴場博物館使用的是羅馬時期浴場軀殼
1-2.9巴黎國立中世紀博物館使用的是羅馬時期浴場及中世紀建築遺構
1-2.10巴黎國立中世紀博物館使用的是羅馬時期浴場及中世紀建築遺構

身之中。十九世紀至今，利用原有建築軀殼作為其他新機能的行動仍然持續發生，英國巴斯的羅馬浴場博物館（Roman Baths Museum）便是使用西元第一世紀的羅馬浴場作為軀殼；法國巴黎的國立中世紀博物館（National Museum of the Middle Ages）所在的建築部分為西元前了百年的羅馬浴場，部分為十五世紀克倫尼（Cluny）教派的建築遺構；葡萄牙里斯本的卡莫中世紀考古博物館（Carmo Archaeological Museum）則是再利用自同名的中世紀教堂遺構。（圖1-2.5～1-2.12）

在台灣，在文化資產保存法尚未實施之前，也有一些舊建築被轉換機能而繼續使用，都可以算是軀殼使用的案例，其中不少為公部門的機構。當1949年國民政府自中國大陸遷移至台灣後，因為政治經濟的不穩定，一開始就將許多興建於日治時期的建築挪用為不同的機關，例如中華民國總統府就是使用了日治時期的總督府，監察院的建築為日治時期的台北州廳，台南的永漢民藝館為清朝時期興建的英商德記洋行。在民間，軀殼使用類型的再利用也有不少，鹿港的民俗文物館前身便是原來辜顯榮的宅邸。（圖1-2.13～1-2.14）

1-2.11里斯本卡默中世紀考古博物館再利用自同名的中世紀教堂遺構
1-2.12里斯本卡默中世紀考古博物館再利用自同名的中世紀教堂遺構
1-2.13台北中華民國總統府
1-2.14鹿港民俗文物館

1-2.15威諾納古堡博物館
1-2.16威諾納古堡博物館
1-2.17舊金山吉拉德利廣場（右頁）
1-2.18舊金山吉拉德利廣場（右頁）
1-2.19西雅圖瓦斯工廠公園（右頁）
1-2.20西雅圖瓦斯工廠公園（右頁）

第二種類型：建築保存

　　1920年代，現代建築觀念如火如荼的被推動，現代性成為多數人追求的極致，建築再利用的現象並不普遍。1931年「雅典憲章」發表後，建築遺產保護才受到重視，1964年《威尼斯憲章》公佈後，保存運動如火如荼的展開，以保存為出發點的再利用的第二種型態成為受歡迎的模式之一，一直持續到今。在這一個階段，再利用是被視為是建築保存的一種方式，其目的是藉由再利用使一棟建築可以免除被拆除的命運。因此重點可能是保存，再利用只是一個結果。也因為以保存為主，因此空間潛力的發掘或者是改造就顯得比較保守。整體方案而言，雖然已經會有新物之介入，但大抵是新材料的置入或者是較小規模的增建，舊有建築仍然扮演一種絕對的優勢角色。1960年代，在歐洲及美國分別出現了一個關鍵性的再利用個案，也為建築再利用創造出一個以保存為主要思考的型態；這兩個案例分別是義大利威諾納的古堡博物館（Castelvecchio）與美國舊金山的吉拉德利廣場（Ghirardelli Square）。

　　威諾納古堡博物館是1960年代一個再利用典型，其原為一座中世紀防禦性很重的宮殿，然而在1960年代市中區需要有一座收藏中世紀文物之博物館呼聲中被改造成博物館。這個舉動在當時是一件創舉，可是現在卻證明當初是正確的做法。原有的宮殿大體被尊重的保存下來，內部卻同時加入了一些必要的新設施，使新舊適度的結合創造出一處既有歷史意義又具新生命之地方。雖然建築師已經利用設計的手法改造了空間，不過整體而言，原建築的基

本意象仍是存在,而新材料與原材料也是同質性的。舊金山的吉拉德利廣場,原為一棟製造巧克力的工廠,在1964年成功的再利用為購物中心,也成為不少舊建築再利用為小型購物中心的參考典範。此方案成功地掌握到所在地之特質,創造了可以遠眺舊金山灣區的平台,同時引進文化商業及手工藝品,使商業更加具主題性。多數的磚造牆體在此方案中獲得保存。(圖1-2.15～1-2.20)

1970年代,此類型的再利用穩定的發展,至今仍然可以看到一些案例是採用此種比較保守的方式。在許多案例中,美國西雅圖瓦斯工廠公園(Seattle Gas Works Paek,1975)、波士頓的范艾烏爾廳市場(Faneuil Hall Market Hall, 1976)及聖安東尼美術館(San Antonio Museum of Art,1981)都是典型的案例。西雅圖瓦斯工廠公園突出於該市聯合灣(Union Bay)之一塊地上,原址為供應西雅圖主要能源之工廠,然而該瓦斯廠卻由於污染及安全性之考量而關廠,留下許多鋼鐵廠房與污染的土地。起初該市也曾計畫將其全部拆除,後來則因為許多市民覺得該廠與城市發展息息相關而爭取保存,於1975年開放。

其中部分較高大的廠房保存做為工業雕刻(industrial sculpture),低矮且無安全顧慮者改為生動的青少年其兒童遊樂設施,原有的運輸鐵軌則改為慢跑與自行車道,整座公園成為該市最有特色之開放空間。(圖1-2.19～1-2.20)

1-2.21波士頓范尼爾廳

1-2.22波士頓昆西市場

1-2.23聖安東尼美術館

1-2.24聖安東尼美術館

1-2.25加拿大列治文喬治亞海灣罐頭工廠

1-2.26加拿大列治文喬治亞海灣罐頭工廠

1-2.27倫敦柯芬園（右頁）

1-2.28倫敦柯芬園（右頁）

1-2.29土耳其與伊斯蘭藝術博物館（右頁）

波士頓的范尼爾市集包括有范尼爾廳
（Faneuil Hall）、昆西市場（Quincy Market）、
南市場（South Market）與北市場（North
Market），是美國最重要的都市再生案例。四棟
十九世紀所興建的磚造建築，在經過整修後，
再利用為波士頓最富活力的地區。此四棟建築
都是美國法定的文化資產，也都曾經面臨拆除
的命運，最後卻透過再利用成為全美保存式更
新的代表。聖安東尼美術館原為十九世紀末所
興建的一棟仿羅馬風格酒廠，位於聖安東尼河
畔，後來酒廠關閉，改成麵粉工廠及其它用
途，最後因該區逐漸沒落而致廢棄多年。1970
年代，由聖安東尼美術館協會取得該建築，並
經政府列為法定古蹟，再委由建築師改建為美
術館。該建築原為廠房，所以空間極富變化，
而且又有大空間，非常適合做為美術館之用。
更重要的是由於一棟美術館之再生，也帶動了
該地區之全面再生。（圖1-2.21～1-2.24）

加拿大列治文（Richmond）喬治亞海灣罐
頭工廠是再利用自一個漁罐頭工廠的博物館，
而展示的內容則是罐頭製造過程。1970年代此
工廠面臨拆除，1979年，加拿大聯邦政府收購
了此工廠，並轉移給加拿大公園署，再利用為
展示加拿大西海岸漁業發展與漁罐頭製造的工
廠，現由喬治亞海灣罐頭工廠協會經營管理。
（圖1-2.25～1-2.26）

在歐洲這類的案例也不勝枚舉，英國倫
敦的柯芬園（Covent Garden）地區就有不少
再利用的案例。中央商場為1833年所建，現在
是商店林立的建築，倫敦運輸博物館（London
Transport Museum）原為1872年所建的花卉商

場。整個地區在1970年代後半開始進行
活化再利用的計畫。布魯塞爾的莎爾畢克
宮（Halles de Schaerbeek，1985）歷經
十年才將一個本來預計拆除的室內市場再
利用為比利時最有名的多功能藝術中心。
土耳其伊斯坦堡的土耳其與伊斯蘭藝術
博物館（Museum of Turkish and Islamic

Arts，1983）乃是再利用自十六世紀所建的伊布拉辛巴薩皇宮（Ibrahim Pasha Palace），類似的例子不勝枚舉。（圖1-2.27～1-2.29）

　　在亞洲，以保存為主要考量的案例也存在於許多國家與地區。香港西港城（1980年代末）位香港島中環商業區，是一棟具有歷史及藝術價值的紅磚建築，原為建於1906年之販售家禽肉品市場。在保存原有建築之主要外貌下，內部被加以更新。新加坡的靜敏思複合商業中心（CHIJMES，1996）再利用自當地建於十九世紀的修女學校；亞洲文明博物館（2008）再利用原來政府之官署，均是此類型的再利用。日本北海道地區一些產業遺產的再利用計畫，也都是屬於此類型。札幌工廠（Sapporo Factory）便是從1876年興建的官營開拓使麥酒釀造所再利用為商場。函館的金森洋物館也是從1909年興建的倉庫群中的1號及2號再利用為新的商業空間；其他的倉庫也都分別再利用為不同的用

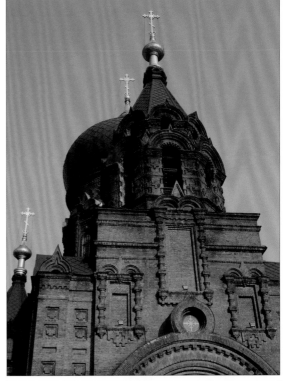

1-2.30香港西港城（左頁）
1-2.31新加坡靜讚美廣場（左頁）
1-2.32新加坡亞洲文明博物館（左頁）
1-2.33札幌的札幌工廠（左頁）
1-2.34札幌的札幌工廠（左頁）
1-2.35函館金森洋物館（左頁）
1-2.36函館金森洋物館（左頁）
1-2.37小樽市博物館
1-2.38哈爾濱建築博物館
1-2.39旅順博物館

1-2.40上海外灘美術館
1-2.41上海外灘美術館
1-2.42高雄市立歷史博物館

途。小樽市博物館則再利用自1890至1894年間興建的小樽倉庫。近年來，中國大陸也有不少舊建築被保存，並再利用為博物館，像哈爾濱的索菲亞教堂被再利用為建築博物館，旅順博物館為原關東廳博物館，上海外灘美術館則再利用自1930年代興建的亞洲文會。（圖1-2.30～1-2.41）

在台灣，自從文化資產保存法於1982年實施以來，不少的建築因而受到法令的保護而保存下來。一開始，建築保存再利用的觀念並不是非常的普及及受到注意，然而在許多學者呼籲之下，再加上文化資產保存法於2000年及2002年修訂時，逐步將再利用的精神引入後，不少保存型的再利用開始出現，例如高雄的歷史博物館為再利用自日治時期原來的高雄市役所，台北的北投溫泉博物館為再利用自日治時期的公共浴場。這些案例從建築再利用的角度來看，基本上都只限於原有建築物內部，空間沒有大幅變化，面積也沒有大的改變。有許多個案並不是非常精緻的歷史式樣，更有不少屬於產業遺產，但是因為從保存著手，再利用若能成功往往能改變整個地區屬性與發展。（圖1-2.42～1-2.43）

第三種類型：新舊共容

上述再利用的「軀殼利用」及「建築保存」兩種型態，雖然具有再利用的基本特徵，但是在「設計」部分，卻是相對的保守，而最後的成果，也基本上不超出原有建築的量體。1980年代起，建築再利用第三種

型態開始出現，此時期與現代建築神話的瓦解亦有部分關連。許多城市中因為都市分區及更新結果，反而造成沒落。因此藉由建築再利用來復甦城市中心的概念被加諸於再利用之上。建築再利用從單點建築保存的層次擴及於都市層次。更有不少再利用案是與都市復甦計畫密不可分。從設計層面來看，這種新型態的再利用案例通常都有不同程度多的增建行為，不過舊有建築與新增建部分相當清楚，而且各自自明性很高，新舊部分的建築語彙也不盡相同，甚至是新舊成為很大的對比。換句話說，這些案例中，許多都是舊有部分依舊，新有部分也相當獨立，二者的界線清楚但二者間有相通之處。

　　1980年代巴黎幾項新的計畫與第三種建築再利用的崛起有著密切的關係。羅浮宮金字塔計畫，雖然常被視為是貝聿銘的重要名作，但實際上應可將之視為是從羅浮宮到新凱旋門之間軸線的整體計畫之一，也是羅浮宮體質改善計畫。雖然從表相來看，羅浮宮的金字塔只是突出於地面上的一座玻璃屋，但實質上卻也是一個地下增建案。不但羅浮宮的動線被重整，地下也增加了新的展示、大量餐飲與商業空間以及為數頗多的停車空間。雖然增建程度很高，不過原羅浮宮的建築並沒有改變多少。巴黎奧賽美術館是舉世聞名的印象派美術館，但它也是老屋再利用之最佳典範。其原為興建於1900年的一座火車站，後來因為火車逐漸加長而不敷使用被迫關閉。起初曾有計畫將之拆除改建大型旅館，然而卻引起文化界及古蹟保存界之

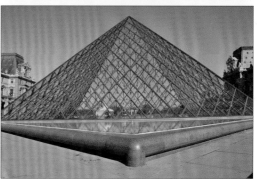

1-2.43台北北投溫泉博物館
1-2.44巴黎羅浮宮金字塔計畫
1-2.45巴黎羅浮宮金字塔計畫
1-2.46巴黎奧賽美術館

1-2.47巴黎奧賽美術館
1-2.48法蘭克福建築博物館
1-2.49法蘭克福建築博物館

反對,剛好巴黎極需有另外一座介乎羅浮宮與龐畢度中心的美術館,因而奧賽車站就在法國高層人士之同意及民間人士努力之下列級古蹟,然後再生為世界最著名的美術館。(圖1-2.44～1-2.47)

法蘭克福建築博物館原為一棟高級住宅,在1980年代再利用為博物館。再利用時保存了原建築的外牆,而於內部及後部增建全新的空間。這是法蘭克福在1980年代以博物館群復甦河岸土地的案例之一,在都市發展上有其成功之處。從設計層面來檢視,新的部分有非常高的設計品質,且與原有部分共容於一個建築中,但彼此個性仍甚為明顯。(圖1-2.48～1-2.49)羅馬競技場(Colosseum,72-80)始建於西元72年,完成開幕於80年。然而自從文藝復興時期,羅馬競技場被教宗下令保護之後,它就一直以遺蹟的面貌出現。二十世紀末,在幾經考量之後,義大利主管古蹟方面的單位決定從善如流,在橢圓形中央地板之東側,以鋼材等新材料重建了一小部分的樓板,並且由一條橋橫跨整個中央地區。於是參觀者可以自由的「進入」競技場,而不是像以前只能在周圍的觀眾席上俯視競技場。羅馬競技場在沉睡了2000年之後,終於在二十一世紀來臨之際,因為「新」設計的介入而活化了「舊」的軀殼。(圖1-2.50～1-2.51)

在英國,倫敦國家畫廊的增建、泰德畫廊的增建、愛丁堡皇家蘇格蘭博物館增建的蘇格蘭博物館及倫敦國王十字車站都是這種型態的再利用。西班牙托雷多聖馬可教堂

1-2.50羅馬競技場新樓板
1-2.51羅馬競技場新樓板
1-2.52倫敦國家畫廊增建
1-2.53倫敦國王十字車站增建
1-2.54京都的京都文化博物館
1-2.55新加坡的國立博物館
1-2.56上海城市雕塑藝術中心
1-2.57上海1933老場坊

1-2.58柏林德國國會
1-2.59柏林德國國會

文化中心暨市立檔案處（Centro Cultural Templo de San Marco& Archivo Municipal de Toledo）及巴塞隆納加泰隆尼亞美術館；亞洲日本京都的京都文化博物館、京都東本願寺、澳門聖保羅教堂（大三巴）博物館及新加坡的國立博物館等也都可以算是新舊共容的實例。中國近年於許多城市出現的創意產業園區及城市中的舊建築再利用有不少案例也可以歸屬於此類，如上海的城市雕塑藝術中心及1933複合商業建築。在台灣，受限於法令及觀念，新舊共榮類型的再利用的案例並不多。雖然不少再利用的案例都有增建的行為，但是強度都相當有限，因此舊建築的分量及比重都遠大於新建築的部分。（圖1-2.52～1-2.57）

第四種類型：新舊共融

　　1990年代後半，世界的建築發展起了另外一種變化，永續經營與空間經驗成為倍受關注的課題，再利用的發展也有明顯的變化，空間的改造更為積極，第四種建築再利用的型態開始流行。與「新舊共容」型態最大的差異乃是在「新舊共容」型態的再利用中，從空間使用的角度來看，新增加的空間是可以與舊有建築分離的，然而新的型態中，新舊建築卻是彼此交融在一起成為一個整體，一但把新建築脫離，舊建築就無法單獨存在，因此可以稱為「新舊共融」。這一期的再利用風潮也與近年來興起的文化觀光有一定的關

係，在文化旅遊已蔚為風潮之際，建築再利用與活化的趨勢也銳不可當，不少再利用的案例都成為文化觀光之對象。當然，建築保存維護觀念的改變，更多的人可以接受建築文化遺產更彈性且更多樣的變化也是使此型態的再利用得以持續發展的原因之一。

2000年世界上為了迎接千禧年而進行的建築案例中，就有好幾個屬於此類，而為了配合聯合國2002年文化遺產年之活動，不少國家也都有建築再利用的成果展現。從設計層面上來看，此期的案例思想與觀念更往前推了幾步。除了有上期的增建行為外，新舊融合並存已成為主流，空間美學往往令人驚豔。換句話說，新舊部分就整體而言之重要性已經是平分秋色了。

1999年重新啟用的柏林德國國會（Reichstag）不僅是二十世紀再利用一個重要的案例，更以最新的再利用手法及玻璃圓頂創造了在永續環境與古建築保結合的一個代表作。（圖1-2.58～1-2.59）

大英博物館大中庭在2000年底重新開幕，一夕之間，被遺忘多年的戶外空間轉化而成有如明亮珍珠般的大廳。重新蛻變的老博物館，因為這一個令人讚嘆的大中庭，帶來的生命與活力。新舊辯證與舊建築再生之真諦，在大英博物館大中庭中獲得了實踐。（圖1-2.60～1-2.61）與大英博物館同樣是英國千禧年計畫的倫敦泰德現代畫廊（Tate Gallery of Contemporary Art）是再利用自泰吾士河南岸原來一棟閒置的發電場。整個電廠的大部分外殼被保留下來，但內部則重

1-2.60倫敦大英博物館大中庭計畫
1-2.61倫敦大英博物館大中庭計畫
1-2.62倫敦泰德現代畫廊
1-2.63倫敦泰德現代畫廊

1-2.64台南國立台灣文學館室內空間
1-2.65台南安平樹屋

新改造為一個現代美術館，適度應用的新建材更使此工業遺產再利用的美術館除了保持了原有地標意象之外，增添了當代的訊息。（圖1-2.62～1-2.63）

在台灣，因為再利用的起步較晚，因此四種型態的再利用案例出現的時程並不像國外先進國家的脈絡如此清楚。但整體而言，「軀殼利用」及「建築保存」兩種型態出現的案例愈來愈少，「新舊共容」與「新舊共融」的案例開始受到更多人的重視。再利用自日治時期台南州廳的國立台灣文學館保留了原建築的主要特徵與主要空間，但是於後側及地下進行增建，新舊空間結合為一，算是台灣新舊共融類型再利用比較成功的案例。同樣地，安平樹屋中的現代鋼梯及木棧道與原有儲鹽倉庫的磚造建築遺構及錯綜複雜的老樹相互融合，不分新舊的結合成一體，算是台灣新舊共融類型再利用的一個特殊案例。（圖1-2.64～1-2.65）

再利用
設計操作

再利用之二元式設計操作

　　建築再利用作為一項非常具有挑戰性的設計工作，乃是其是一種二元式的設計工作：其一是如何保存歷史、其二是如何改造歷史。任何一棟舊建築被選取作為再利用對象時，其必然存在著某種價值，特別是歷史上的價值。在再利用時保存這些歷史證物，應該被視為是一種前題。換句話說，如果我們肯定舊建築的價值，就必須釐清其價值之所在為何，不論再利用對象是否為法定的列級古蹟。從事再利用的專業者，都必須體認到，歷史的保存是一種責任，也是一種義務。因此在面對一個需要被再利用的對象時，一定要確定何者不可以動（必須保存）與何者可以動（可以更改）。

　　另一方面，舊建築作局部的改造或增加空間的行為，就如同舊建築變更使用機能一樣，是舊建築在它們生命周期間為了適應時代需求所作的必然調適過程。事實上，在使用機能變更的同時，舊建築不同程度的改建或增建乃是無可避免的行動。況且由於時代的進步，即便是舊建築必需要維持與目前相同的用途，由於使用方式與傢俱及設備的更新，空間的需求與配置形態可能有相當之差異。因此，舊建築「再利用」時對於原有建築物作適當的改建或增建是必要的，而且是可行的作法。然而當舊建築涉及到其「原貌」史實性時，各種增建與改建必須被控制於對主要特徵原貌最有利之情況下，以便儘可能地減少對舊建築「史實性」之危害。當然新機能面積之需求、結構之狀況、法規之限制、基地之限制、經費之多寡、專業者之創意與對史實性回應程度都是影響再利用策略之因素。

舊有舊建築的解讀與判斷

　　建築再利用成功之關鍵之一乃是對原建築作徹底的了解，才能針對原建築之種種特性，提出適當之對策。對於原建築掌握的程度，會深深影響設計對策的積極性。再利用基本上要掌握原建築特色，除了周圍環境、歷史沿革（興建年代當時之社會背景）、關係人（業主、設計者、營造者、儀式者）外，還應有建築主體的空間組織（各層空間型態、各層面積）、造型式樣（式樣特徵、立面比例、量體組合）、結構系統（基礎、屋身、屋頂）、構造型式（基礎、地坪、牆柱、樑版、樓梯、屋頂、雜項）、裝修型式（地坪、天花、外牆、內牆、樓梯、開口部、雜項）、物理環境系統（空調、水電、消防）等。

再利用設計的歷史思考層級

建築再利用時，因應其保存與改造之二元性，通常有兩件事必須被執行。第一是必須要決定保存部分如何因應。如果舊建築是達於歷史建築或古蹟之標準，文化資產保存法及施行細則的規定是必要的參考。基本上，其會牽涉到所謂舊建築維護的干預層級，從單純的衰敗防治到損壞部分的修繕、修復或複製均可能被應用。

1. 衰敗防治

2. 保養（maintenance）

3. 原貌保存（preservation）

4. 穩定（stabilization）

5. 補強（consolidation）

6. 修繕（repair）

7. 歸位（reinstallment）

8. 置換（replace）

9. 修復（restoration）

10. 複製

第二是必須確定新與舊如何共存之手法，這是一件是則帶有美學層面之考量，幾種設計層級包括有：1.歷史古蹟、2.歷史為鄰、3.歷史成長、4.歷史軀殼、5.歷史點綴。

1. 歷史古蹟：歷史古蹟的思考是認為舊有的舊建築非常的珍貴，應視同古蹟來對待。

2. 歷史為鄰：歷史為鄰是在幾棟舊建築間興建新的建築，對於原有建築並不加更動，因而涵構的觀念非常的重要。

3. 歷史成長：歷史成長是以舊有的舊建築為發展基礎，自各方向發展空間，舊有建物與新發展的部分相互共存。

4. 歷史軀殼：歷史軀殼是接受舊有舊建築是一項不可變的特徵，而於其內部發展新機能與空間。

5. 歷史點綴：歷史點綴則只是局部的保存或併貼歷史元素而已。

建築再利用的幾種設計策略

　　相對於上述的思考層級，從比較廣義的角度來看，建築或者室內設計專業者在面對舊建築時可能會採取的幾種設計策略可以分為原貌保存（Original Preserved）、部分改變（Portions Changed）及元素裝飾（Elements Decorated）等三大手法。

　　1.原貌保存。其中原貌保存舊建築即為歷史古蹟的思考，舊建築不作任何之更動，與傳統的古蹟保存類似。這種手法大多應用於具有與列級古蹟一樣珍貴之舊建築，是一種消極的再利用策略。
　　2.部分改變。保存舊建築原來主要特徵，同時改變次要或不重要之空間及元素。
　　3.元素裝飾。元素裝飾即為歷史點綴的思考，手法則是原有舊建築之主要特徵已經不存在，但保存一些原建築之元素，用之於新建築之上作為一種裝飾；這種策略通常應用於原舊建築已經十分破壞，但又十分特殊之例，只好以此來保存某些元素當成是片段之記憶，可以說是相當被動式的再利用。

　　然而絕大多數的舊建築都不適合以古蹟或裝飾的策略去再利用，因為其都牽涉到空間使用或者主要特徵喪失的問題。換句話說，從現實的層面來看，部分改變的策略將是最有效的再利用策略，這也是歷史成長與歷史軀殼思考的層級，因為其不只可以保障舊建築的主要特徵不受改變，更可因為適度的更改使原建築產生空間上或情境上的變化，算是最積極的策略。

部分改變的再利用設計策略

　　舊建築作為文化資產歷史遺產，在歷史保存的初期，總是帶有鄉愁的成分，因而總是對於影響古意的任何設施會有所保留。然而若是過度強化鄉愁往往會導致多愁善感，對社會並無積極的助益。事實上，諾伯舒茲早在1960年代就於《建築意向》一書中指陳出：保存與改變並

不是相對的，因為毫無保留的改變乃是破壞，而絲毫不允許改變的保存則是頑固。我們必須認清的是，所有的客體始終都必須面對新的情況，我們絕不可能再次面對完全相同的客體。…如果我們要保存過去的客體，則必然必須以新的方式去做。如果再利用面對的是一個必須被尊重的客體，再利用時以新襯舊的必要性就更加值得注意。若就國外之經驗，部分改變再利用策略，又可分下列幾種處理方式：

1.內部（Within）式處理。這種方式建築外貌基本上維持不變，只有在建築室內進行必要之更動，有些建築可能整體外貌均保存，街屋可能只保存一主要立面。

2.包覆（Enclosed）式處理。這種方式是以一新的建築將原有之舊建築包覆其中，使之成為新建築室內之一部分。

3.上部（Above）式處理。這種方式是在原有舊建築上部作增建，原有建築位於下方，維持不變，亦稱為垂直增建，通常是應用於急需空間但腹地又小之舊建築上。

4.下部（Below）式處理。這種方式是在原有舊建築下部作增建，原有建築位於上方，維持不變，亦稱為不可見增建，通常是應用於原舊建築之外貌不容作任何更動之時。當然有時候也可能有一部分是途出於地面。

5.側部（Beside）式處理。這種方式是在原有舊建築側面作增建，與原有建築並置而立，亦稱為水平增建是最為廣泛應用之策略，亦有些案例是在原有舊建築四周作增建，使原有建築成為中心，與包覆式處理有點類似，但上部並無包被。

6.綜合（Comprehensive）式處理。應用了上述兩種以上之處理方式。

新舊辯證的設計手法與建築構成術

當然，幾乎每棟歷史性在再利用面對新舊課題時，都會有一些獨特之處，但其基本之新舊共存之設計手法卻可歸納為下列幾種：

1.複製（duplication）。複製乃是將原舊建築之母題重複施用於建築新加增的部分，以使得兩者之間形成一體。

2.過渡（transitional）。過渡乃是將原舊建築之母題用漸變的方式施用於建築新加增部分，愈靠近原建築母題愈接近原貌，愈靠近新建築母題愈不像原貌。

3.對立（contrast）。對立乃是將新建築之部分設計成與原舊建築完全不一樣，甚至在形式與材料方面屬性完全相異，以使兩者形成對立之狀況。

4.聯想（recall）。聯想乃是利用設計手法將新建築部分處理成和原舊建築有某些些層面上之相似，以使產生二者有關係之聯想。

5.襯托（background）。襯托乃是將新建築部分當成是原舊建築之背景，使其成為主體而顯得更加突出。

除了複製之外，其餘四種都存在著不同程度的新舊辯證問題，其中又以對比最為明顯。為了達成新舊間的對比，設計者通常會採取下列幾種設計方式，以創造視覺饗宴與空間美學。

傳統－現代（概念）

在態度上，使再利用之案例中呈現出傳統與現代的基本差異，讓現代的痕跡可以清楚的烙印在建築中。

量體－空體（形態）

由於舊建築的特色之一是量體之堆疊為主，再利用的部分則往往以強調空間的空體（如玻璃盒子）來與之相互對照。

厚重－輕巧（量感）

由於重視量體，大多數的舊建築基本上顯得厚重，以輕巧的構件處理再利用部分不但有構造上的優勢，使新舊材料不致於混淆，更是再利用美學特色的基礎。

粗獷－光滑（質感）

一般而言，舊建築的質感都是比較粗獷的，因而以光滑的質感來處理再利用的部分成為許多設計者的基本方式。

複雜－簡單（構成）

從建築構成術的角度來看，多數的舊建築是充滿了複雜的裝飾與線腳，將這些裝飾與線腳簡化或抽象化後用之於再利用之部分，也往往成為區分新舊的利器

自然－人造（材料）

舊建築的建材基本上為磚石與木材，都屬於較自然的建材，以人造材料作為再利用部分的材料，更能襯托出舊建築更具歷史性的特質。

傳統－機械（設施）

在一些再利用案例中，部分設施（包括設備與垂直動線），都屬於較傳統的作法，再利用時往往可以添加較為具有機械美學的設施，以增加新舊間的對比。

　　然而到底怎麼樣才可以達成上述手法的精神呢？所謂的建築構成術（architectonics）將是一種最佳的設計原則。

　　建築再利用與新建築之興建或者是單純的舊建築修復存在著本質上的差異。每一棟建築在興築的過程中，必然會採取一種適當的構造方式，這種構造方式與建築材料和建築技術有著直接的關係，其所表現出來的美學考量必然也有所不同。換句話說，建築再利用於建築構成術上，構造方式也是一項基本的課題及必要的考量。如果於構造安全性上有問題，單純的美學考量及材料考量均屬空想。正確而合理的建築構造，應該是很忠實的反應於建築的構成術上。建築再利用設計時絕對不能犧牲基本的構造合理性與安全性來求取表相上的美學考量。因此如何讓新舊材料在建築構成術（architectonics）上對話，遠比以佈景術（scenography）為主要考量的復古之作來得更具說服力。

建築構成術，簡單的說，就是建築物各部位元素清晰的組構邏輯，包含了歷史母題（motif）、構造方式、建築材料、語彙風格的整體呈現。在實際設計時，可以考量下列對象：

1.整體輪廓

2.組構原則

3.建物高度

4.屋頂形式

5.簷口線及其它參考規線

6.開口部位置及形式與

7.材料顏色都是考量的對象。

至於如何改變原有空間之品質與情境，則基本上有下列方式：

1.在大空間加入小空間

2.調整空間界定元素（天花樓版牆）

3.將室外空間轉為室內空間

4.增加垂直交通元素

當然新舊交點的構造及美學考量，也是再利用案另一個關鍵。

文化遺產保存學門與建築設計整合的必要性

影響建築再利用兩項最主要的學門文化遺產保存學門與建築設計學門。在面對建築再利用時，文化遺產保存學門中最主要的知識乃是保存科學，其本身就是一門跨領域的學科，牽涉到維護倫理、維護層級、材料、修復技術等專業知識。除了保存科學外，文化遺產學門還包括了歷史學、藝術學、社會學、社區營造、經營管理及文化遺產相關法令。在面對建築再利用時，建築設計學考量的就與面對新建築會有不一樣的思維，建築構成術是最為重要的知識，其中包含了材料學、構造系統與美學的判斷。當然，建築構成術並非是建築設計的全部。建築設計必須考量的知識還有空間美學、結構學、建築物理環境、建築計畫及建築法令等許多項。（圖1-3.1）

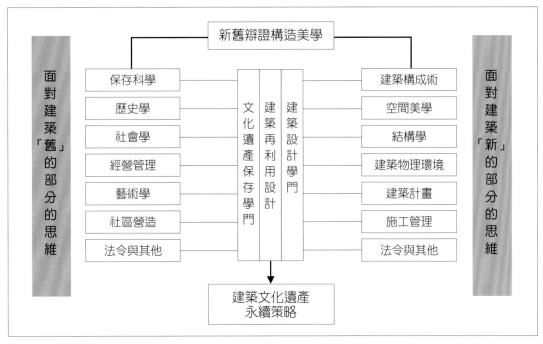

新舊辯證構造美學

面對建築「舊」的部分的思維

| 保存科學 |
| 歷史學 |
| 社會學 |
| 經營管理 |
| 藝術學 |
| 社區營造 |
| 法令與其他 |

文化遺產保存學門

建築再利用設計

建築設計學門

| 建築構成術 |
| 空間美學 |
| 結構學 |
| 建築物理環境 |
| 建築計畫 |
| 施工管理 |
| 法令與其他 |

面對建築「新」的部分的思維

建築文化遺產
永續策略

1-3.1建築再利用設計文化遺產保存學門與建築設計學門整合體系

在建築再利用尚未興起之前,文化遺產保存學門與建築設計學門幾乎是兩門互不相干的學門。關心文化遺產的人常常將文化遺產視為是一種「古董」,因此是以觀賞為主要目的,不需要加以「再利用」。如果再利用面對的是一個必須被尊重的客體,再利用時以新襯舊的必要性就更加值得注意。另一方面,多數的再利用都與都市發展有著密切的關係。因此,從都市的觀點來看,更不可能要求每一個文化遺產都停滯於原始或較早的形貌,而無視於當前的實際需求。

再利用觀念興起之後,建築設計界也逐漸認同,再利用保存方式是一種比較積極、比較生活化之保存策略,其在空間改造的過程中,其實新舊經由辯證而共存是最具挑戰

性,也最符合再利用精神之步趨,其成果更可以讓大至都市,小則單一建築,處處充滿活力,隨時可見歷史痕跡。當然,由於再利用的保存並非是凍結式的保存,因此可以接受文化遺產被補強等層級,也促使了更積極的再利用設計。事實上,在再利用觀念興起之前,由於「結構上安全」的顧慮,往往使得具有價值的文化遺產遭到拆除之厄運,然而這種結果卻常是表視所導致,並未有嚴謹的結構檢測。許多外觀有龜裂破損之舊建築基本上都沒有嚴重的結構問題,而絕大多數的結構問題也都可以利用補強的方式,使其可以繼續使用某段期限。台灣過去的文化資產保存法中,並沒有「補強」的觀念,不過在921大地震後,促使文化資產界認真考量

1-3.2再利用可以為都市帶來活力
（高雄駁二）

1-3.3結構補強在再利用中經常是必要的
（大阪公會堂）

補強的可能性，現今文資法中，將「必要時得採用現代科技及工法，以增加其抗震、防災、防潮、防蛀等機能及存續年限」。再利用有了法令的支持，建築師可以發揮的空間就更大了。從整個文化遺產及建築設計發展的角度來看，這兩大學門的整合的確造就了二十一世紀另一類的文化發展，也兼顧了文化遺產與建築設計各自的自明性。

建築再利用設計－文化遺產保存維護的永續策略

建築再利用設計整合了文化遺產保存學與建築設計學，在1990年年代以後在全世界創造了許多成功的案例。這些案例，大多數不僅僅克服了現代性、史實性與結構等問題，更成功的透過新的經營管理，在經濟上找到存活之機制。再利用設計後的舊建築與被凍結保存的舊建築最大之差異乃是其可以因新機能之加入而產生活絡的經濟行為，使歷史與美學可以和現代經濟並存。因此再利用的舊建築不只有保存的問題，還必須認真面對永續經營的課題。換句話說，經濟上之生存力，使再利用之策略在現代資本主義社會中更為實際。

事實上，建築再利用於經濟上尋求更積極的策略與近年全世界興起的「永續」概念在理論層面是契合的，甚至也可以將再利用和創意文化產業相互連結。聯合國貿易暨發展會議委員會（UNCTAD），在2008年4月發表的「2008創意經濟報告(Creative Economy Report 2008)」，提供一個最具國際觀的創意經濟視野。這個由聯合國五大附屬(或周邊)組織所合作的研究，提供了一個了解創意經濟的完整知識光譜，從右傾的經

1-3.4再利用後的空間可以成為文創園區
（台北華山）

1-3.5再利用後的空間可以成為文創園區
（台北松菸）

濟貢獻，談到左傾的文化價值，從困境到理想，從國家發展
到國際合作，是文化創意產業談「永續性」的關鍵研究。在
許多文化先進國家，舊建築再利用後的空間美學，也都可以
成為創意產業的載體，以使永續性更為堅固。當舊建築重新
利用後，產生永續經營的機制後，其所影響的並不是只有建
築物本身，還有整個都市的問題。從許多案例證明，當舊建
築再利用成功後，受惠的不只是建築本身，還有周邊的鄰近
地區。原本因為空屋頹廢產生人口外移的現象，因為舊建築
的回春而逐漸將人潮吸引回來。原來只有少數雜貨業願意常
駐的地區也因為商機的再現而出現更多樣的商業機能，居民
的生活分方便性也因而再次提高。換句話說，適當的再利用
不但可以解決建築的問題，也往往對於城鎮聚落的再生有直
接的助益。建築再利用設計應可被發展成為文化遺產保存維
護的永續策略之一。

案例賞析—軀殼利用類型

羅馬天使聖塔瑪麗亞教堂與國立博物館

羅馬戴奧克利仙浴場（The Bath of Diocletian），於西元298年到306年之間，由戴奧克利仙與馬西米安兩位皇帝所建，是羅馬城當時最大的浴場，座落於羅馬人口最稠密的地區之一。整座浴場面寬380公尺，進深370公尺，中央主體為一座長方形建築複合體，並且在一邊的長向以一個大型的半圓形建築為界，即目前共和廣場的位置。此部分的角落有兩座圓頂建築，其餘於邊界則另有數座半圓形建

2-1.1原羅馬戴奧克利仙浴場模型
2-1.2十六世紀改成馬術廳的戴奧克利仙浴場

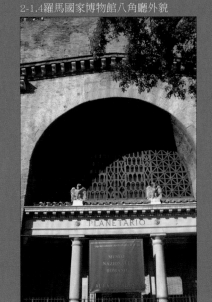

2-1.3羅馬天使聖塔瑪麗亞教堂入口
2-1.4羅馬國家博物館八角廳外貌

築。在室內空間方面，戴奧克利仙浴場與卡拉卡拉浴場之主要空間類似。

幾世紀以來，羅馬戴奧利克仙浴場曾不斷改變。在十六世紀的前十年，冷水室（frigidarium）被改裝成年輕的羅馬貴族之

馬術廳，公共的騎馬武術也在此舉行，在1536年甚至有數名英國的騎士前來參加。此外，私人住宅、商店與穀倉也分別佔據了浴場的部分建築，而周遭的環境也成了花園與葡萄園。到了十六世紀中葉，法蘭西主教兼

2-1.5羅馬天使聖塔瑪麗亞教堂立面與剖面圖

2-1.6羅馬天使聖塔瑪麗亞教堂1933年平面圖

2-1.7原羅馬戴奧克利仙浴場平面圖（左）
2-1.8羅馬國立博物館（右上）2-1.9羅馬天使聖塔瑪麗亞教堂平面圖（右下）

1.露天浴水池　5.運動場　9.大凹牆
2.冷水室　6.更衣室　10.圖書館
3.溫水室　7.小圓廳　11.主入口
4.熱水室　8.庭園　12.次入口

2-1.10羅馬天使聖塔瑪麗亞教堂外貌

外交官貝烈（Jean du Bellay）取得了
這棟建築，包括了外圍牆的半圓空間
及兩側的圓形建築。深受法蘭斯一世
之影響，貝烈對於古典事物也有高度
興趣，同時也收藏古物。他在1554年
至1555年間，將一部分建築改建為一
個如詩如畫的考古花園。

　　貝烈死於1560年，他的繼承
人將建築出售以還清債務。買主
為布羅米歐主教（Cardinal Carlo
Borromeo），後來他又將之轉讓給
其叔父教宗庇護四世（Pius IV）。
教宗庇護四世進而開啟了此建築最
重要的再利用改造計畫。1561年，

2-1.11羅馬天使聖塔瑪麗亞教堂外貌
2-1.12羅馬天使聖塔瑪麗亞教堂展示室

教宗下令在浴場冷水室的部
分興建一座教堂，以獻給天
使聖母瑪利亞以及傳說中興
建此浴場之基督教烈士。教
堂的發展方向由吉路撒勒美
（Gerusalemme）聖十字教堂
之迦特爾教派（Carthusian）
之僧侶負責，他們被安置於
鄰近的一個僧院之中。

　　庇護四世後來將天使聖
塔瑪麗亞教堂（Santa Maria
degli Angeli）再利用的工
作交給米開朗基羅，工程於
1562年開始動工，至1580年
代末才完成。教堂的室內空
間仿若一個古典時期的大會
堂，桶形拱頂與大堂垂直相
交。米開朗基羅的設計相當
尊重原有建築，只侷限在冷
水室與兩端的各一間房間，
創造了一個強調橫軸的十字
形空間，其大門即當時浴場
之熱水室。從1565年開始，
教堂就已經固定的舉行宗教
儀式。事實上，此方案在米

2-1.13羅馬天使聖塔瑪麗亞教堂外貌
2-1.14羅馬天使聖塔瑪麗亞教堂室內
2-1.15羅馬天使聖塔瑪麗亞教堂外貌
2-1.16羅馬天使聖塔瑪麗亞教堂外貌

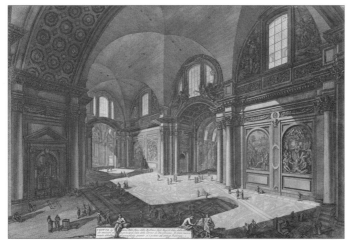

2-1.17羅馬天使聖塔瑪麗亞教堂原貌
版畫
2-1.18羅馬天使聖塔瑪麗亞教堂室內
2-1.19羅馬天使聖塔瑪麗亞教堂室內

開朗基羅諸多作品中，算是極為特別的一個，因為米氏其他的作品都有個性非常強的特質，而且多數也會結合他另一種雕刻家的特質，將雕刻納於建築之中。往後，整個教堂也因為宗教的因素，不斷的更動，但大致的形貌並沒有大幅的改變。

　　1889年，已經統一的義大利決定在浴場舊址設立一座新的博物館，也開啟了此建築另一頁歷史。這個計畫的目標不僅只是要設立博物館，更希望藉此重新評估並恢復此座古典遺構的光彩。另一方面，為了慶祝義大利統一五十年於1911年舉辦的「考古博覽會」更加速了此建築之改造。此博覽會整建使用了天使聖塔瑪麗亞教堂東側的數個空間，後來這個部分就成為羅馬國立博物館（Museo Nazionale Romano）四個主要展館之一的主體。1930年代，浴場再次整修，拆除了部分的增建。1987年開始，原有位於浴場西南角的八角廳由建築師布里恩（Giovanni Bulian）改造為展覽室。此一空間歷代的用途一直改變，這次整修前最後的機能是天文館。設計者保留了原來架設室內環場螢幕的鋼架作為室內的另一層內皮，以之與厚重的浴場結構體形成強烈的新舊辯證美學，使羅馬時期的浴場脫胎換骨成為現代的展示場。其他許多部位也都因考古的出土而架上參觀動線，成為極為動人的空間。

2-1.20羅馬國立博物館室內
2-1.21羅馬國立博物館八角廳室內

2-1.22羅馬國立博物館八角廳室內

巴斯
羅馬浴場博物館

除了義大利之外，羅馬帝國於各處殖民地所中也不乏浴場的設置，現今英國巴斯（Bath）的羅馬浴場就是其中著名的一座。浴場所在地原有羅馬人為莎麗思米娜娃（Sulis Minerva）所建之神廟。西元第一世紀時，浴場開始出現，包括有三個溫水室及一個地下熱坑室。第二世紀時，增設冷水池及三溫暖設施，並且逐漸擴充成為複合建築體。羅馬帝國沒落之後，神廟也因故坍塌，浴場也曾經成為僧院之設施。十七世紀時，溫泉再度成為焦點。十八世紀時，巴斯城因為道路建設而挖出神廟遺址而使考古挖掘重新開啟，並逐步形成一座浴場博物館。

巴斯浴場博物館現貌可以說是歷經不同年代的發展逐漸形成，因此博物館中可以看到不同時期的風格。就實質內容而言，整座博物館乃是由位於現今地上之入口大廳及唧筒室與位於地下之浴池群及展示主體所構成。入口

2-2.1巴斯羅馬浴場博物館大浴場

原巴斯羅馬浴場

類　　型：軀殼利用（十九世紀前）、新舊共容（1980年代以後來）
設計層級：歷史軀殼
整體再利用設計策略：部分改變
部分改變設計策略：內部
新舊共存手法：對立

2-2.2巴斯羅馬浴場博物館大浴場
2-2.3巴斯羅馬浴場博物館神廟遺構展示區

大廳及唧筒室外貌大致上是十八世紀及十九世紀當地流行的古典主義的形式，內部則不斷更新，添加新的設施。入口大廳為以前的演奏廳，由巴斯修院教堂前進入，內部則為圓頂，與門票及文物販售。大廳之後即為大浴場迴廊上部，此大浴場原為浴場之最主要的空間，覆有拱頂。現在迴廊上部除緊鄰大廳者為室內外，其餘三面為開放式，立有古典風格的雕像群，為十九世紀末由布萊頓（J.M. Brydon）所設置。大浴場現況仍保有浴池及水，四周陳列有浴場構造之遺構。並可由此通往東側的東浴場及西側的國王浴場

2-2.4巴斯羅馬浴場博物館外貌

2-2.5巴斯羅馬浴場博物館大廳

2-2.6巴斯羅馬浴場博物館聖泉池

2-2.7巴斯羅馬浴場博物館地下浴池群平面圖
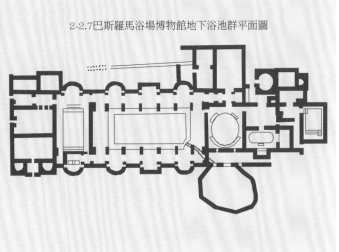

及溫泉泉水入口。在浴場展示方面，不管是聖泉或其他的浴場，都維持有水的狀態，以便使訪客得以更深刻的了解浴場的氛圍。由此迴廊上部可以經由樓梯進入博物館的主體。展示主要於1980年代以後挖掘的神廟區遺構，包括有莎麗思米娜娃神廟及其它羅馬時期的考古遺物。在此部分，我們可以看到歷史如何被展示與建構。基本上，浴場博物館的古代遺物是被以現地展示的方式呈現出來，歷史的遺構被置放於經過考證的實際尺寸架構的相對位置，而不做全面性的復原工作。

2-2.8巴斯羅馬浴場博物館大浴場
2-2.9巴斯羅馬浴場博物館大浴場上部迴廊
2-2.10巴斯羅馬浴場博物館大浴場旁構造展示
2-2.11巴斯羅馬浴場博物館溫泉泉水入口

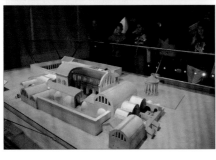

2-2.12巴斯羅馬浴場博物館展示區
2-2.13巴斯羅馬浴場博物館展示區
2-2.14巴斯羅馬浴場博物館模型展示
2-2.15巴斯羅馬浴場博物館展示區
2-2.16巴斯羅馬浴場博物館展示區
2-2.17巴斯羅馬浴場博物館展示區

在浴場的部分，為了幫助參觀者了解浴場的全貌，近年來博物館也設置了模型及多媒體的導覽系統。而為了讓參觀者可以身歷其境，博物館內的遺蹟上也設置了架高的棧道，不但方便參觀也可避免破壞歷史遺物。從設計美學上來看，新設的棧道更和舊的歷史遺蹟形成強烈的對比。這種新舊分明的設計態度事實上貫穿了整個博物館的展示區。此博物館最近一次整修是2006年至2010年，加入了許多新的展示內容，也增加了互動設施及殘障設施。

相對的，位於原有神廟區上部的唧筒室則是保留了原風貌。此室之存在乃是在十八世紀初因為安尼公主於1692年及1702年到1703年間（已為皇后）兩度造訪巴斯浴場後，到浴場泡湯治病成為時尚，有越來越多的人對國王浴場有興趣，於是巴斯市政當局希望藉由一個整建計畫將巴斯形塑成歐洲的溫泉鄉。其中唧筒室是首先完成的建築，希望能提供訪客自此觀賞浴場並且飲用具療效的泉水。

2-2.18巴斯羅馬浴場博物館展示區
2-2.19巴斯羅馬浴場博物館神廟展示區文物

2-2.20巴斯羅馬浴場博物館浴場模型與遺構

2-2.21巴斯羅馬浴場博物館浴場展示區

2-2.22巴斯羅馬浴場博物館殘障設施

2-2.23巴斯羅馬浴場博物館唧筒室室內舊貌

2-2.24巴斯羅馬浴場博物館唧筒室室內現貌

2-2.25巴斯羅馬浴場博物館唧筒室水源

2-2.26巴斯羅馬浴場博物館紀念品店

　　1706年，第一個以橘園溫室形式興建的唧筒室由約翰哈維（John Harvey）興建落成，不過五十年後就因為人滿為患必須擴建。1780年代，巴斯決定再次重新規劃市區建築，唧筒室也將重建。1786年，鮑德溫（Thomas Baldwin）興建了修院教堂前院與斯多爾街間的古典柱廊。1790年，在挖掘新唧筒室基礎時，意外的挖到了羅馬神廟的台階及包括有蛇髮女怪頭像之山牆遺構。1793年，鮑德溫因為經濟因素請辭，工作由帕爾默（John Palmer）接任，至1795年12月由約克女公爵開幕。在此建築中有一座唧筒可以直接將泉水自水源打上，以供民眾飲用。現今的唧筒室在空間機能上大致維持當年之情況。現在唧筒室主要作為餐廳使用，也販賣可飲用之泉水。另外為了增加永續性，博物館也增加募款設施及紀念品販賣店。

巴黎國立中世紀博物館

巴黎雖然現代建築林立，但市區內卻仍散落著許多建築文化遺產，由高盧羅馬浴場（Gallo-Roman Thermae）與克倫尼修道院院長公館（Cluny Abbey Hotel）所改建的「巴黎國立中世紀博物館」（National Museum of the Middle Ages）就是其中一棟。這座博物館的主體建築是巴黎僅存保存原貌的極少數中世紀建築之一，由天主教克倫尼教派僧侶始建於1334年，後來於1458年至1510年間由當時的看守院長（abbot in commendam）傑克安布瓦（Jacques d' Amboise）重建。後來這棟建築曾經住過一些名人，包括路易十二的皇后瑪麗都鐸（Mary Tudor），她在路易十二去世之後，被繼任的法蘭西斯一世（Francis I）安置於此以便得以就近監控。1793年此屋被法國政府充公。1833年起，成為法國業餘考古家亞歷山大杜索莫拉德

2-3.1巴黎中世紀博物館外貌

巴黎高盧羅馬浴場與克倫尼修道院院長公館

類　　型：軀殼利用
設計層級：歷史軀殼
整體再利用設計策略：原貌保存
部分改變設計策略：內部
新舊共存手法：對立

2-3.2巴黎中世紀博物館原高盧羅馬浴場冷水室
2-3.3巴黎中世紀博物館聖母院室

（Alenandre Du Sommerard）的住所兼收藏品陳列處。在其於1842年去世後，1843年法國政府將之徵收成為一座公共博物館。二十世紀末，巴黎國立中世紀博物館進行了一系列的整修與外部照明改善計畫，企圖使位於拉丁區的此棟建築更加吸引人，整個計畫在2002年11月完成，成為閃亮的再利用案例。

2-3.6巴黎中世紀博物館原高盧羅馬浴場遺構
2-3.7巴黎中世紀博物館前庭

2-3.4巴黎中世紀博物館舊貌版圖
2-3.5巴黎中世紀博物館六角形樓梯

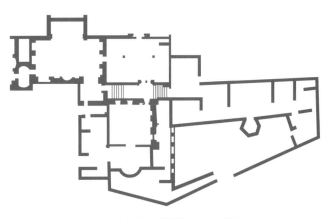

2-3.8巴黎中世紀博物館平面示意圖

2-3.9巴黎中世紀博物館原高盧羅馬浴場冷水室

2-3.10巴黎中世紀博物館原高盧羅馬浴場冷水室

2-3.11巴黎中世紀博物館原高盧羅馬浴場冷水室

2-3.12巴黎中世紀博物館原高盧羅馬浴場熱水室復原圖

2-3.13巴黎中世紀博物館原高盧羅馬浴場冷水室

2-3.14巴黎中世紀博物館原高盧羅馬浴場冷水室

2-3.15巴黎中世紀博物館原高盧羅馬浴場冷水室

　　雖然巴黎國立中世紀博物館經常被稱為「克倫尼博物館」，但嚴謹的來說應該是由兩棟建築物再利用而成。第一棟是建於西元第一至第三世紀的高盧羅馬浴場，這是巴黎非常罕見的高盧時期遺產。由於年代久遠再加上都市發展，這個浴場許多構造物已散佚不存或者埋藏於中

2-3.16巴黎中世紀博物館前庭水井　　2-3.17巴黎中世紀博物館內部樓梯　　2-3.18巴黎中世紀博物館聖母院室

2-3.19巴黎中世紀博物館聖母院室　　　　　2-3.20巴黎中世紀博物館聖母院室

世紀建築物之下，一直到十九世紀初才被許多關心文化遺產的學者關心，強烈主張應該將之登錄為國家遺產。在成為博物館的一部分後，雖然浴場不是很完整，但仍有極少部分可以辨識指認出來，其中冷水室（frigidarium）是規模最大者。在此空間中，有高挑的拱頂，光線從高窗而下，加上原有羅馬三合土與磚石構造完整不修飾的呈現，以及大小拱圈彼此交錯，讓人宛如回到了羅馬世界。冷水室中為了符合情境，展示的大多數為年代較早的雕刻與柱頭等建築遺構，而露明的建築構造，也讓參觀者清楚的看到了羅馬時期的建築構法與建材。除了冷水室外，在街角尚有一些熱水室遺跡，但已無拱頂，只能視為遺構。

　　巴黎國立中世紀博物館再利用的第二個建築乃是克倫尼修道院院長公館。雖然巴黎的克倫尼修道院主體已完全無存，但此棟院長公館卻屹立在巴黎拉丁區中。基本上，這是一棟在外貌上兼同有哥德風格與法國文藝復興風格的建築，陡坡的老虎窗及一些細部明顯的

2-3.21巴黎中世紀博物館聖母院室

2-3.22巴黎中世紀博物館仿羅馬室

2-3.23巴黎中世紀博物館仿羅馬室

2-3.24巴黎中世紀博物館仿羅馬室

2-3.25巴黎中世紀博物館哥德室

還有哥德建築的特色，但樓層間清楚的分節則是法國文藝復興的特徵。空間為兩端不等長的合院，與封閉的外牆共同圍塑一個前庭，有一個突出於主量體的六角形樓梯，前庭中有一口水井。入口設在短邊，進入之後則可通過一系列比較傳統的展覽室抵達一座往下的內部樓梯通往博物館中所謂的「聖母院」室（Salle Notre-Dame）。樓梯的左側是一片羅馬時期的磚石承重牆，進入聖母院室的入口則是一個哥德風格的門洞。聖母院室乃是因為室內展示的都是巴黎聖母

2-3.26巴黎中世紀博物館婦女與獨角獸室
2-3.28巴黎中世紀博物館二樓展示室

2-3.27巴黎中世紀博物館二樓展示室
2-3.29巴黎中世紀博物館二樓織錦與雕刻

院原有中世紀的各種雕刻而得名，雕刻中包括有原由不同藝術家雕刻於1225年至1230年的二十一位猶大國王（Kings of Judea）。由於聖母院室之位置剛好是位於高盧羅馬浴場與克倫尼修道院院長公館交接處，在處理上就保留三道具有羅馬構造形式的牆面，然新設柱子支撐新的天花板，天花板與舊有羅馬牆間則以玻璃採光，使此空間充滿了新舊對話的氛圍。

聖母院室的對面為仿羅馬室，展示許多來自於不同教堂的仿羅馬雕刻與建築遺構，採有天光，因此空間十分明亮。緊鄰著仿羅馬室的是哥德室，由此可以上二樓。二樓大多數為織錦及比較小的雕塑繪畫等作品，其中「婦女與獨角獸」（The Lady and the Unicorn）是舉世傑作，博物館也因此為其闢了一個獨立的小空間。這是一組六幅織錦的作品，每一幅分別有一個婦女及左邊的獨角獸與右邊的獅子，六幅織錦分別代表五種感官及愛，是中世紀藝術之珍品。整體而言，在巴黎國立中世紀博物館中，浴場與修道院的遺構被保存下來，再利用為博物館，而沒有進行太多的復原工作，因此可以清楚的看到修道院之前羅馬時期的公共浴場，也可以欣賞中世紀建築殘跡，被公認是全世界最美的中世紀博物館之一。

里斯本
卡默考古博物館

　　里斯本卡默考古博物館（Carmo Archaeolog-ical Museum）位於里斯本市中心，原址為卡默修道院（Carmo Convent）。這個地點剛好是位於里斯本高低變化起伏很大的位置，西面是寧靜的卡默廣場（Carmo Square），後面俯視熱鬧的羅西歐廣場（Rossio Square），所以從東向遠處觀之氣勢極為震撼。修道院是在1389年由葡萄牙國王騎士亞瓦瑞斯沛瑞拉（Nuno Ivares Pereira）所創建，屬於卡默羅教派（Carmelite Order）。亞瓦瑞斯沛瑞拉是葡萄牙國王的總管，也意謂著他是

2-4.1里斯本卡默考古博物館1755年地震前原貌版畫
2-4.2里斯本卡默考古博物館東向外貌

卡默修道院

類　　　型：軀殼利用
設計層級：歷史軀殼
整體再利用設計策略：部分改變
部分改變設計策略：內部
新舊共存手法：對比

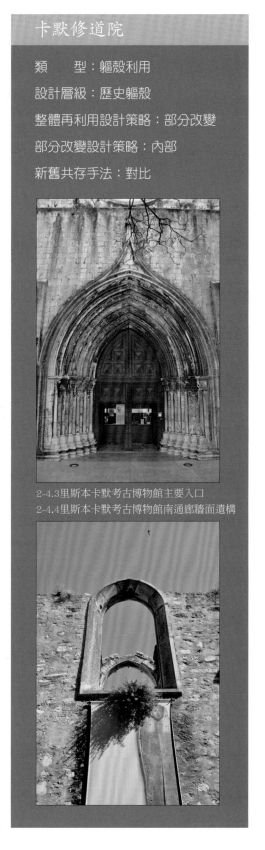

2-4.3里斯本卡默考古博物館主要入口
2-4.4里斯本卡默考古博物館南通廊牆面遺構

2-4.5里斯本卡默考古博物館東向外貌

2-4.6里斯本卡默考古博物館東向外貌

2-4.7里斯本卡默考古博物館前羅西歐廣場

2-4.8里斯本卡默考古博物館主要入口上方已毀之玫瑰窗

2-4.9里斯本卡默考古博物館正立面

僅次於國王，在葡萄牙最有權力的軍事將領。在約翰一世國王時，亞瓦瑞斯沛瑞拉帶領軍隊在關鍵性的亞胡巴洛塔戰役（Battle of Aljubarrota）中擊敗了西班牙卡斯提爾的軍隊，確保了葡萄牙的獨立性。一開始，卡默修道院的僧侶是來自於葡萄牙南部的摩烏拉（Moura），他們在1392年開始進駐到修道院。1404年，虔誠的亞瓦瑞斯沛瑞拉將自己所有的財富全部捐給修道院，並且在1423年自己成為僧侶。

1755年，一場大地震將卡默修道院及教堂幾乎震垮了，只剩教堂巨大的遺構。地震後，僧侶們離開此地，修道院經過整理後成為軍隊駐紮所，而教堂一直保持著遺構的狀態，

偶爾作為木材存放之處。1864年，教堂被修道院捐給了葡萄牙考古協會，由該協會將之改為博物館。教堂右側的修道院在二十世紀初重建為新哥德風格，是城市警衛隊的辦公室。就教堂建築本體而言，是以一種簡樸的哥德風格所建於1389年至1423年間，相當程度反映了修道院的特質。空間規制為一個拉丁十字架，由前室、中殿、通廊、南北翼殿、聖壇、環形殿及其兩側的四個小祭室與聖器室構成。在尚未被地震震垮之前，卡默修道院教堂在當時是葡萄牙規模最大，影響力最深者。教堂的立面若與歐洲其他的哥德大教堂相比，可謂是簡單許多，有一個層層退縮兩側有古典小柱簇擁的尖拱大門。大門之上原有一個玫瑰窗，但早已在地震中損毀。教堂的南側有5個巨大的飛扶壁，是1399

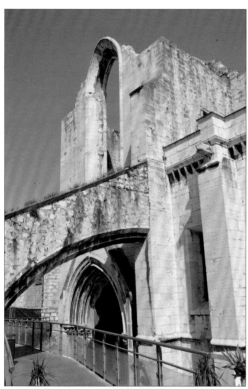

2-4.12里斯本卡默考古博物館南通廊牆面遺構
2-4.13里斯本卡默考古博物館南通廊牆面遺構

2-4.10里斯本卡默考古博物館南側飛扶壁
2-4.11里斯本卡默考古博物館南側飛扶壁

2-4.14里斯本卡默考古博物館中殿結構框架遺構

2-4.15里斯本卡默考古博物館中殿結構框架遺構

2-4.16里斯本卡默考古博物館中殿結構框架遺構

2-4.17里斯本卡默考古博物館中殿結構框架遺構

2-4.18里斯本卡默考古博物館中殿結構框架遺構

2-4.19里斯本卡默考古博物館聖壇與北翼殿結構框架遺構

年因為施工時南牆產生破壞時為了補強所加，不過因新設的巷道穿過其中，成為特殊的都市景觀。南翼殿及南通廊的外牆下半段及部分尖拱窗框尚存，上半段及頂部已毀，目前以遺構的形態呈現。

　　進入里斯本卡默考古博物館必須穿過設置於原教堂前室的售票亭，然後拾階而下。此時映入眼簾的是只剩柱子與肋筋的中殿、南北通廊、聖壇及南北翼殿的結構框架，在光影與實體相互作用下，令人印象深刻。此部分在十九世紀改為博物館時，就決定保持遺構狀態以見證1755年的大地震，也企圖讓參觀者清楚的看到哥德教堂充滿結構美學的構架。在這種概念之下，原有的教堂主要室內空間成為一種室外的開放展覽空間，展示的物件多數為相對上

2-4.20里斯本卡默考古博物館北通廊展示品

2-4.21里斯本卡默考古博物館南通廊墓飾展示品

比較不怕日曬雨淋的石材文物，也有一些建築構件與墳墓裝飾或墓碑，訪客可以自由的在此走動。二十世紀，卡默中世紀考古博物館也曾因為鄰近地區的營建工程開挖地下，進行過幾次的考古挖掘，也發現了一些重要的文物。

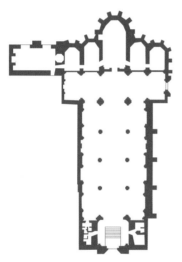

2-4.22里斯本卡默考古博物館平面圖

卡默考古博物館的室內展示空間只侷限於聖壇、環形殿及其兩側的四個小祭室與聖器室。除了聖器室作為紀念品販賣部外，其餘空間則作為不同主題的展示空間。環形殿有幾座重要的墳墓與亞歷山卓聖凱薩林的雕像，北面兩間小祭室展出青磁、埃及木乃伊等文物，南面小祭室則展出一些建築構件。卡默考古博

2-4.23里斯本卡默考古博物館環形殿

2-4.24里斯本卡默考古博物館環形殿

2-4.25里斯本卡默考古博物館環形殿

2-4.26里斯本卡默考古博物館南祭室展示品　　2-4.27里斯本卡默考古博物館南祭室展示品
2-4.28里斯本卡默考古博物館北祭室原教堂模型　2-4.29里斯本卡默考古博物館北祭室展示品

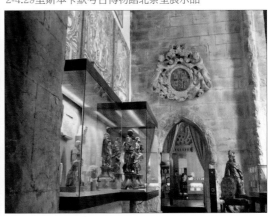

2-4.30里斯本卡默考古博物館北祭室展示品　　2-4.31里斯本卡默考古博物館北祭室展示品

物館原有的展示形態較為保守，但在2000年起進行了一次規模較大的整修，對一些結構較為脆弱之處進行補強，也增加了一些必要的基礎設施，負責的建築師是馬利歐瓦瑞拉哥梅茲（Mario Varela Gomez）。在這些室內空間內，保留了大部分教堂原有的材質作為營建空間氛圍的元素，再於必要時搭配於具現代感的展示櫥窗，空間十分動人。卡默考古博物

館雖然規模不大，但是在再利用時卻相當遵守國際對於建築遺產保存維護上的規定，以歷史軀殼為出發，建構了一個充滿真實性的歷史場域。

艾佛拉波莎達斯路伊斯旅館

艾佛拉（Évora）位於葡萄牙南部的亞棱提荷省（Alentejo），是該省主要的城市，也是省會，距離葡萄牙首都里斯本約130公里。由於整個城市被歷代城牆完整的包被，城市內有不同年代的文化紀念物，艾佛拉在1985年就被聯合國教科文組織（UNESCO）列名為世界文化遺產。波莎達斯路伊斯旅館（Pousada de Évora – Lóios）就位於艾佛拉城市中心，緊鄰著羅馬時期的月神黛安娜神廟（Diana's Temple）之遺構。在蠻族入

2-5.1艾佛拉月神黛安娜神廟遺構
2-5.2艾佛拉月神黛安娜神廟遺構

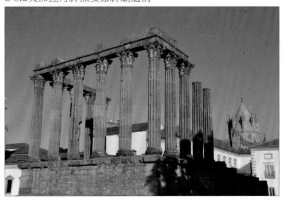

艾佛拉聖約翰福音傳播修道院

類　　型：軀殼利用

設計層級：歷史軀殼

整體再利用設計策略：原貌保存

部分改變設計策略：無

新舊共存手法：無

2-5.3艾佛拉聖約翰福音傳播修道院教堂
2-5.4艾佛拉波莎達斯路伊斯旅館原修道院方院迴廊

2-5.5艾佛拉波莎達斯路伊斯旅館入口門廊與聖約翰福音傳播修道院教堂

2-5.6艾佛拉波莎達斯路伊斯旅館正向外貌
2-5.7艾佛拉波莎達斯路伊斯旅館正向外貌

2-5.8艾佛拉波莎達斯路伊斯旅館背向外貌
2-5.9艾佛拉波莎達斯路伊斯旅館與主教堂高塔

侵時，艾佛拉受到西哥德人的統治。715年，城市被回教徒（摩爾人）攻陷。1166年，葡萄牙的傳奇人物也是人民英雄無懼者吉拉爾多（Geraldo the Fearless）打敗了摩爾人光復了艾佛拉使其成為中世紀葡萄牙最興盛且最具活力的都市。至今艾佛拉的市徽中仍以吉拉爾多之形象為主要圖騰。後來葡萄牙王室經常長駐於此城，艾佛拉因此也得以見證不少王室婚姻與重大決策之發生。在亞維斯王朝（Avis Dynasty, 1385-1580）艾佛拉為最繁盛的年代。

艾佛拉波莎達斯路伊斯旅館座落的位置就是就是以前的聖約翰福音傳播修道院（Monastery of the S. João Evangelista）所在地。此修道院是1485年由第一任奧利維卡斯爵士

羅德利高米洛（D. Rodrigo Melo）所創立，
而且在約翰二世（D. João II）的要求下興建。
這裡原來屹立著艾佛拉城堡，後來在1383年
至1385年間的一場革命中被大火燒的只剩幾
處遺跡。十八世紀時修道院進行重建，但在
1755年的大地震中，與艾佛拉大部分的建築
一起都受到嚴重的破壞。1834年，葡萄牙王
室下令關閉所有境內的修道院後，聖約翰福
音傳播修道院也跟著荒廢多年，直至1965年
進行必要的整修，再利用為波莎達路伊斯旅
館。

　　波莎達斯旅館為葡萄牙的一間連鎖飯
店，在1941年由葡萄牙一位閣員，同時也
是詩人兼劇作家的安東尼費羅（António
Ferro）所創立，他的概念是想建立一種真
正屬於葡萄牙的旅館。第一家波莎達斯旅館
是1942年成立於艾爾凡斯（Elvas）。全部
的波莎達斯旅館一共分為「歷史波莎達斯」
（Historical Pousadas）、「歷史設計波莎達
斯」（Historical Design Pousadas）、「自
然波莎達斯」（Natural Pousadas）與「魅力
波莎達斯」（Charming Pousadas）四大類。
「歷史波莎達斯」是再利用歷史性建築，但
基本上不對老建築進行太大的變動；「歷史

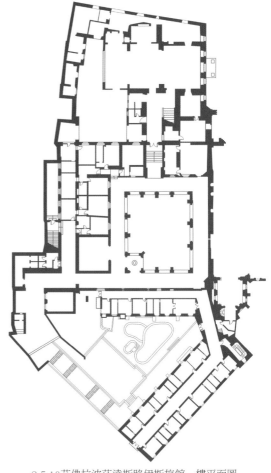

2-5.10艾佛拉波莎達斯路伊斯旅館一樓平面圖

設計波莎達斯」也是再利用歷史性建築，但
對其進行較高強度的設計，加入現代建築的
元素；「自然波莎達斯」多數位處於休閒度
假勝地，以發展生態旅遊為主；「魅力波莎
達斯」則為較一般性的建築，但形塑其個別

2-5.11艾佛拉波莎達斯路伊斯旅館大廳　　2-5.12艾佛拉波莎達斯路伊斯旅館酒吧

2-5.13艾佛拉波莎達斯
路伊斯旅館入口標誌

2-5.14艾佛拉波莎達斯路伊斯旅館往上階梯

2-5.15艾佛拉波莎達斯路伊斯旅館
往下階梯

2-5.16艾佛拉波莎達斯路伊斯旅館原修道院方院

2-5.17艾佛拉波莎達斯路伊斯旅館原修道院方院

2-5.18艾佛拉波莎達斯路伊斯旅館原修道院方院
周圍客房室內

2-5.19艾佛拉波莎達斯路伊斯旅館原修道院方院
二樓迴廊

2-5.20艾佛拉波莎達斯路伊斯旅館原修道院方院周
圍客房室內

的特色。目前四大類波莎達斯旅館中，以「歷史波莎達斯」數量最多，共有16家，其中包括第一家位於葡萄牙境外的巴西波莎達斯旅館。在波莎達斯旅館的經營策略中，「歷史波莎達斯」應該是要再利用荒廢的古堡與修道院作為旅館，第一棟在此策略下完成的旅館是奧比多斯（Obidos）的波莎達斯古堡旅館（Pousadas do Castelo）。1995年美國旅行業協會（American Society of Travel Agents，ASTA）及史密斯桑尼亞基金會（Smithsonian Foundation）特別頒了一個獎給波莎達斯旅館，以表彰他們對於保存再利用文化遺產的貢獻。波莎達斯旅館其原為國營事業，但自2003年起改為民營，由佩斯塔納集團（Pestana group）經營。

艾佛拉波莎達斯路伊斯旅館為「歷史波莎達斯」的成員，也是「歐洲歷史旅館」（Europe Historic Hotels）的成員，再利用的空間為聖約翰福音傳播修道院的院舍部分，修道院的教堂仍然持續使用中並不包括在內，外貌並不起眼，然因後門就是艾佛拉最主要的教堂，因此教堂的高塔與旅館的天際線在某些角度上是合而為一。入口有一個甚為低調的托次坎柱式門廊，牆上嵌有「歐洲歷史旅館」的標誌。旅館的門廳並不大，但極為溫馨，一側為服務櫃台，往內則為酒吧，連接著一個長有葡萄樹的小中庭。從大廳左轉，有一座精緻的石造樓梯通往二層環繞著原有修道院方院的高級房間，另一座則往下通往地勢較低的方院中庭。

內聚性很強的方院迴廊及房間是整個修道院生活的重心，在再利用後的艾佛拉波莎達斯路伊斯旅館中，原來的方院也扮演著重要的角色。在方院四周的客房是艾佛拉波莎達斯路伊斯旅館最高級的房間，房間內的裝修完全為復古的風格。在地面層，方院迴廊四周裝設玻璃，原有半室內空間成為室內空間，一部分作為餐廳之

2-5.21艾佛拉波莎達斯路伊斯旅館原修道院方院迴廊餐廳
2-5.22艾佛拉波莎達斯路伊斯旅館原修道院方院迴廊餐廳包廂

2-5.23艾佛拉波莎達斯路伊斯旅館北側游泳池及客房

機能，有些較為特殊且有拱頂的空間則充當包廂使用。艾佛拉波莎達斯路伊斯旅館方院北側還有一個近乎三角形的中庭，圍繞此中庭在上層的為較為普通的客房，地面層則為健身設施，而中庭本身則改造為游泳池。基本上，艾佛拉波莎達斯路伊斯旅館在再利用的過程中，非常尊重原有修道院空間的格局，處處以原有修道院的特徵為主要考量，若有新添加的部分則是清楚的可以識別，算是軀殼利用的案例。

2-5.24艾佛拉波莎達斯路伊斯旅館北側游泳池

2-5.26艾佛拉波莎達斯路伊斯旅館北側中庭游泳池休息區

2-5.25艾佛拉波莎達斯路伊斯旅館北側中庭休息區
2-5.27艾佛拉波莎達斯路伊斯旅館北側中庭游泳池休息區

馬祖戰地文化博物館軍事文化遺產概念館

馬祖是台灣的前線戰地，自1949年國軍駐守後開始陸續建設許多陸上軍事防禦設施，在八二三砲戰後為了更好的防禦效能而將軍事設施地下化和系統化，造就了遍佈馬祖各島的地下化據點和坑道，是標準的文化景觀。馬祖軍事設施以陸地防衛部署為主，包括水際灘頭和地面軍事部署。根據「國際文化紀念物與歷史場所委員會」（ICOMOS）「防禦工事與

馬祖南竿勝利堡

類　　型：軀殼利用

設計層級：歷史軀殼

整體再利用設計策略：原貌保存

部分改變設計策略：無

新舊共存手法：無

2-6.3馬祖軍事文化遺產概念館入口
2-6.4馬祖軍事文化遺產概念館迷彩展示(原機槍堡之二)

2-6.1馬祖軍事文化遺產概念館(再利用前外貌)
2-6.2馬祖軍事文化遺產概念館現貌

2-6.5馬祖勝利堡(擎天堡)原貌
2-6.7馬祖軍事文化遺產概念館現貌

2-6.6馬祖軍事文化遺產概念館現貌
2-6.8馬祖軍事文化遺產概念館現貌

軍事遺產國際科學委員會」（International Scientific Committee on Fortification and Military Heritage，簡稱icofort）之分類，「軍事遺產」可分為三大類。第一類是人造結構物，包括防禦工事（包含具防禦性的城鎮）、軍事工程、兵工廠、軍港、軍營、軍事基地、演練場及其他為了軍事及防衛用途而興建的覆蓋物及構造物。第二類是景觀，包括古代的或近代的戰地，區域性、半陸地的或是海岸性防衛裝置及泥土構造物。第三類是紀念物，包括戰爭紀念碑、戰利品、墓園、紀念塔及其他徽章與標幟。

從人造構造物的角度來看，馬祖明顯的是以防禦性的設施為主，分為沿著海岸設置的海防據點及坑道以及設於內陸的內陸據點、營區、指揮部、坑道、防空洞及崗哨。馬祖各主要島嶼四面環海，環繞島嶼周圍而建的海防據點，是為第一道防線。位於海岸突出位置的據點具有重要的監視任務，位於海岸凹處澳口的據點具有最佳掩護的天然條件，都是隱藏於沿海邊的海防前哨站，在戰略上極為重要。海防據點，規模大小不一，但都與地形緊密的結合在一起，從海面觀之，有些幾乎與原有地貌合而為一，形成益

於守備和埋伏的形勢，也各有不同面向之監視範圍，監控周遭海域的動靜。藉由這些海防據點，馬祖各島嶼周圍海域皆在掌握之中。馬祖海防據點數量很多，其中南竿有95處海防據點，分布密度極高，除了監控各自海域之外，據點之間也有防護網作為相互聯繫和監視之用。

馬祖在軍事文化遺產保存基本概念，是將四鄉五島視為一座完整的戰地博物館，軍事文化遺產概念館的目的就是想讓參觀馬祖戰地文化遺產的訪客，對於冷戰時期的馬祖戰地，有一個提綱契領的整體認識。此座概念館

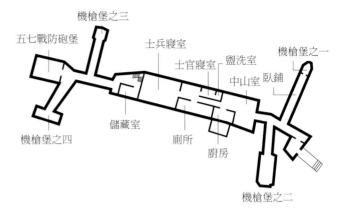

2-6.9 馬祖南竿勝利堡原下層空間示意圖

2-6.10 馬祖南竿勝利堡原上層空間示意圖

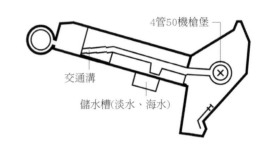

所在地稱為「勝利堡」，是南竿編號1號的據點，初建於1960年代，當時稱為擎天堡，規模很小，只是一座小坑道。後來在1985年由國防部動員數百人力，整建為目前所見的規模，是南竿具重要戰略地位的起始據點，扼守福澳港，更與09據點及94據點共同形成一處交叉守衛網，可以作為認識馬祖戰地文化遺產的第一站。勝利堡是一座標準地海防據點，包含戰鬥區域和駐兵生活區域，從入口進去後，有兩道狹長的機槍堡，旁邊設有臥鋪；往內則為

2-6.11 馬祖軍事文化遺產概念館原機槍堡之一

2-6.12 馬祖軍事文化遺產概念館原機槍堡之一

2-6.13馬祖軍事文化遺產概念館原機槍堡之一　2-6.14馬祖軍事文化遺產概念館原機槍堡之二
2-6.15馬祖軍事文化遺產概念館原機槍堡之三　2-6.16馬祖軍事文化遺產概念館原機槍堡之四

2-6.17馬祖軍事文化遺產概念館冷戰熱點展示(原中山室)

2-6.18馬祖軍事文化遺產概念館海岸防禦線展示(原中山室)
2-6.19馬祖軍事文化遺產概念館島嶼防禦系統展示(原中山室)

2-6.20馬祖軍事文化遺產概念館戰地音場展示(原士官寢室)　2-6.21馬祖軍事文化遺產概念館視聽室(原士兵寢室)

2-6.22馬祖軍事文化遺產概念館內部通道(消防水前)　2-6.23馬祖軍事文化遺產概念館內部通道(原中山室)

較寬敞的空間，設有中山室、廚房、廁所、盥洗室、槍械室、士官寢室及士兵寢室；再往內則為兩座機槍堡及一座57戰防砲堡；由此部分有一座小樓梯通往上層，設有4管50機槍堡、儲水槽及交通溝。再利用後，基本上空間與外型都保存原貌，內部展示在中山室周邊設有冷戰時期戰略熱點、南竿防禦系統圖、迷彩模擬、海島防禦線、馬祖防禦歷史、戰地音場、精神標語及保留梅花裝飾的

2-6.24馬祖軍事文化遺產概念館內部通道(槍械室前)

視聽室。部分展示以互動方式呈現；幾座機槍堡及57戰防砲堡則大抵維持原貌，包括射口及頂部的消音錐，以供訪客實際體驗。整體而言，馬祖戰地文化博物館軍事文化遺產概念館是一座以軀殼利用為主的再利用案例，也彰顯了軍事文化遺產的另一種潛力。

2-6.25馬祖軍事文化遺產概念館精神標語展示(原機槍堡之三) 2-6.26馬祖軍事文化遺產概念館圖書資料室(原57戰防砲堡)

2-6.27馬祖軍事文化遺產概念館上層現貌 2-6.28馬祖軍事文化遺產概念館上層現貌

2-6.29馬祖軍事文化遺產概念館上層現貌 2-6.30馬祖戰地文化博物館標誌

新北市立淡水古蹟博物館

十七世紀，歐洲海上強權國家紛紛向美洲、亞洲及非洲擴張領土，其中荷蘭人在台灣南部建立據點，熱蘭遮城（今安平古堡）及普羅民遮城（今赤嵌樓）部分遺構仍屹立不搖。在北部，荷蘭人在西班牙人所建的城砦基礎上，建立了今日大家慣稱的淡水紅毛城。明末清初，紅毛城逐漸荒廢。清末淡水開放通商港後，英國人租借紅毛城作為英國領事館之用，並在主樓東側興建領事官邸。二次大戰期間，當時統治台灣的日本與英國為敵對國，英國領事館因而關閉。戰後英國人再次重返紅毛城，在英國承認中國大陸而與台灣斷交後。紅毛城曾經委託澳洲、美國代管，最終在1980年收歸中華民國所有，升上國旗。

從空間構成來看，紅毛城主樓可以區分為主體、南側露台及西側院屋三大部分。主體的基本結構體為為荷蘭人所建，為磚石疊砌，外石內磚厚達1.9公尺，呈現出防禦性強烈的堡

2-7.1新北市淡水古蹟博物館紅毛城主樓東北向外貌

淡水紅毛城與英國領事官邸

類　　型：軀殼利用

設計層級：歷史古蹟

整體再利用設計策略：原貌保存

部分改變設計策略：無

新舊共存手法：無

2-7.2新北市淡水古蹟博物館紅毛城主樓西南向外貌

2-7.3新北市淡水古蹟博物館紅毛城主樓外貌角樓

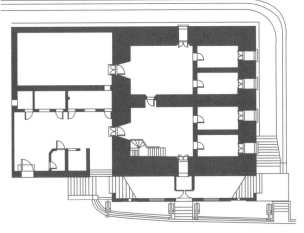

2-7.4新北市淡水古蹟博物館紅毛城主樓一樓平面圖

2-7.5新北市淡水古蹟博物館紅毛城主樓一樓牢房展示現況
2-7.6新北市淡水古蹟博物館紅毛城主樓一樓牢房前門房展示現況

2-7.7新北市淡水古蹟博物館紅毛城主樓一樓牢房前門房展示現況

疊特質。主體樓高二層，在外貌於西南及東北設有角樓，磚材直接裸露，屋頂女兒牆也呈現出雉堞形式。構造上，主樓為拱頂構造，第一層呈東西、第二層呈南北走向，彼此垂直相使結構更為穩固。據考證，一樓的空間原來只有一道隔間牆分割空間為兩部分，1863年英國人改為領事館後，將其改為四間牢房，以拘禁在台有犯罪嫌疑的外國人，牢房前為門房。二樓的空間原來只有中央支柱，英國人將之隔為四間房間，分別作為領事辦公室、書記辦公室及起居室，房間內設有壁爐。在書記辦公室內設置文件焚化爐方便即時焚燬閱讀後的機密文件，以確保機密性。同樣的房間內也以水泥石材建構一厚牆的保險庫，用來庫藏重要文件與錢財，為當時領事館內的重要密室，另有一陡峭的木造樓梯通往屋頂平台。再利用後，一樓牢房部分保留原貌作為展示，門房部分則展覽紅毛城建築相關資訊。

　　除了主體之外，紅毛城主樓南側設有磚造露台，必須從地面拾級而上，實際上是主樓二層的出入口，為英國人將紅毛城改建為領事館期為方便二層出入所建。露台階梯旁設有射口，內側開口大，外側開口小，便於防禦時攻擊入侵者。主樓一層主體西側還留有一個院子，當時為牢房的戶外活動空間，牆面高達3.6公尺，

2-7.8新北市淡水古蹟博物館紅毛城主樓二樓展示現況
2-7.9新北市淡水古蹟博物館紅毛城主樓二樓展示現況

2-7.11新北市淡水古蹟博物館紅毛城主樓二樓
通往屋頂平台木樓梯
2-7.12新北市淡水古蹟博物館紅毛城主樓二樓
文件焚化爐展示現況

2-7.10新北市淡水古蹟博物館紅毛城主樓二樓壁爐

現在也是一層的主要出入口。院子內有兩排一層樓的建築，南側的建築為庫房，亦是英國人所加
建，牆體為石造，屋頂則使用閩南紅瓦。北側的建築為設有廚廁與浴室等空間。目前南側庫房再
利用為志工室，北側建築則維持原機能的展示，空地則置放了英國人的雕塑，以增加其情境。

2-7.14新北市淡水古蹟博物館紅毛城主樓南側露台外貌
2-7.15新北市淡水古蹟博物館紅毛城主樓南側露台細部

2-7.13新北市淡水古蹟博物館紅毛城主樓南側露台階梯

2-7.16新北市淡水古蹟博物館紅毛城主樓西側庭院廚房外貌
2-7.18新北市淡水古蹟博物館紅毛城西側庭院英國人雕像

2-7.17新北市淡水古蹟博物館紅毛城西側庭院廚房室內

紅毛城主樓東側為英國領事官邸,為英國領事所建,建築師來自英國,但是紅磚及匠師可能來自福建廈門。此官邸為兩層樓紅磚構造,立於一抬高約1公尺的基座之上,主要立面朝南。在外貌上、南面、東面及西面都設有拱圈迴廊,這是西方人到亞洲濕熱地區興建房舍時經常採取的設

2-7.19新北市淡水古蹟博物館英國領事官邸外貌

計手法。在南向，兩層樓的立面都有七個拱圈，一樓為弧拱，二樓為圓拱，主入口拱圈居中，支撐拱圈的柱子變化多端，中央簇擁入口的較為考究，柱體上刻有磚雕，拱腹上雕成「VR1891」的字樣，VR字母是在位的維多利亞女皇（Victoria Regina）的縮寫，1891是領事官邸落成的年代。兩端的柱子雖然沒有磚雕，但卻較為寬大厚實。東西兩側的拱廊在表現上，南面與正立面相似，一樓為弧拱，二樓為圓拱，北側則以弧拱為主，但在後半一樓的服務設施部分，則於西面的拱廊使用圓拱，東面開窗使用弧拱。迴

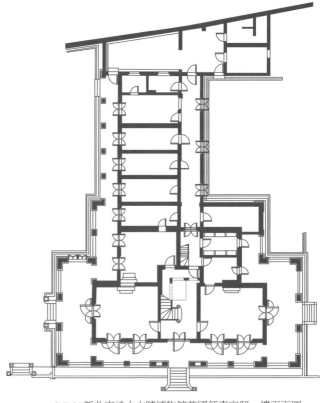

2-7.20新北市淡水古蹟博物館英國領事官邸一樓平面圖

2-7.21新北市淡水古蹟博物館英國領事官邸南向立面

2-7.22新北市淡水古蹟博物館英國領事官邸入口磚柱及磚雕

2-7.23新北市淡水古蹟博物館英國領事官邸角落磚柱

2-7.24新北市淡水古蹟博物館英國領事官邸波浪鐵板拱磚造

2-7.25新北市淡水古蹟博物館英國領事官邸入口磚柱及磚雕

2-7.26新北市淡水古蹟博物館英國領事官邸拱圈迴廊內部

2-7.27新北市淡水古蹟博物館英國領事官邸拱圈迴廊內部

2-7.28新北市淡水古蹟博物館英國領事官邸基座細部

廊使用的綠釉花瓶欄杆，常見於十九世紀興建之洋樓。

英國領事官邸還有一種特殊的構造形式，那就是在一樓東西兩側迴廊天花板的波浪鐵板拱的構造，架在「工字鐵樑」之上。這種特殊的樓板作法屬於十九世紀末期才發明出來樓板構法，具有防火功能，在鋼筋水泥尚未普及運用前，是最進步的建築技術，在東亞及台灣近代建築史上都極為罕見。另外基座在牆角和柱基下則用白色花崗石砌成，使其更加堅固。而台基的氣窗鑲有「錢紋」，一則可以通風，二則取其「大富大貴」的吉祥象徵。

2-7.29新北市淡水古蹟博物館英國領事官邸一樓客廳展示現貌
2-7.30新北市淡水古蹟博物館英國領事官邸一樓書房展示現貌

在室內空間方面，英國領事官邸一層樓西側分別為客廳及書房，東側則為餐廳及配膳室；後側的空間為服務性設施，有洗衣間及數間傭人房。由入口挑高的門廳有一座扶手大樓梯通往二樓，二樓有三間大臥室、一間褓姆臥室及衛生設備。客、餐廳及主要臥室內皆設有壁爐，地板並貼以精緻的彩色磁磚，頗具英國住宅特質。為方便英國領事呼叫管家僕役，此官邸內特別設置了一組「僕役呼叫鈴」總機，並於臥室、餐廳、客廳、

2-7.31新北市淡水古蹟博物館英國領事官邸一樓餐廳展示現貌

2-7.32新北市淡水古蹟博物館英國領事官邸一樓僕役呼叫設施

2-7.33新北市淡水古蹟博物館英國領事官邸一樓廚房展示現貌

2-7.34新北市淡水古蹟博物館英國領事官邸二樓特展展示現貌

2-7.35新北市淡水古蹟博物館英國領事官邸一樓常設展展示現貌

門廳等地點設置「服務按鈴」，只要領事於任一地點按下服務鈴，總機端的鈴聲就會響起，指示地點的號碼牌就會同時落下，管家就可知道領事在何處需要服務，在尚未有電話分機的年代，這種裝置顯得特別的摩登。再利用後，英國領事官邸一樓前半部空間展示當時英國的情境，以仿英國維多利亞時期的居家樣貌陳現，但家具並非原物，是為了開放展示而添購的仿英國維多利亞時期的家具。英國領事官邸一樓後半部空間則為一些常設展，二樓則作為特展室之用。整體而言，淡水紅毛城與英國領事官邸的再利用採取的是歷史古蹟的層級，古蹟軀體被原物保存，展示設施基本上是可動的或可逆法施工。

2-7.36新北市淡水古蹟博物館英國領事官邸樓梯

打狗英國領事官邸展示館

在台灣的建築發展過程中，十九世紀中葉是一個重要的關鍵時刻，西方建築開始出現於台灣。依照1860年的「北京條約」中的協議，清廷被迫開放滬尾（淡水）、雞籠（基隆）、安平與打狗（高雄）四港口。1863年打狗正式開港，1864年5月5日，由首任淡水稅務司麥士威爾（William Maxwell）設置了打狗海關。然而一開始打狗海關並未於港岸上設有固定辦公處所，而是暫時租用怡和洋行（Jardine Matheson & Co.）一艘停泊於港邊的運鴉片廢船「探路者號」（Pathfinder），作為辦公室及宿舍之用。同年7月史溫侯（R.Swinhoe）向甸德洋行（Dent & Co.）租用打狗港內的廢船「三葉號」（Ternate），作為打狗副領事館。1865年2月副領事館升格為領事館，空間需求量增加，於是改租哨船頭二層樓華人房舍為館舍。1867年5月將領事住宅移至原天利洋行（Macphail &

2-8.1打狗英國領事官邸展示館南向外貌

打狗英國領事官邸

類　　型：軀殼利用
設計層級：歷史軀殼
整體再利用設計策略：歷史古蹟
部分改變設計策略：側部
新舊共存手法：對立

2-8.2打狗英國領事官邸展示館南向外貌
2-8.3打狗英國領事官邸展示館室外木棧道

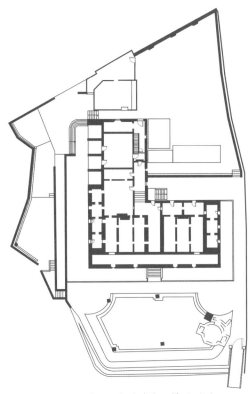

2-8.4打狗英國領事官邸一樓平面圖

2-8.5打狗英國領事官邸展示館西向外貌
2-8.6打狗英國領事官邸展示館一樓室內

2-8.7打狗英國領事官邸展示館一樓建築遺構

Co.）所建位於哨船頭山上的洋樓。經過一段時間後，英國決定自建一棟新的領事住宅。

　　1876年9月打狗領事館購地增加預算獲當局同意，於是開始著手興建領事官邸、下屬辦公室、巡捕房及監牢，以取代當時租的房舍，期望工程在一年內完成。同年11月山頂領事官邸兩塊土地承租簽約作業完成。出租人為盧天送，英國官方代表為代理測量官馬歇爾（Marshall），租期為永久租用。1879年8月，英國領事會勒特（A. R. Hewlett）寫的有關於打狗新建的領事建築物的報告書中，提到最近完工的領事建築物有港口旁堤岸區的辦公室、巡捕區、監牢以及在山上的一棟官邸等，間接的陳述了山下領事館及山上的領事官邸能的完工日期。

2-8.8打狗英國領事官邸展示館一樓展示廳室內
2-8.9打狗英國領事官邸展示館二樓室內

2-8.11打狗英國領事官邸展示館二樓室內
2-8.12打狗英國領事官邸展示館二樓室內

2-8.10打狗英國領事官邸展示館二樓室內

　　由於是英國人所設計監造，打狗英國領事官邸使用尺寸盡是英制，建築空間為英文L字型態。由於地形關係，建築物在主要面向的西向及南向看似一棟一層樓的建築，立於一個高起的基座之上，但實際上在東向及北向就明顯的呈現出二層樓的建築。建築在西向、南向及東向均設有以拱圈為主要語彙的迴廊，這也是西方人士在亞熱帶及熱帶地方營建房舍時，因應氣候的慣用表達方式。這些迴廊的拱圈在轉角處較小、拱柱則是在入口及轉角處由單柱轉為雙柱，以凸顯空間的不同。打狗英國領事官邸整座建築均是

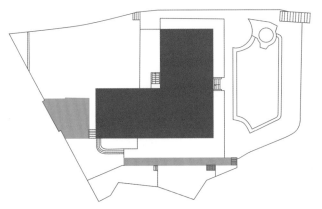

2-8.13打狗英國領事官邸展示館新舊建築關係圖

2-8.14打狗英國領事官邸展示館外貌細部
2-8.15打狗英國領事官邸展示館迴廊細部

2-8.16打狗英國領事官邸展示館外貌細部

以紅磚所建，這也是英國維多利亞時期的一種建築時尚。在空間上，二樓的主要空間均面對迴廊，並且透過迴廊可以欣賞到美麗的海景。一樓的空間北側與一樓樓房無異，但南側遠比一個人高度低矮，在此建築被誤認為英國領事館時，多數人認為其為外籍囚犯之監牢，但在考證此建築為領事官邸後，這些低矮的空間應為不同的服務性空間的可能性較大。

　　1895年，台灣成為日本殖民地後，打狗英國領事館及官邸於1896年被日方接管。1909年，打狗英國領事館遭到關閉。1931年，台灣總督府將此處改做「高雄海洋觀測所」。1945年戰後，此處曾做為台灣省氣象局測候所，不過在1977年賽洛瑪颱風時受到嚴重破壞，幾乎成為殘蹟。1986年，高雄市政府始經修復，1987年由內政部公告為二級古蹟，並闢為高雄史蹟文物館。高雄市升格為院轄市後，成為直轄市定古蹟。2004年8月起，高市文化局公開徵求委外整修及經營管理，讓古蹟活化再利用，由高雄漢王洲際飯店取得整修營運權。2004年9月，領事官邸重新開幕，並獲「園冶獎都市景觀」第一名。餐廳由於可以觀海看夕陽，吸引了不少人潮。2009年7月在經過考證後，高雄市政府文化局將數十年來被誤認是「打狗英國領事館」的此棟建築，正名為「打狗英國領事官邸」。山丘下碼頭邊的舊水產試驗所建築物，正名為「打狗英國領事館」，同時收回經營管理權。

　　打狗英國領事官邸從1987年起歷經三次較大改變的再利用，但基本上都是將此棟建築視為是一棟古蹟，因此再利用的型態都是以不觸及建築本體改變的軀殼利用。目前的再利用是將

2-8.17打狗英國領事官邸展示館迴廊　2-8.18打狗英國領事官邸展示館咖啡　2-8.19打狗英國領事官邸展示館迴廊
　　　　　　　　　　　　　　　　　　　　　　廳入口

2-8.20打狗英國領事官邸展示館室外舞台　　　　　　　2-8.21打狗英國領事官邸展示館室內歷史走廊

主要樓層的二樓區分為「文化A廳」、「文化B廳」、「建築廳」與「領事廳」，展示的內容
為大航海時代的歷史與事物，室內的歷史走廊則有史溫侯的展覽，同時在整修後將天花板拿
掉，以展示木質的屋桁架。在一樓的部分則有「文化C廳」及商店。較低矮的空間則被形塑成
「迷宮」。另外在北側則有一棟新建的小屋作為咖啡廳的廚房及櫃台，座椅則以搭篷的方式置
於室外庭園。由於十九世紀英國人於海外所設的洋樓皆有很寬的外迴廊，除了回應炎熱的氣候
外，也反映了英人喜歡在迴廊喝下午茶、聊天或聚會同時欣賞風景的生活形態。整體而言，目
前打狗英國領事館官邸的再利用不再經營餐廳後，於室內部分轉趨較為消極，只作為簡單的小
展覽空間之用。其與山下打狗英國領事館辦公室實可視為一個整體，以原有的登山古道串聯，
發揮更大的再利用效益，成為高雄港區的另一處文化特色。

案例賞析——建築保存類型

威諾納 古堡博物館

威諾納是義大利一個小鎮，不過卻因為是羅密歐與茱莉葉之故居而吸引大量觀光客。威諾納古堡博物館前身為一座中世紀的城堡，由史卡拉家族（Scala Family）的大狗二世（Cangrande II）興建於1354年至1376年間。古堡所在地原為一座羅馬時期的防禦工事，十三世紀時的城牆將建築一分為二，東邊為環繞中庭的軍隊營舍，西邊為雙層壁保護的家族宮殿。整座建築並且整合了跨越阿地杰河（Adige）的史卡

3-1.3威諾納古堡博物館大狗二世雕像
3-1.4威諾納古堡博物館外貌

3-1.1威諾納古堡博物館中庭
3-1.2古地圖中的威諾納古堡

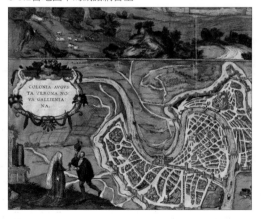

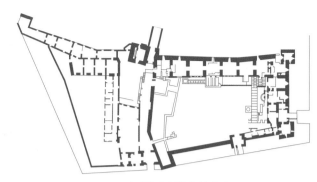

3-1.5威諾納古堡博物館地面層平面圖

3-1.6威諾納古堡博物館
橫跨古堡博物館的道路

3-1.7威諾納古堡博物館
史卡拉橋

3-1.8威諾納古堡博物館
外庭吊索門

3-1.9威諾納古堡博物館中庭

3-1.10威諾納古堡博物館中庭

3-1.11威諾納古堡博物館入口水池

3-1.12威諾納古堡博物館西側庭園

3-1.13威諾納古堡博物館室內展示空間

3-1.14威諾納古堡博物館中介空間

3-1.15威諾納古堡博物館混凝土中介空間

3-1.16威諾納古堡博物館室內展示空間

拉橋（The Scaligero Bridge），這樣的結合在十四世紀的具軍事機能的建築中算是非常的特別。1945年時此座橋曾遭德軍炸毀，後來在1950年至1951年間以撈自河中的原磚石重建。城堡本身有六座衛塔，與一個可以拉起的入口橋樑，屋簷並且有中世紀慣用的堞口，防禦性很強。最主要的塔樓（Keep）為安東尼史卡拉（Antonio della Scala）建於1382年。

　　在史卡拉家族失去權勢之後，此座城堡漸失其原有機能，成為威尼斯共和國的軍火倉庫。在奧匈帝國時，則權充作為軍營。1923年時，城堡進行了一次大規模的整修，大部分具有軍事特色的元素都被移除，同時加上了從1882年被大水毀壞之威諾納宮的哥德風格元素。1927年起，古堡之一部分（拿破崙翼）就被改為威諾納的美術館。1943年左右，此地也曾經成為反法西斯黨的人被處決之處。由於遭受轟炸嚴重破壞，此城堡曾經在戰後荒廢近十年。1957年，建築師史卡巴（Carlo Scarpa）接手整修，在博物館長馬哥納托（Licisco Magagnato）支持下，於1964年開幕，但部分工程則至1974年才全部完工。這個舉動在當時是一件創舉，可是現在卻

證明當初是正確的做法。原有的宮殿大體被尊重的保存下來，不過內部卻加入了一些必要的新設施，新舊適度的結合創造出了一處既有歷史意義又具新生命之地方，也成為該市最重要的文化據點。

　　史卡巴對於此建築之設計態度，於中庭中就顯現出來，水池、矮牆與噴泉被巧妙的安排。主要立面維持著哥德風格，但於拱圈及開口部後介入了新的玻璃。在兩部分建築中間的過渡地方，史卡拉技巧性地以混凝土及鋼材創造了一個與原有傳統空間完全不一樣的現代空間，曲折的變化將參觀者引到穿過橋底到西側的房間，然後再經過棧橋回到東側的主要展示空間。一座十四世紀的大狗一世雕像站立在一處出挑的構件上，形成一個戲劇化的視覺焦點。東西兩空間過渡空間及部分主體空間的門窗採用的是格子形式，藉由這些中性的格子成功的將傳統空間轉折到現代空間或室外。

　　在室內部分，史卡拉所設計的新地板與原有牆面略為脫離，突顯了二者的特性也避免了施工及構造美學上的尷尬。這些新舊分明的設計清楚的說明了史卡巴想要利用構造的層級來作為表現建築歷史的企圖。不僅如此，所有的展示品也被藝術化地吊掛或擺設，不少吊屏或隔板也都出自於建築師的設計。在史卡拉細心又創意的設計之下，古堡博物館不但成為博物館空間體驗的好地方，也成為一處建築朝聖地，空間美學與文化資產在此迸出美麗的火花。

3-1.17威諾納古堡博物館室內展示空間
3-1.18威諾納古堡博物館室內展示空間
3-1.19威諾納古堡博物館外貌

威利奇卡鹽礦博物館

威利奇卡鹽礦（Wieliczka Salt Mine）是聯合國教科文組織於1978年指定的世界遺產，也是世界上唯一自中世紀至今都仍然持續開採的一個歷史鹽礦，其原始的挖採（包括縱向、橫向、獨立礦室，以其大小通道）共有九個層級，超過

3-2.3威利奇卡鹽礦博物館地下坑道
3-2.4威利奇卡鹽礦博物館教宗鹽雕

3-2.1威利奇卡鹽礦博物館入口
3-2.2威利奇卡鹽礦博物館丹尼洛維奇升降坑電梯入口

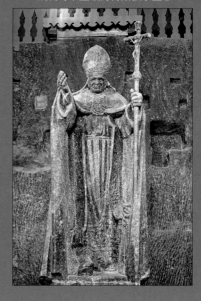

3-2.5威利奇卡鹽礦博物館地下坑道

3-2.6威利奇卡鹽礦博物館地下坑道

3-2.7威利奇卡鹽礦博物館地下階梯

3-2.8威利奇卡鹽礦博物館內部聖壇

3-2.9威利奇卡鹽礦博物館最後的審判鹽雕

三百公里，深入地下327公尺，其闡明了人類不同時期鹽礦開採技術的發展。從中世紀開始，威利奇卡的歷史就忠實的反映了採礦技術的演進，工廠組織與管理，工業立法之誕生，以及波蘭愛國主義對自由之追求。在中世紀，此地被稱為大鹽之地（Magnum Sal），早於1044年之文獻中就已出現。而鹽自遠古以來，就是國家重要的經濟基礎，曾被作為波蘭之貨幣計價工具之一。

一開始，鹽自取自於鹽井，經過加熱與蒸發的過程，歷史上對何時硬鹽礦被開採並沒有明確的記載，很可能是在深挖鹽井時意外發現的礦床開啟了以簡易工具開採的歷史。當時的波蘭王室很快地就體認到鹽礦之價值，所以在開採與配銷上採取了專賣制度。他們知道鹽是一種基本的民生用品，而且與生計密不可分，而且在肉類醃製、奶油製作、皮革處理，甚至是火藥的生產都必須使用到大量之鹽。雖然鹽對食物及醃製工業帶來利益，但其也成為政府的工具。早在十四世紀，鹽礦之生產已占有國家百分之三十之收入。王室

3-2.10威利奇卡鹽礦博物館世界遺產標誌　　　3-2.11威利奇卡鹽礦博物館地下音樂演奏
3-2.12威利奇卡鹽礦博物館地下坑道入口　　　3-2.13威利奇卡鹽礦博物館入口門廳

用這些收入來支付王室成員（包括配偶）及官員軍人之各種開銷。克拉科學院（The Krakow Academy），即後來之蓋雅隆大學（Jagiellonian University）之創辦人，凱希米亞大帝（Casimir the Great）應用了威利奇卡鹽礦之收入來支持新大學之財務，往後之王室也都跟隨此傳統。在十六世紀，威利奇卡鹽礦已經成為歐洲最大之商業企業。除了與採礦直接相關之工人及行政人員外，礦場也雇用了木匠、桶匠、馬車司機與食物供應處、醫生，甚至有自己的福利系統。

十四世紀，鹽礦中開採及地下運輸都是以人工進行。鹽是以人工轉動繩索拉至地面，十五世紀則改進以磨具之動力原理，十五世紀則改以獸力齒輪作為動力。技術之進步與機器之發展使產量大增。十五世紀後半，威利奇卡鹽礦之收益已經可用來支付瓦維爾城堡（Wawel Castle）之修繕與發展，也是在此時期，礦場繼續往下發展，以尋求更豐富之礦床，而新的開採技術也不斷被更新。1772年波蘭首度被瓜分時，波蘭王室對於鹽場之經營也隨之中斷，接續的奧國統治，不僅在行政組之上加以改變，也引進了新的採礦方法與新的專家、在技術層面上對於礦場來說是有利的，也帶來一段穩定的時期。而在此期間，城市也隨之發展，發電廠開始運作，與克拉科間之火車也開通，地下礦場之工作變得更自動化，手動之鑽子也由氣動所取代，蒸汽之升降機也加入運作。礦場修理站與木匠工作室也在運作。1912年一

3-2.14威利奇卡鹽礦博物館地下製鹽過程展示　　　3-2.15威利奇卡鹽礦博物館地下製鹽過程展示

座新的機械製鹽工作於地面上開工，在經過適度改良後，至今其仍可以生產。

　　兩次世界大戰之間，威利奇卡鹽場仍然穩定的發展，甚至是開始吸引參觀者，鹽對於身體之治療性也引起廣泛之注意。許多人相信，與其他物質相混，鹽可以治療被蛇咬傷，潰瘍、喉嚨痛及痛風等症狀。事實上，在1826年，鹽水浴就曾被當作治病之手段，鹽場之醫生費立克布奇考斯基（Feliks Boczkowski）從1839年起以鹽浴治療了三十六種不同的疾病，包括有流鼻水、不孕症到歇斯底里。在20年間，一共有超過三千名病患接受治療，直至其去世之1855年風潮才逐漸消退。到了1958年鹽場治療之功能又再度興起，密奇斯勞史苦利摩斯基（Mieczyslaw Skulimowski）教授利用地下礦場之微氣候治療哮喘、上下呼吸道之發炎，以及一些過敏症。

　　納粹統治期間，鹽的產量被迫提升，戰後因需求之故開採曾一度加大，但在原有古老礦坑周圍之開採導致了岩盤的不平衡，加速了部分參觀路線之毀壞，但此舉也促使了對鹽礦保存之動力。現今威利奇卡鹽礦已經再利用為一座以當年

3-2.16威利奇卡鹽礦博物館地下坑道示意圖

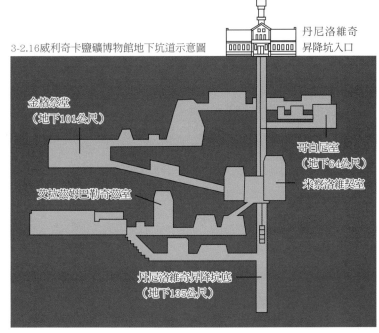

丹尼洛維奇昇降坑入口

金格祭堂（地下101公尺）

哥白尼室（地下64公尺）

米察洛維契室

交拉茲姆巴勒奇茲室

丹尼洛維奇昇降坑底（地下135公尺）

礦工為導覽人員之博物館，每年參觀的訪客約有80萬人，地下鹽製設施及鹽雕，令人嘆為觀止。參觀鹽礦的起始點是稱為「丹尼洛維奇升降坑」（Danitowicz Shaft）所在的一棟建築，此升降坑是挖建於1635年至1640年間，當時礦場主管就是米可拉丹尼洛維奇（Mikołaj Danitowicz）。一開始，這個垂直通道只作為將鹽運至地面之用，直至十九世紀才同時兼負起運送鹽礦官員及觀光客之任務。電梯最深處位於離地面約104公尺的地下第四層。

威利奇卡鹽礦目前開放供遊客參觀的部分只佔全部鹽礦空間的百分之一左右，參觀路徑約3公里。參觀動線是首先將訪客經由上下四節相疊，每節可

3-2.17威利奇卡鹽礦博物館哥白尼鹽雕
3-2.19威利奇卡鹽礦博物館米察洛維契室

3-2.18威利奇卡鹽礦博物館艾拉茲姆巴勒奇茲室
3-2.20威利奇卡鹽礦博物館地下湖

坐9人的電梯載往地下64公尺第一層，這裡有幾處空間，最有名的稱為「哥白尼室」（Nicolaus Copernicus Chamber），這位著名的天文學者是最早造訪鹽礦的訪客之一，一座他的雕像就站立於室中。接著訪客就必須逐層拾階而下，階梯是木材材質，有的下有支撐，有的以懸挑處理，不同的造型與灰暗的鹽壁形成強烈的對比。沿途訪客可以看到採礦的坑道、支撐坑道的木構造與許多採礦過程的展示。這些地下坑道與房間，空間變化多樣而蜿蜒曲折，曾經啟發了不少文學與電影作品的內容。像以奧地利統治期間鹽礦主管命名的「艾拉茲姆巴勒奇茲室」（Erazm Baracz Chamber）就環繞著一個幽靜的地下湖，與木構架形成一個特殊的氛圍。「米察洛維契

室」（Michalowice Chamber）的木構造宛若一個哥德風格的教堂，也展現了鹽礦木匠精湛的工藝。

在地下第二層，也就是離地面101公尺處，座落著整個鹽礦最重要的空間「聖金格祭堂」（The Saint Kinga's Chapel）。這個以鹽礦保護者為名的空間是整個鹽礦最令人印象深刻且華麗的殿堂。這個從一整塊鹽礦挖鑿出來的空間，早在1896年時就已經是一處工人崇拜之處，而它的各種裝飾則是歷經超過100年，不同礦工雕刻家慢慢手工精雕細琢的結果。雕刻的主題以新約聖經的故事為主，其中有一幅是模仿達文西「最後的晚餐」，而全部室內的水晶吊燈也是以鹽所作。訪客最後會抵達「丹尼洛維奇升降坑」的底部，約位於地下135公尺處，由此再搭乘電梯回到地面。透過有效的經營管理與再利用，威利奇卡鹽礦成功的從一處瀕臨關閉的鹽礦轉型成為一座兼顧教育及休閒功能的博物館，也達成了永續經營的目標。

3-2.22威利奇卡鹽礦博物館地下牽引設施
3-2.23威利奇卡鹽礦博物館金格祭堂

3-2.24威利奇卡鹽礦博物館金格祭堂

3-2.21威利奇卡鹽礦博物館艾拉茲姆巴勒奇茲室

聖安東尼美術館

聖安東尼美術館的前身為1884年開幕的隆納史達酒廠（Lone Star Brewing Company），其為一棟以仿羅馬風格為主的廠房，位於聖安東尼河畔。1892年，酒廠由聖路易大酒商布齊（Busch）收購，在建築商尤根菲德（E.Jungenfeld and Company）之合作下，進行大規模的擴建計畫，1904年完成全部廠房廣達數公頃。後來酒廠關閉，改製一般飲料，1921年更曾改成麵粉工廠，但於1925年關廠。第二次世界大戰期間，此工廠也曾陸續改成其它用途，但多數是短暫的使用，最後因該區逐漸沒落而致廢棄多年。

3-3.3聖安東尼美術館入口
3-3.4聖安東尼美術館室內天橋

3-3.1聖安東尼美術館第一期正向外貌（1980年代）
3-3.2聖安東尼美術館第一期正向外貌（1980年代）

原隆納史達酒廠

類　　型：建築保存
設計層級：歷史軀殼＋歷史成長
整體再利用設計策略：部分改變
部分改變設計策略：內部＋上部＋側部
新舊共存手法：對立

3-3.5聖安東尼美術館正向現貌

1970年代，由聖安東尼美術館協會之新主任麥克葛瑞格（Mr. Jack McGregor）發現了此棟被閒置多年的建築，在協會的大力支持下，決定取得該建築，並改建為美術館。1972年該酒廠經政府列為法定古蹟，再委由劍橋七建築師（Cambridge Seven Architects）改建為美術館。在多年的募款、整修與規劃後，聖安東尼市市長於1977年7月13日正式為此美術館揭牌，1981年3月1日開放供一般民眾參觀。當天有數萬名參觀者蜂擁而入，想親眼目睹這座期待已久的美術館。

一開始，此美術館主要是收藏美洲的藝術品，包括前哥倫布時期、西班牙時期、拉丁美洲傳統藝術以及後期的各種藝術。由於受到包括洛克菲勒等人的捐贈，收藏品的數量非常的多。

3-3.6聖安東尼美術館第一期增建正向現貌
3-3.7聖安東尼美術館盧比庭園

3-3.8聖安東尼美術館隆納史達酒廠原貌

3-3.9聖安東尼美術館屋頂餐廳（1980年代）
3-3.10聖安東尼美術館室內天橋（1980年代）
3-3.11聖安東尼美術館室內（1980年代）
3-3.12聖安東尼美術館屋頂餐廳（1980年代）
3-3.13聖安東尼美術館室內（1980年代）
3-3.14聖安東尼美術館室內（1980年代）

3-3.15聖安東尼美術館一樓平面圖

3-3.16聖安東尼美術館展示廳
3-3.17聖安東尼美術館展示廳

3-3.18聖安東尼美術館展示廳

該建築原為廠房，所以空間極富變化，而且又有大空間，非常適合做為美術館之用。更重要的是因為一棟美術館之再生，也帶動了該地區之全面再生。為了解決參觀動線，建築師大膽的在兩座高樓中間加入了一座玻璃的連接天橋，不僅滿足了機能的需求，更創造了新的美學面貌。同樣的概念與手法也應用於原屋頂平台的咖啡廳中。在室內空間方面，由於酒廠歷經多次不同機能的再利用計畫，將之回復到最早或某特定時代之風貌或材料並不可行也不實際，因此建築師用更中性的手法來處理，再加上比較明亮的色彩計畫，使此建物更具有親民性。事實上，此棟建築在改建為美術館後，就一直不斷的整建及增建。1991年增加了7000平方呎的考登畫廊（Cowden Gallery）。1994年，3000平方呎的比瑞塔霍布斯棟（Beretta Hops House）整修為教育設施。同時，盧比庭園（Luby Courtyard）也開放。1998年，洛克菲勒拉丁美洲藝術中心開幕，面積達30,000平方

3-3.19聖安東尼美術館展示廳

3-3.20聖安東尼美術館展示廳

3-3.21聖安東尼美術館展示廳
3-3.22聖安東尼美術館展示廳

3-3.23聖安東尼美術館新舊建築相接處細部

呎。2005年，勒諾拉與華德布朗亞洲展示翼（Lenora and Walter F. Brown）也開幕，面積15,000平方呎的空間使其成為美國南部最大的亞洲藝術重鎮。2009年，美術館更取得了聖安東尼河旁的土地，使遊船得以直接靠岸停，方便遊客。《建築紀錄》（Architectural Record）曾稱讚此再利用案是「極為傑出」，因為建築師執行了一項「沒有被看到的技術需求」，他們在舊軀殼中加入了新的電氣與機械系統，使舊工業遺產得以復活於當代。

3-3.24聖安東尼美術館展示廳

3-3.25聖安東尼美術館第一期增建背向外貌

3-3.26聖安東尼美術館沿河空間

列治文喬治亞
海灣罐頭工廠

類　　型：建築保存

設計層級：歷史軀殼

整體再利用設計策略：部分改變

部分改變設計策略：內部

新舊共存手法：對立

　　加拿大列治文喬治亞海灣罐頭工廠是再利用自一個漁罐頭的博物館，而展示的內容則是罐頭製造過程。十九世紀時的列治文（Richmond）是一個小漁港，不過在史蒂芬斯頓（Steveston）卻有大大小小的罐頭工廠，將漁獲製成罐頭以輸出到世界各地。喬治亞海灣罐頭工廠興建於1894年，一直到1902年為止，仍是加拿大卑詩省最大的罐頭工廠。它有個暱稱「怪獸罐頭工廠」，光是在1897年就製造了二百五十萬瓶的罐頭。到了1930年代，此工廠就停止了運作，但仍然維持作為漁網及漁獲之倉儲。第二次世界大戰時，因為

3-4.3列治文喬治亞海灣罐頭工廠
3-4.4列治文喬治亞海灣罐頭工廠

3-4.1列治文喬治亞海灣罐頭工廠舊貌空照
3-4.2列治文喬治亞海灣罐頭工廠舊貌

3-4.5列治文喬治亞海灣罐頭工廠外貌　　　　3-4.6列治文喬治亞海灣罐頭工廠外貌

3-4.7列治文喬治亞海灣罐頭工廠模型　　　　3-4.8列治文喬治亞海灣罐頭工廠室內展示

3-4.9列治文喬治亞海灣罐頭工廠室內展示　　3-4.10列治文喬治亞海灣罐頭工廠室內展示互動區

3-4.11列治文喬治亞海灣罐頭工廠室內展示　　3-4.12列治文喬治亞海灣罐頭工廠室內展示

食物之需，此工廠重新開工製造鯡魚罐頭及加工品。戰後，更生產了數以萬噸的魚油及魚肉，直至1979年為止。

1979年，加拿大聯邦政府收購了此工廠，並且在1984年轉移給加拿大公園署，再利用為展示加拿大西海岸漁業發展與漁罐頭製造的工廠，於1994年開幕。此工廠已經在1976年6月被指定為加拿大國家歷史場所（National Historical Site），並由喬治亞海灣罐頭工廠協會經營管理。

此罐頭工廠之所以被指定為國家歷史場所，乃是因為下列幾項因素。與加拿大西岸從1870年代至今的漁業有密切的關係；所在地的史蒂芬斯頓，位於英屬哥倫比亞低地夫拉瑟河（Fraser River）河口，就歷史及地理而言，是加拿大西岸最重要的漁村；整座工廠是一個複合體，有一部分是建於跨越河上的碼頭，從創立時到1964年間持續的使用並不斷的更新，見證了二十世紀前半葉，漁業罐頭生產工業的發展過程。

現存的廠房是被視為一個工業遺產，有多樣的機能與種類，包括主罐頭廠、冰庫、油廠、油桶棚、守衛棚、鑄造場、儲槽庫、油桶存放架，以及部分碼頭遺構。不同的建築量體構成了整座工廠複合體的有趣輪廓。在複合體中，某些特別設施或建築的配置是反映工廠的運作。所有的建築在設計上都極為簡單，以長方體搭配斜屋頂為主，再加上少數實用性的細部。而建材的使用都是便宜且實用性的木材、金屬與人造裝修材，形塑了一種統一性。整體而言，實用性主導了整

3-4.13列治文喬治亞海灣罐頭工廠室內展示
3-4.14列治文喬治亞海灣罐頭工廠室內展示

3-4.15列治文喬治亞海灣罐頭工廠室內展示
3-4.16列治文喬治亞海灣罐頭工廠室內展示

3-4.17列治文喬治亞海灣罐頭工廠室內展示

3-4.18列治文喬治亞海灣罐頭工廠室內展示

3-4.19列治文喬治亞海灣罐頭工廠室內展示

座工廠的形式、配置、建材與機器的設置。而不同建築間的配置是完全依照機能性的空間組織，也有部分機器是在罐頭製造過程是獨特的。另一方面，罐頭工廠與碼頭的關係是既清楚又整體性，碼頭被視為是工廠不可分割的一部分。碼頭設施的營建使用了厚重的木樁打入河床，其上再建以木造設施或小屋，都是工業遺產作為漁業文化景觀具體的構成元素。

3-4.20列治文喬治亞海灣罐頭工廠室內展示

3-4.21列治文喬治亞海灣罐頭工廠戶外解說牌

從設計的觀點來看，此座罐頭工廠是仍然具有建築保存期的特質，因為主要的思考仍然是以保存工廠的原有風貌。不過由於將經營管理納入考量後，添加了展示的軟體則基本上是以新的設施呈現，使其中出現了新舊共容的事實。在這些展示軟體中，不少屬於可碰觸或操作的設計，更有不少展示品的尺度是以孩童的身體來思考，以增加對孩童的吸引力，強化教育功能。

函館金森洋物館與歷史廣場

函館是北海道一個重要的城市，在江戶時代和松前與江差並稱為「松前三港」，擁有天然良港，因而成為水產物品重要集散地。十八世紀末，俄羅斯的勢力開始南下，威脅到日本，於是江戶幕府於1799年將蝦夷地改為直轄地，並設立箱館奉行所。然而在俄羅斯的威脅減輕之後，1821年，蝦夷地又重新成為松前藩領地。1854年日美簽訂親善條約，箱館和下田因而開港，於箱館山麓（現在的元町公園）設置了奉行所。1859年，函館與橫濱、長崎都已成為日本最早的國際貿易港。1869年1月發

3-5.1函館金森洋物館現貌（1869年興建）
3-5.2版畫中的函館金森洋物館

函館金森倉庫及日本郵船倉庫

類　　型：建築保存
設計層級：歷史軀殼
整體再利用設計策略：部分改變
部分改變設計策略：內部＋外部
新舊共存手法：對立

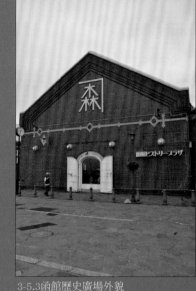

3-5.3函館歷史廣場外貌
3-5.4函館金森洋物館內部

3-5.5函館金森洋物館舊貌

3-5.6函館金森倉庫舊貌（1887年）

3-5.7重建後的函館金森倉庫舊貌（1909年）

3-5.10函館金森洋物館外貌

海灣函館

金森洋物館

函館歷史廣場

3-5.8函館紅磚倉庫群配置圖

3-5.9函館紅磚倉庫群配置說明圖

3-5.11函館歷史廣場平面圖

3-5.12函館金森洋物館外貌

3-5.14函館歷史廣場外貌

3-5.13函館金森洋物館外貌

3-5.15函館歷史廣場外貌

3-5.16函館歷史廣場內的啤酒廣場

生箱館戰爭。在舊幕府軍投降之後，新政府宣布在北海道全境設11國86郡，並設立開拓史，並將蝦夷地改名為北海道，箱館改名為函館，北海道開始進入大規模開發時代。

函館開港之後，商業興盛，港口日益繁榮，興建了不少存放商品的紅磚倉庫，其中由渡邊熊四郎在1863年，從長崎來到函館後

3-5.17函館海灣外貌
3-5.19函館海灣外貌

3-5.18函館海灣外貌
3-5.20函館海灣外貌

3-5.21函館海灣內部

3-5.22函館海灣內部

3-5.23連接函館海灣兩棟倉庫的橋

所興建的倉庫群特別引人注意。渡邊抵函館時，相當年輕，只有
24歲，他於1869年開設金森洋物店（現市立鄉土資料館）和金森
船具店，從事進口貿易及船具銷售等多項業務，被譽為函館四天
王之一，為當時的函館建設，貢獻很大。除了商業外，他也在社
會、文化事業方面做出了很大貢獻，建設學校與醫院，以及公園
和自來水設施等公共事業。1887年，渡邊開始從事倉儲業務，興
建了最早的倉庫，但因火災而毀，1909年重新修建，在防火技術
與施工上有很大的突破。1980年代，函館的金森紅磚倉庫與周圍
的其它倉庫都面臨到是否拆除的考量，最後以再利用的方式成功
的保存了七棟倉庫，兩棟作為「金森洋物館」，三棟作為「函館
歷史廣場」（函館ヒストリープラザ），與北側兩棟也是由紅磚
倉庫改造的「海灣函館」（BAYはこだて）共同見證了過去函館
海運繁榮時期的象徵。

　　「金森洋物館」由原來的一號與二號兩棟紅磚倉庫再利用
而成，主要的機能是購物中心，並且標榜「西歐豐富的生活文
化」作為主題，不同商店提供國內外精緻小品、生活雜貨、古董
等，但以能表達夢幻異國風為吸引顧客之賣點。同時也設置了一
處以「每天都是快樂的聖誕節」為理念，由世界各地收集了各式
各樣的聖誕節禮品的「函館聖誕廣場」，讓館中充滿快樂愉悅的
氣氛，這也是渡邊熊四郎當初開設洋物店的初衷。「函館歷史廣

3-5.24函館紅磚倉庫群展示旗　　　　　　　3-5.25函館紅磚倉庫群標誌系統

場」由原來的三、四及五號三棟倉庫再利
用而成，內容包括有函館啤酒館、函館浪
漫館、小型手推車店舖、工作室等，多樣
而豐富。中央的展示大廳特別展示有金森
倉庫的歷史，以及以前實際使用的工具，
融合了明治時期與現代文化，十分特別。
另外，也設置了一座可容納約200名觀眾的
「金森廳」，作為多功能活動大廳，在此
可舉辦音樂會、演講會、電影欣賞、展覽
會以及婚禮等，經常邀請著名音樂家在此
演出。

3-5.26原函館金森商船會社招牌
3-5.27函館紅磚倉庫群解說牌

　　「函館歷史廣場」的再利用是由岡田
新一設計事務所負責設計，清水建設負責
施工，為了適應當代的法令需求，特別是
防火與地震，所有的紅磚倉庫都進行必要
的補強與更新，室內的展示或商店櫥櫃也
都極富現代感，使人一眼就可辨識其為後來添加之物。「海灣函館」為原興建於1912年的日
本郵船倉庫再利用而成，這裡原有四棟倉庫，其中三號與四號倉庫被拆除興建戶外停車場，一
號與二號倉庫中間隔以水道，則被再利用為商業空間。雖然再利用空間的設計者，與「金森洋
物館」及「函館歷史廣場」為同一建築師事務所，但在設計手法上就前衛很多，有不少新的元
素被引入，甚至在水道上架一座新橋以連接兩側的倉庫。

橫濱紅磚倉庫

位於橫濱港，現在已經成為橫濱重要歷史景點的紅磚倉庫，本身就有著豐富的歷史，與橫濱的發展密不可分。1853年，美國人培里（Commodore Matthew Perry）率領黑船（Black Ships）艦隊抵達橫濱，改變了這個小村的命運。美國人希望日本能提供港口作為太平洋航路的據點和補鯨的供給基地，在六浦藩小柴村海域（現金澤區八景島附近）未獲許可停留兩個月後，駛入橫濱海域，與幕府交涉的結果是在1854年，簽訂「神奈川條約」。1858年，

3-6.2橫濱紅磚倉庫全貌
3-6.3通往橫濱紅磚倉庫的鐵橋

橫濱港一號及二號倉庫

類　　型：建築保存

設計層級：歷史軀殼

整體再利用設計策略：部分改變

部分改變設計策略：內部

新舊共存手法：對立

3-6.1橫濱紅磚倉庫2號館內部

3-6.4橫濱紅磚倉庫2號館外貌
3-6.5橫濱紅磚倉庫2號館外貌

3-6.6橫濱港區舊貌（1930年代）
3-6.7橫濱紅磚倉庫2號館舊貌

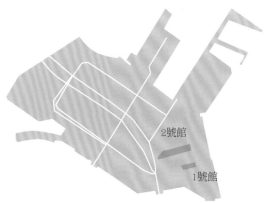

3-6.10橫濱紅磚倉庫位置圖

3-6.8橫濱紅磚倉庫1號館舊貌
3-6.9橫濱港區舊貌（1950年代）

3-6.11橫濱紅磚倉庫2號館外貌
3-6.12橫濱紅磚倉庫2號館入口

兩國在神奈川海域的小柴（現八景島附近）的一艘船上簽訂「美日修好通商條約」，這一通商條約雖然規定神奈川開港，但卻成為橫濱村都市開發的開始。1859年，橫濱開港，開啟新的時代。橫濱在很短時間之內建立了居留地、碼頭和海關等國際港必備設施，許多外國洋行與銀行陸續進駐。1889年4月1日，日本實施市制，橫濱市正式誕生，成為日本最初設立的市之一。

開港當時的橫濱港分為東碼頭（英國碼頭）和西碼頭（海關碼頭），東西碼頭因其外形而被稱為「象鼻」。不過開港當初橫濱並無船舶可停靠的海堤，建設正式的停靠碼頭成了國家的重要課題。明治政府的第一期建港工程，於1896年完成鐵棧橋（大棧橋的前身），為處理因國外

3-6.13橫濱紅磚倉庫2號館內部　　　　3-6.14橫濱紅磚倉庫2號館內部

3-6.15橫濱紅磚倉庫2號館內部　　　　3-6.16橫濱紅磚倉庫2號館內部

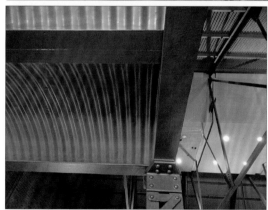

3-6.17橫濱紅磚倉庫2號館內部

3-6.18橫濱紅磚倉庫2號館屋頂細部

3-6.19橫濱紅磚倉庫2號館舊鐵門

3-6.20橫濱紅磚倉庫2號館內部　　　　　3-6.21橫濱紅磚倉庫2號館內部
3-6.22橫濱紅磚倉庫1號館入口　　　　　3-6.23橫濱紅磚倉庫1號館外貌

貿易急速發展所激增的貨物，第二期工程於1899年開始建設新港碼頭。其中的一部分，建設現在的橫濱紅磚倉庫（當時稱為橫濱海關新港碼頭倉庫）作為臨時保管從國外運入，尚未完成進口手續之物資的保稅倉庫。新港碼頭具有沒有牆壁、只有柱子與屋頂的儲藏庫、倉庫、起重機、火車等，是日本最初的近代港灣設施。1907年，由主管大藏省（財政部）臨時建築部的技師妻木賴黃設計的二號倉庫開工，1911年完工，樓高三層，建築面積為3887平方公尺（長度149公尺、寬22.6公尺），高17.8公尺。1908年，一號倉庫開工，1913年完工，寬度高度與二號館一樣，但長度只有76公尺。完工的紅磚倉庫備有日本最早的貨用電梯、消防栓、防火門等，是日本引以為傲的先進倉庫。為了防震，採用當時最新工法，就是在紅磚中埋入鐵筋。所用的紅磚全是日本國產品，其中二號倉庫的紅磚使用了近318萬塊。因為導入最新技術，橫濱的這兩座紅磚倉庫因此被視為是日本倉庫的典範。

　　1923年9月1日，日本關東發生嚴重的地震，橫濱港的設施受到摧毀性的損壞。二號倉庫雖免於毀壞，但一號倉庫的中央部分卻受到崩塌等極大的損害。由於關東大地震摧毀為數眾多的磚造建築，鋼筋水泥逐漸成為日本的主流構造系統。震災後，一號倉庫面積縮小了幾乎一半，它的內側牆壁也安裝鋼筋水泥作為補強，二號倉庫也為了提高防震性，先拆除起重機再進行改造工程。二戰期間，橫濱與國外貿易中斷，紅磚倉庫變成戰爭軍事物資補給基地。二

3-6.24橫濱紅磚倉庫1號館室內
3-6.25橫濱紅磚倉庫1號館室內

3-6.26橫濱紅磚倉庫1號館室內

3-6.27橫濱紅磚倉庫1號館室內
3-6.28橫濱紅磚倉庫1號館室內

3-6.29橫濱紅磚倉庫1號館室內

戰結束後，橫濱市中心的許多設施皆被盟軍接管，紅磚倉庫變成美軍港灣司令部，內設有辦公室、餐廳，港灣倉庫機能完全停止。1956年，接管期結束，一號倉庫重作為海關倉庫、二號倉庫則為共用儲藏庫，橫濱也重新啟動與國外的貿易，入港船舶噸數及處理的貨物量不斷創新記錄。1970年代之後，海上運輸進入貨櫃年代，橫濱港開始整建以因應大型貨櫃船的到臨，工程的進行也導致不便，至1976年時貨物量，倉庫機能下降，因而許多人提出將紅磚倉庫拆除的看法，幸好橫濱市的都市再生計畫也適時地提出檢討如何保存

這批紅磚倉庫。1983年橫濱市開始著手規劃「港灣未來21」（MINATOMIRAI 21），在中央地區（港灣未來車站周邊）建設以地標塔樓為主的近代未來都市，港區則以港灣象徵的紅磚倉庫為中心，運用其歷史背景與其景觀，建設該地區。1989年，紅磚倉庫儲存貨物的機能完全廢除。

3-6.30橫濱紅磚倉庫前溜冰場
3-6.31橫濱紅磚倉庫文創產品

1992年，橫濱市取得紅磚倉庫與土地，並設置「保存暨運用檢討委員會」，往保存運用之道大步邁進。由於關東大地震之後，紅磚倉庫未曾進行過大規模的修繕，已有衰敗現象，因而必須進行大規模整修改造工程。工程自1994年開始，項目包括屋頂改造、窗戶與屋簷復原、除去塗鴉、鐵骨架構補強等，一直持續進行到1999年。該年也開始討論紅磚倉庫的經營理念。本著建立屬於橫濱的文化與建造市民經常利用之休憩場所的理念，推動「港灣繁榮與創造文化之空間」的計畫，委員會決定一號倉庫主要用在文化性質，二號倉庫主要用於商業性質。2000年就內部進行必要設備更新改造工程。為了保留歷史建築的記憶，處處可見保留波狀屋頂、防火門、懸浮門滑輪、樓梯間等倉庫創建當時的元素。2002年4月12日紅磚倉

3-6.32橫濱紅磚倉庫前藝術展覽

庫重新開幕。一號館是大廳及展廳的文化設施，二號館則是餐廳與購物等商業設施。開幕第一年，進場人數達569萬人次，象徵重生後的橫濱展開新的旅程。2004年，橫濱紅磚倉庫獲日本建築學會頒獎肯定。2007年，日本經濟產業省認定這批紅磚倉庫為，對日本產業近代化有極大貢獻，且細說橫濱港發展歷程之近代化產業遺產之一。2010年，榮獲「聯合國教科文組織亞太區文化遺產保存獎」。2013年，一號館創建100週年，進場總人數更突破6,000萬人次。橫濱這兩棟紅磚倉庫，在興建之際，見證了日本結束江戶時代長達200多年的鎖國時期，開啟與世界交流的門戶。現在，紅磚倉庫已成為橫濱代表性的文化觀光景點，除了紅磚倉庫本體外，外面的廣場也經常舉辦各種活動，像冬天會設溜冰場，夏天設市集等。

阿姆斯特丹
海尼根博物館

　　海尼根博物館（又稱海尼根體驗館，Heineken Experience），位於阿姆斯特丹市中心，是由海尼根啤酒公司保存第一座啤酒釀造廠，再利用而成。海尼根啤酒廠是謝拉特哈德良海尼根（Gerard Adriaan Heineken）在1863年買下迪胡依堡（De Hooiberg）啤酒廠後，1864年於阿姆斯特丹創立。1873年，謝拉特哈德良海尼根買下阿姆斯特丹的一片土地建造釀酒廠，調配出一種獨特配方，釀造了荷蘭首款「優質」淡啤酒，啤酒廠的名聲迅速傳開，海尼根也成為全球啤酒的品質象徵。至今，海尼根已傳承四代，

海尼根啤酒釀造廠

類　　型：建築保存

設計層級：歷史軀殼

整體再利用設計策略：部分改變

部分改變設計策略：內部

新舊共存手法：聯想、對立

3-7.3阿姆斯特丹海尼根博物館展示酒館通往二樓梯間
3-7.4阿姆斯特丹海尼根博物館互動拍照區

3-7.1阿姆斯特丹海尼根博物館舊貌
3-7.2阿姆斯特丹海尼根博物館現貌

瓶身一直使用同樣的標籤與名字。目前，海尼根在世界65個國家擁有超過130家釀酒廠，釀製超過170種頂級、地區性及特製啤酒，192個國家每天共賣出2500萬瓶啤酒。

　　1988年，這棟位於荷蘭阿姆斯特丹的海尼根最早的釀酒廠，由於配合新廠的啟用而關閉，建築物臨主要大街四棟建築被改裝成為海尼根博物館，但仍保留海尼根釀酒廠的字樣，街廓內及臨次要街道的啤酒廠其它建築則開發作為住宅或商業用途。博物館的主入口

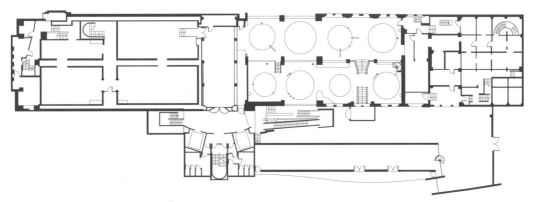

3-7.5阿姆斯特丹海尼根博物館二層平面圖

3-7.6阿姆斯特丹海尼根博物館外貌
3-7.8阿姆斯特丹海尼根博物館外貌

3-7.7阿姆斯特丹海尼根博物館外貌
3-7.9阿姆斯特丹海尼根博物館外貌

3-7.10阿姆斯特丹海尼根博物館門廳
3-7.11阿姆斯特丹海尼根博物館門廳展示
3-7.12阿姆斯特丹海尼根博物館展示酒館入口
3-7.13阿姆斯特丹海尼根博物館展示酒館

3-7.14阿姆斯特丹海尼根博物館展示酒館

3-7.15阿姆斯特丹海尼根博物館通往二樓梯間上方原有貯倉

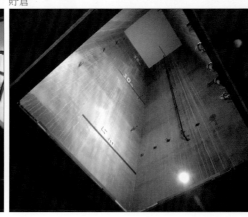

設於十字路口起算的第二棟，改成整面的玻璃立面，上面掛以斗大的海尼根體驗館英文Heineken Experience。入口大廳基本上為售票處及衣帽間，相當簡單，牆上飾以海尼根與全世界的聯結，以機場看板的方式呈現，也擺設了幾個酒桶作為提綱契領之物。由大廳穿過一個以海尼根名稱作為門額的入口後即可進入一間展示用的酒館空間，這是展示空間的

3-7.16阿姆斯特丹海尼根博物館史料展示區
3-7.17阿姆斯特丹海尼根博物館史料展示區

起始，也讓人能聯想過去的酒館。酒館擺設了一些供人拍照的場景。從此酒館空間可經由一座精緻的不鏽鋼樓梯前往二樓，在此抬頭還可看到過去儲藏麥子高聳貯倉。二樓首先映入眼簾的是海尼根啤酒與企業的發展史，有豐富的人事地物史料與老照片，也展出海尼根啤酒在1889年巴黎博覽會獲獎的獎牌。展品與展間的清水混凝土牆形成了很強的對比。

從海尼根史料區往前，展出的是海尼根啤酒釀造過程，在此可以看到一片大牆，書寫著「品質來自於開始」（quality from the start）。沿著此牆往前展示的是海尼根啤酒之所以成功的四

3-7.18阿姆斯特丹海尼根博物館史料展示區
3-7.20阿姆斯特丹海尼根博物館史料展示區

3-7.19阿姆斯特丹海尼根博物館史料展示區
3-7.21阿姆斯特丹海尼根博物館史料展示區

3-7.22阿姆斯特丹海尼根博物館糖化釜區

3-7.23阿姆斯特丹海尼根博物館糖化釜區
3-7.24阿姆斯特丹海尼根博物館糖化釜區

3-7.25阿姆斯特丹海尼根博物館糖化釜內部

個主要的成分：水、發芽大麥（barley）、啤酒花（hops），還有能創造豐富風味與細緻的果香的「A酵母」（A yeast），這也是海尼根從十九世紀以來的傲人特色。除了堅持好原料，海尼根也不斷精進釀酒技術。過程中將啤酒放在水平槽中發酵，而非業界採用的標準垂直槽，為A酵母創造完

3-7.26阿姆斯特丹海尼根博物館原料展示區 　　3-7.27阿姆斯特丹海尼根博物館原料展示區
3-7.28阿姆斯特丹海尼根博物館多媒體虛擬室入口 　　3-7.29阿姆斯特丹海尼根博物館啤酒品嚐區

美壓力，賦予海尼根獨具特色的豐富滋味；為了品質，海尼根堅持28天的釀造期，才能釀出啤酒的美麗金黃色澤，這比平均釀造期要長。穿過原料展示就會進入八座銅製糖化釜，這是啤酒工廠的精髓。糖化釜主要的功能是溫度調控，使麥芽內含的酵素發揮最佳效果，萃出穀類中可溶於水的物質（糖分、蛋白質、多酚類等）。當然最後還需經過過濾與煮沸。每一座糖化釜都被改造成一個多媒體播放釜，參觀者可以從開口，觀賞到描述每一座釜在釀酒功能時之文字與影片。接著，參觀者進入一間可以離心、加熱及加水

的多媒體虛擬室來體驗。在完成所謂「你就是啤酒釀造過程的一部分」體驗後，即可抵達一座吧檯品嚐最新鮮剛完成的啤酒。在品嚐啤酒後，參觀者可以繼續前往多媒體互動區，在此訪客可以親自以寓教於樂的方式，操作與海尼根相關的遊戲，觀看短片，郵寄電子明信片，最後還可再次享受一次免費的美酒。此處也有另一個空間稱為「海尼根畫廊」，展出許多酒廠製酒過程的模型。事實上，海尼根博物館已經被列名於歐洲工業遺產路線（European Route of Industrial Heritage）名單中，可見其作為工業遺產的

價值倍受肯定。除了展示空間之外，此博物館也利用舊釀酒廠的空間，在頂樓改造為五間會議室。每間會議室都各具獨特風格。會議室面積從60平方公尺到350平方公尺不等，最多可容納850人的團體。最大的會議室名為「冷卻船」（Koelschip），得名於它在釀造過程中扮演的歷史角色。1960年代以前，熱啤酒麥芽汁都放置在這裡冷卻，冷卻的唯一方式就是打開許多窗戶通風。從此空間的陽台也可以盡覽阿姆斯特丹市中心的美景。名為「麥芽輾磨」（Molenzolder）的空間麥芽粒磨碎為發芽大麥之處。磨碎的麥芽與水是釀造過程中最重要的原料。「啤酒花閣樓」（Hopzolder）是保存乾燥的啤酒花之處。「麥芽閣樓」（Moutzolder）位於古老的麥芽貯倉之間。海尼根釀酒廠擁有22個這種類型的麥芽大貯倉，每個高度都達20公尺。這些貯倉能讓麥芽保持乾

3-7.30阿姆斯特丹海尼根博物館啤酒互動區
3-7.31阿姆斯特丹海尼根博物館啤酒互動區

燥，直到磨成發芽大麥。當然，為了經濟效應，海尼根博物館也有面積不小的商店，販賣啤酒與其它周邊文創商品，訪客更可以操作機器，列印標籤上

3-7.32阿姆斯特丹海尼根博物館啤酒互動區

3-7.33阿姆斯特丹海尼根博物館啤酒互動區

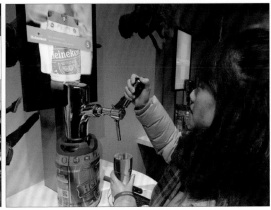

3-7.34阿姆斯特丹海尼根博物館個人化啤酒販賣區
3-7.35阿姆斯特丹海尼根博物館個人化啤酒販賣機
3-7.36阿姆斯特丹海尼根博物館模型展示區
3-7.37阿姆斯特丹海尼根博物館馬廄

3-7.38阿姆斯特丹海尼根博物館商店

有自己姓名的紀念啤酒。為了彰顯馬匹在過去啤酒工業所扮演的角色,在博物館後側甚至保留了馬廄空間,也養了幾匹馬供人觀賞。

　　海尼根博物館是由深具歷史意義,海尼根啤酒在阿姆斯特丹的第一間釀酒廠所再利用改建而成。但它並不拘泥於文化遺產的保守作法,而是提供感官互動參觀行程,邀請訪客體驗海尼根活力奔放的世界。「百聞不如一見,何不親自體驗」的口號與策略都相當成功,也成為其它啤酒廠模仿的對象。

札幌札幌工廠紅磚館

　　日本北海道札幌的「札幌工廠」
（Sapporo Factory）是目前該市最有名的
觀光景點，也是日本經常被提到的工業遺
產保存及再利用案例。「札幌工廠」前身
最早是創立於1876年的「開拓使麥酒釀
造所」，日本所稱的麥酒就是啤酒。後來

3-8.2札幌工廠紅磚館入口
3-8.3札幌工廠紅磚館入口

大日本麥酒札幌第一工場貯酒棟

類　　　型：建築保存

設計層級：歷史軀殼

整體再利用設計策略：部分改變

部分改變設計策略：無

新舊共存手法：無

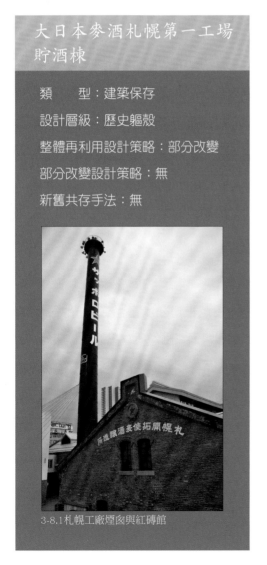

3-8.1札幌工廠煙囪與紅磚館

「開拓使麥酒釀造所」逐漸發展成為「大日本麥
酒會社」，並從1892年左右，逐步將原有的木
構造建築改為磚造建築。不管是建築所用的紅磚
或是製酒都是日本明治維新以後代表進步及現代
的象徵。「大日本麥酒會社」的製酒工場也不斷
發展，札幌也設立了其他的工場，這裡因而習慣
被稱為「大日本麥酒札幌第一工場」。

　　1988年9月，大日本麥酒札幌第一工場所
在地的開發與再利用計畫開始展開，經過非常冗
長反覆的討論才大致定案，保存一部分的紅磚建
築，新建一批新的建築。整個計畫的設計為大成
建設一級建築士事務所，設計工作於1989年5月
到1991年11月期間進行，施工則自1991年11月
到1993年3月中進行，1993年4月完成。在這個

3-8.4札幌工廠整體外貌
3-8.5札幌工廠紅磚館入口

3-8.6札幌工廠戶外露天餐廳

　　新的計畫中，實際上的釀酒機能已不復存在，取而代之的是綜合性商場。裡面由悠久歷史的紅磚建築物而組成的商店街及新建築中的餐廳、飯店、健身俱樂部等各種設施構成一個複合機能的商業空間群。

　　在開發與再利用計畫之前，原有的大日本麥酒札幌第一工場還保有不少與釀酒相關的設施與空間。計畫完成之後，只保存了原貯酒發酵棟、機械室、鍋爐間及煙囱，合稱為「紅磚館」；內部前兩個空間主要為禮品店和工藝雜貨店，鍋爐間則主要為展示札幌啤酒的各種資料，因為空間不大，所以採取的是靜態與重點展示。紅磚館對於歷史保存採取的態度基本上是維持原貌，雖然有小部分的整修，但與原有建築形貌是一致的，只有在連接不同樓層時，添加了如電扶梯等較現代的設施。

新建的「二條館」及「三條館」大部分為商店，有餐廳、時裝服飾、裝飾品、及生活雜貨等；「一條館」主要為展覽廳和電影院；「西館」主要為旅館，分別由聯絡通道連接。在「二條館」及「三條館」間還設有玻璃窗天光的大中庭，內設有舞臺，可以舉辦各種目的不同的活動。基本上，新舊建築是彼此獨立的，但空間卻是互通的。

3-8.7札幌工廠紅磚館與增建連接天橋　　　　　3-8.8札幌工廠紅磚館與增建連接天橋內部
3-8.9札幌工廠煙囪基座　　　　　　　　　　　3-8.10札幌工廠札幌啤酒展示室

3-8.11札幌工廠紅磚館電扶梯　　　　　　　　　3-8.12札幌工廠札幌啤酒展示室

3-8.13札幌工廠紅磚館二層商店
3-8.14札幌工廠紅磚館二層商店

3-8.15札幌工廠紅磚館地面層玄關
3-8.16札幌工廠紅磚館地面層商店

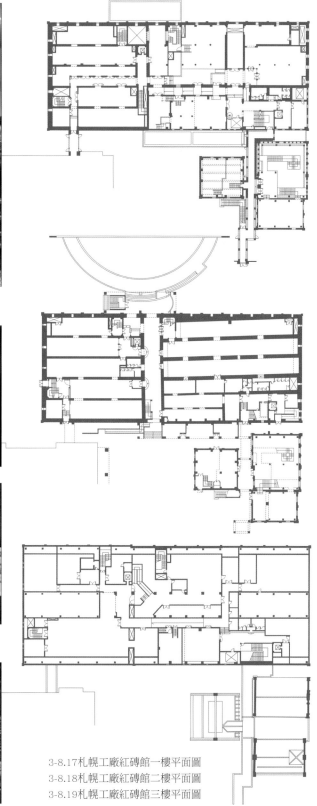

3-8.17札幌工廠紅磚館一樓平面圖
3-8.18札幌工廠紅磚館二樓平面圖
3-8.19札幌工廠紅磚館三樓平面圖

香港西港城

香港西港城位香港島中環商業區，是一棟興建於1906年，具有歷史及藝術價值的紅磚建築，原為販售家禽肉品之市場，由於髒亂造成附近的衛生問題被迫遷移。整棟建築在閒置之後對該區並無實質的助益。後來經香港政府在1990年列為古蹟，並且透過將之改為商業用途，以期對城市發展提供正面之幫助。同年6月，十幾個於中環永安街（花布街）的商家被遷到西港城。在保存原有建築之主要外貌下，內部被加以更新，一樓販售藝品，二樓為布料批發，頂層為餐廳，一開始的契約為二十一年。2003年，香港市區

3-9.1香港西港城外貌

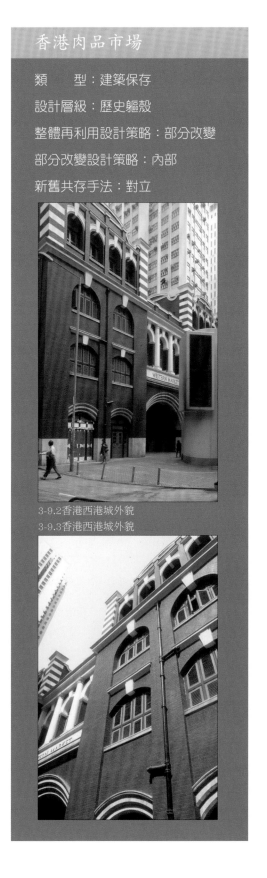

香港肉品市場

類　　型：建築保存

設計層級：歷史軀殼

整體再利用設計策略：部分改變

部分改變設計策略：內部

新舊共存手法：對立

3-9.2香港西港城外貌
3-9.3香港西港城外貌

3-9.4香港西港城大門之一
3-9.5香港西港城一樓商店

3-9.7香港西港城二樓布行
3-9.8香港西港城二樓布行

3-9.6香港西港城夾層空間

3-9.9香港西港城一樓店舖

重建局再次進行活化改造,增加主題,四層樓分別以「舖」、「布」、「食」與「藝」來定位,其中第四層更引入著名的餐廳,成為香港著名的婚宴場所。西港城之規模雖然不像銅鑼灣與尖沙咀等地的購物中心,但卻是香港最富歷史及文化氣息的購物中心。

3-9.10香港西港城中央電扶梯　　　　　　　　3-9.12香港西港城頂層屋架
3-9.11香港西港城中央電扶梯　　　　　　　　3-9.13香港西港城頂層屋架

　　就再利用設計而言，西港城外貌基本上維持原來之風貌，沒有任何重大變更。室內則小幅更動，但以對比的手法形塑新的空間特質。其中最具影響力的乃是面對著大門的電扶梯。其不但解決了此座建築不同樓層垂直連接的問題，也利用電扶梯具現代性及機械美學的基本特性使原本單調的室內空間變得既活潑又有可及性。由於原有建築的地板並無法適用於新機能，於是建築師採取了大部分新作的處理，不過卻留下原有的柱基，並覆以強化玻璃以供人觀賞，也留下部分舊石料，如此不但保留了部分史料，也讓新機能可以更彈性的來使用。

3-9.14香港西港城新舊地板共存　　　　　3-9.15香港西港城舊柱基展示

3-9.18香港西港城舊柱基展示
3-9.19香港西港城舊柱頭展示

3-9.16香港西港城新舊窗戶共存
3-9.17香港西港城文化遺產說明牌

3-9.20香港西港城夾層空間

新加坡讚美廣場

新加坡讚美廣場是新加坡一個歷史悠久的建築群，原為天主教聖嬰女修院（Convent of the Holy Infant Jesus/CHIJ）及宿舍古德威爾之屋（Caldwell House），位於新加坡市中心的維

3-10.1 新加坡讚美廣場入口
3-10.2 新加坡讚美廣場讚美禮堂外貌

新加坡天主教聖嬰女修院及古德威爾之屋

類　　型：建築保存

設計層級：歷史軀殼

整體再利用設計策略：部分改變

部分改變設計策略：內部

新舊共存手法：聯想＋對立

3-10.3 新加坡讚美廣場讚美禮堂外貌
3-10.4 新加坡讚美廣場下沉商業區

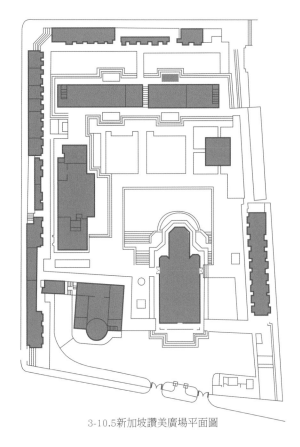

3-10.5新加坡讚美廣場平面圖

3-10.6新加坡讚美廣場讚美禮堂細部

多利亞街。這個建築複合體中最搶眼的是哥德風格的教堂，興建於1904年。不過最早興建的建築是古德威爾之屋，建於1840年，一年後完工。當然，讚美廣場與天主教聖嬰女修院在新加坡的發展有著密切的關係。聖嬰修院從建築的角度而言，它占有相當完整的街廓，並且有不同時期興建的建物，在美學上也有其多樣風格。建築圍塑著中庭，在圍牆內的景觀也精心處理，在附近的都市環境中獨樹一格。

1852年，四位隸屬於聖嬰教派（Holy Infant Jesus）的修女從她們的家鄉隨同商隊抵達馬來西亞檳城。其中領導的瑪西爾德拉羅特（Mathilde Raclot），後來成為此聖嬰女修道院非常關鍵的人物。1854年2月，她們帶著建立一所女學校的使命，出發前往新加坡，這所學校後來稱為「大巴窯聖嬰女校」（CHIJ Secondary Toa Payoh）。學校最早使用的建築就是古德威爾之屋。修女們在安頓好住處後的十天隨即替她們在新加坡創立的第一所女學校招生，瑪西爾德拉羅特聘請母會聖馬爾

3-10.7新加坡讚美廣場讚美禮堂內部

3-10.8新加坡讚美廣場讚美禮堂內部
3-10.9新加坡讚美廣場尖拱廊

3-10.10新加坡讚美廣場尖拱廊

聖嬰慈善學校（Institute of the Charitable Schools of the Holy Infant Jesus of Saint Maur）的修女為教職員，二十年的奉獻，讓她將修院改造成一所學校、一所孤兒院與一所婦女收容所。學校提供兩種課程，一種是正常收費，另一種則針對孤兒與貧窮家庭的孩童，完全免費。學校創立之後，修院的修女也逐步修繕既有的房舍。

　　古德威爾之屋是新加坡現存最古老的建築之一，由法國傳教士尚馬利布瑞爾神父（Father Jean-Marie Beurel）為聖嬰修院所購，他也是聖約瑟書院（Saint Joseph's Institution）與善牧主教座堂（Cathedral of the Good Shepherd）的創辦人。由當時著名的建築師喬治柯爾曼（George D. Coleman）為任職政府機構的古德威爾所設計興建，以新古典主義為基調。上層外貌為半圓，內部為圓型的空間後來成為修女們的大起居室，她們在此處進行女紅、讀書與寫作。修院第一個教堂建於1850年左右，但很快就殘破無法使用，迫使彌撒等活動都必須移至古德威爾之屋。十九世紀末，修院的修女們開始積極募款，而布瑞爾神父也適時的從萊佛士書院買下修院周邊的土地，並將其贈送給瑪西爾德拉羅特院長。1901年，修院的教堂開始興建，1904年完工，1905年獻堂，查理本篤拿因神父（Father Charles Benedict Nain）投入甚深。他可以說是教堂許多細部的作者，這些細部很精彩的呈現於石膏雕刻、壁畫與彩色玻璃，是新加坡最精緻的教堂之一。高達

3-10.13新加坡讚美廣場讚美禮堂彩色玻璃
3-10.14新加坡讚美廣場讚美禮堂花鳥柱頭

3-10.11新加坡讚美廣場尖拱廊
3-10.12新加坡讚美廣場尖拱廊

五層樓的中央高塔兩側有飛扶壁簇擁，底部形成教堂的主入口，並往兩側及全區延伸出尖拱廊，拱柱柱頭上有表現熱帶的花鳥裝飾，此處也有一座精緻的鑄鐵螺旋梯通往上層。

　　1949年，原來於1933年創設於鄰近的聖尼古拉女學校也搬入了此塊基地上。修院與女學校都運作到1983年為止，最後一次宗教活動於1983年11月3日舉行，隨後教堂的神聖功能就被卸除，而修院則關閉。經歷數年之後，這裡決定再利用為公共用途的都市空間。1990年，古德威爾之屋與教堂同時被新

加坡政府指定為文化遺產，整修與再利用的工程持續多年，並以儘量保存原有修院與教堂的特色為目標。其所耗費的經費超過10億新加坡幣，在當時是史無前例的計畫。1997年讚美廣場獲新加坡都市重建局頒發建築遺產獎，1998年又獲新加坡建築協會頒發再利用建築設計獎，2004年又獲頒聯合國教科文組織亞太遺產保存獎。2013年，讚美廣場再度獲得鉅額經費進行改善工程，包括將沿街面的圍牆降低以增加都市穿透性，新增出入口以形塑歷史之門，增加建築的可及性，以及改善鋪面使行人更安全的可以行走。而原來教堂後下挖的開放式廣場，也適度的增設頂棚，以利遮陽及遮雨。

再利用後，讚美廣場由新加坡的培拉尼爾商業管理公司（Perennial Retail Management Pte. Ltd）進駐經營，教堂成為一個多用途禮堂，名為讚美禮堂（CHIJMES Hall），可作為餐飲、音樂演奏、戲劇表演以及婚禮。而古德威爾屋則改成是一個畫廊，二樓的圓空間也改成婚禮場所。兩棟建築都吸引許多人來參觀或消費，變成新加坡夜生活及購物的好去處，更成為新加坡的另一個社交場所。

3-10.16新加坡讚美廣場下沉商業區
3-10.17新加坡讚美廣場下沉商業區

3-10.18新加坡讚美廣場下沉商業區
3-10.19新加坡讚美廣場商業區

3-10.15新加坡讚美廣場商業區

3-10.20新加坡讚美廣場商業區

3-10.21新加坡讚美廣場全貌

3-10.22新加坡讚美廣場庭園

3-10.23新加坡讚美廣場庭園

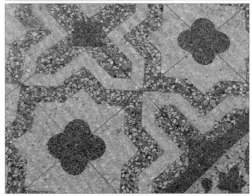

3-10.24新加坡讚美廣場古井

3-10.25新加坡讚美廣場拱廊鋪面

3-10.26新加坡讚美廣場解說牌

3-10.27新加坡讚美廣場文化遺產名牌

新加坡亞洲文明博物館

亞洲文明博物館是新加坡最重要的一座博物館，也是東南亞最重要的文化設施之一。以泛亞洲的文化與文明收藏與展示著名。此博物館開幕於1997年4月，原來位於由新加坡客家會館在1912年興建的道南學校（Old Tao Nan School）內，由當時的副總理李顯龍擔任主管，展覽的重心置放於中國文明。後來，增設了娘惹（Peranakan）文化的展示，頗受好評。2003年，博物館搬遷到整修後的皇后坊大廈（The Empress Place Building）。

3-11.1新加坡亞洲文明博物館外貌
3-11.2新加坡亞洲文明博物館外貌

皇后坊大廈

類　　型：建築保存
設計層級：歷史軀殼
整體再利用設計策略：部分改變
部分改變設計策略：內部＋外部
新舊共存手法：對立

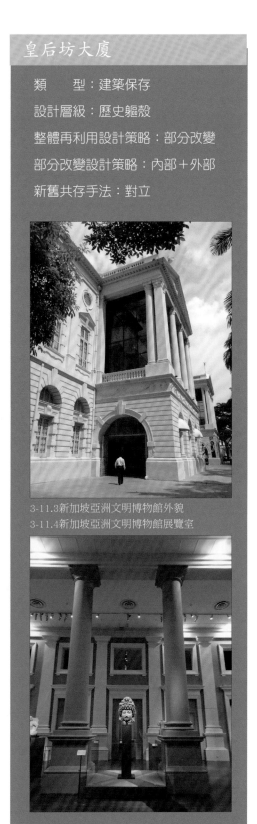

3-11.3新加坡亞洲文明博物館外貌
3-11.4新加坡亞洲文明博物館展覽室

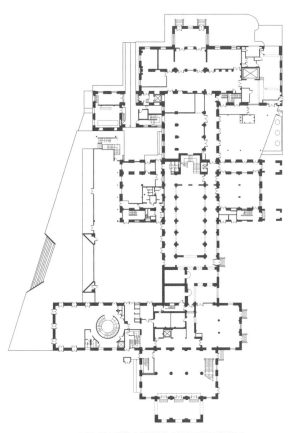

3-11.5新加坡亞洲文明博物館地面層平面圖

3-11.6新加坡亞洲文明博物館外貌
3-11.7新加坡亞洲文明博物館原貌

3-11.8新加坡亞洲文明博物館整修模型
3-11.9新加坡亞洲文明博物館大廳

　　皇后坊大廈，在英國殖民時期經常被稱為政府辦公大樓（Government Offices），始建於1864年4月，分四個時期，工事直至1920年代才全部完成。最早的部分是由英國工程師麥克奈爾（J.F.A. McNair）所設計，由犯人以勞役方式興建，於1867年年底完工，是最靠近舊國會大廈的部分。1865年，法庭的部分興建完成，成為政府辦公大廈的核心空間。1873年至1875年間，從法庭再度朝新加坡河河邊方向增建，此部分後來在1875年至1939年間，成為英國殖民時期的最高法院。在整座由不同時間興建的建築中，曾有許多不同的單位在此上班。建築前方的廣場在1907年被命名為皇后坊，以榮耀維多利

3-11.10新加坡亞洲文明博物館大廳樓梯
3-11.11新加坡亞洲文明博物館展覽室

3-11.12新加坡亞洲文明博物館展覽室
3-11.13新加坡亞洲文明博物館展覽室

3-11.14新加坡亞洲文明博物館展覽室
3-11.15新加坡亞洲文明博物館展覽室

亞女王。這裡是新加坡最早的行人徒步區，政府辦公大廈也因而被稱為皇后坊大廈。因為空間的需求，此座政府辦公大廈又分別於

3-11.16新加坡亞洲文明博物館展覽室

3-11.17新加坡亞洲文明博物館展覽室
3-11.18新加坡亞洲文明博物館展覽室

1880年、1904年至1909年，及1920年進行三次增建，但基本上都能忠於麥克奈爾原來的設計風格，使全部的建築維持古典基調的和諧感。這座外觀帶有帕拉底歐式樣語彙，並搭配以木質百葉窗的建築，從完工以來就倍受注目，在1905年的《新加坡指南》上就清楚的描述：除了印度之外，這裡是東方僅有從海上望之，有如此華麗政府建築的地方。在建築內部，大部分空間天花甚高，搭配以古典柱式與線腳，呈現出比例優雅的室內空間。

皇后坊大廈一直維持作為政府辦公空間至1980年代末，最後使用的單位有戶政事務所（註冊處）與移民局。接著，此棟建築進行整修，並且在1989年4月以皇后坊博物館的名義，由副總理王鼎昌（Ong Teng Cheong）開幕。雖然這棟建築作為博物館使用有先天性的結構與動線的問題，在開幕後的六年間卻策畫舉辦了五場非常傑出，有關中國歷史的展覽。其中第一場焦點為清宮文物，展出了不少首度於中國境外展出的珍貴文物。1992年2月，皇后坊大廈被指定為新加坡的國家文化遺產。不過在六年期間，此博物館也發現了許多必須及早解決的問題，於是在1995年4月底宣布關閉。接著幾年，此棟建築再

3-11.19新加坡亞洲文明博物館展覽室
3-11.20新加坡亞洲文明博物館展覽室

3-11.21新加坡亞洲文明博物館內部新樓梯
3-11.22新加坡亞洲文明博物館夾層空間

度整修，濕氣移除與防範、白蟻根除及結構補強是其中的重點項目，最後於2003年3月由總理吳作棟重新開幕並命名為亞洲文明博物館，將展覽內容由單純的中國擴大到東南亞、南亞及部分西亞。於是，新加坡人民祖先的來源地中國、東南亞、南亞以及伊斯蘭的有形歷史成為此博物館最大特色。新加坡是一個多元種族、多元文化的國家，社會是不同文化融合的大熔爐。亞洲文明博物館忠實地展示了兩個世紀以來周邊不同區域的人民在這塊土地的相互影響的發展。

2006年9月，博物館正式啟用新的標誌以及新的口號「亞洲文明博物館——個亞洲文化生氣再現之地！」（The Asian Civilisations Museum — Where Asian Cultures Come Alive!）2013年年底，博物館又更換新標誌，也同時更新原有的口號，成為「新加坡的亞洲博物館」（Singapore's Museum of Asia）。2014年，此博物館被選為新加坡最好的博物館，也是全亞洲最好的十大博物館之一。一項新的改造及增建計畫也在2014年展開，第一期在2015年11月完成，第二期在2016年4月完成，增設了「邱德拔展館」（Khoo Teck Puat Gallery）與「郭芳楓翼樓」（Kwek Hong Png Wing）。這些新的展覽空間主要是用來展示新加坡作為一個港口城市國家，如何成為了解亞洲文化間以及亞洲文化如何與世界文化交流的媒介。所有新空間與整修過的原有空間都將依「文化交流」的概念而安排展覽，而不是孤立的歷史片段與地區。新的空間由格林希爾李事務所

（GreenHilLi Pte Ltd）負責設計，充分的展現新加坡新舊結合、殖民與當代融合的都市建築特色。新空間使用鈦與玻璃，以創造與舊有古典風格建築既對立又互補的特色。

亞洲文明博物館現在由新加坡國家遺產局（National Heritage Board）所管轄。2006年4月成立的娘惹博物館（Peranakan Museum）也歸屬於此博物館之下。藉由悠遊於亞洲文明遺產，亞洲文明博物館提供了了解孕育新加坡多元文化遺產之所。

3-11.23新加坡亞洲文明博物館商店
3-11.24新加坡亞洲文明博物館戶外展品

3-11.25新加坡亞洲文明博物館增建部分

3-11.26新加坡亞洲文明博物館文化遺產解說牌
3-11.27新加坡亞洲文明博物館遺產保存獎牌

西雅圖瓦斯工廠公園

西雅圖瓦斯工廠公園突出於該市聯合灣（Union Bay）之一塊地上，面積為8公頃左右，原址為「西雅圖瓦斯照明公司」（Seattle Gas Light Company），其為供應西雅圖主要照明能源之工廠，興建於1906年。1930年，公司改名為「西雅圖瓦斯公司」（Seattle Gas

原西雅圖瓦斯工廠

類　　型：建築保存

設計層級：歷史軀殼

整體再利用設計策略：原貌保存

部分改變設計策略：無

新舊共存手法：無

3-12.3西雅圖瓦斯工廠公園工廠遺構現況
3-12.4西雅圖瓦斯工廠公園工廠遺構現況

3-12.1瓦斯工廠（1965年）
3-12.2瓦斯工廠情況（1966年）

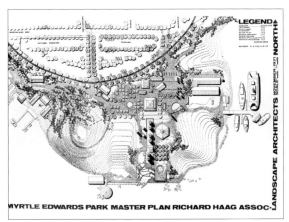

3-12.5西雅圖瓦斯工廠公園1971年整體規劃配置圖
3-12.6西雅圖瓦斯工廠公園分區圖

3-12.7西雅圖瓦斯工廠公園現況航照

Company）。其最主要的產品乃是提煉自煤礦供照明用的瓦斯。後來工廠也生產一些烹煮、冷凍、暖氣及熱水系統的瓦斯。1937年起，因為從煤生產瓦斯的成本太高，於是改由從石油生產瓦斯，因此也增設了新的機械設備。然而該瓦斯廠卻由於污染及安全性之考量而於1956年關廠，留下許多鋼鐵廠房與污染的土地，西雅圖也開始全面使用自來瓦斯。1963年，西雅圖決定價購該地做為公園。華盛頓大學景觀建築教授，同時也是景觀建築師哈格（Richard Haag）提出了一個以該基地為題之全國性大學生競圖。在參加的130件作品中，所有人都選擇將原廠房全部拆除，這也顯示出當時的設計潮流：將一塊土地上的物件清除以營造一個自然的公園。這些作品後來雖然沒有任何一件實現，卻將瓦斯工廠推上了社會大眾關心的舞台。

七年之後，哈格接受委託設計該公園。在幾度漫步於此工廠遺址之後，哈格突發奇想的在1971年提出了一個全然不同的整體設計規劃方案，並且提出公園需要大規模的「淨化與綠化」（cleaning and greening）。他決定保留部分廠房的建築，除了因為歷史的因素外，也企圖創造一種美學焦點。一開始，保存原有工業遺產的想法遭受到很多人的反對，這些人認為這些工廠設施只是一種可以拆掉的垃圾而已。然而哈格卻不肯屈服，接連舉辦了24場說明會。哈格這種想法也逐漸獲得市民的認同，因為許多市民覺得該廠與城市發展息息相關，保存之是具有意義的事。不過要將此構想實現，哈格必須面對幾項挑戰。其一是他必須說服市政當局，廠房保存的正當性，其二是必須解決土地污染的問題，其三是保留的廠房如何處理。

3-12.8西雅圖瓦斯工廠公園現貌

第一個挑戰問題並不大，很容易就解決了。第二個挑戰，哈格捨棄了傳統將土壤搬移之處理方式，改用現地生態改良法。藉由在土壤內加入去油脂的酵素以及增加土壤微生物營養的有機物質，雖然部分污染仍存在土壤深層，哈格自然的減少了表土的污染。第三個挑戰，哈格將部分較高大的廠房保存做為工業雕刻（industrial sculpture），低矮且無安全顧慮者改為生動的青少年其兒童遊樂設施，原有的運輸鐵軌則改為慢跑與自行車道，整座公園成為該市最有特色之開放空間，同時也是西雅圖著名的風箏節舉辦之場地，更是觀賞西雅圖市中心天際線最好的地方。

整體而言，瓦斯工廠公園有一片很大的草皮，直接與水岸相鄰。公園中隆起的小山丘為人造之丘，有條步道可以通往丘頂，這裡是放風箏最佳之處，也有一個吸引人的日晷。除了工廠遺構之外，公園內還有一些較小的設施。鍋爐房再利用為一個供人野餐的庇護所，內部設有桌椅、烤肉架與一些表演空間；排氣與壓力房則保留部分機械設備作為青少年的「探索世界」；幫浦室則漆上明亮的顏色，作為兒童的遊戲場。深色且生鏽的工廠遺構與草皮及淡灰色的西雅圖天際線是一個強烈的對比。

工廠的遺構基本上可以分為兩大組群。靠近水岸的一組是六個合成瓦斯生產圓筒塔。這些圓筒塔基本上是兩個一組一起運作，較大且最近岸邊兩座的是建於1937年至1938年間，高的有24公尺，矮的為23公尺，內部為耐火磚，外部為焊接鋼材。在生

3-12.9西雅圖瓦斯工廠公園工廠遺構現貌　　　3-12.10西雅圖瓦斯工廠公園工廠遺構現貌

3-12.11西雅圖瓦斯工廠公園遊戲場及野餐區　　3-12.12西雅圖瓦斯工廠公園節慶活動現場

產的最高峰，它們一天可以生產十七萬立方公尺的瓦斯。另外兩組四座圓筒塔建於1947年，高15公尺，構造方式與前述兩座類似。這六座瓦斯生產圓筒塔主體上都還附掛一些必要的管道與設施，但整體帶有強烈的工業遺產特質。在瓦斯生產圓筒塔與遊戲場間為油氣吸收塔與冷卻塔，前者高24公尺，後者為12公尺。油氣混合物先在冷卻塔降溫，然後在吸收塔分離成為瓦斯。

瓦斯工廠公園在1975年開幕時，被稱為是美國最怪異的公園，也是世界上最怪異的公園之一，可是許多人可能不知道，它的誕生比歐洲一些類似的工業遺址公園要早二十年的歷史。瓦斯工廠公園內的工業遺構是改變世界的工業革命最直接的歷史證物。在瓦斯工業盛行之時，全美國有超過一千四百座類似的工廠，但現今只剩瓦斯工廠公

3-12.13西雅圖瓦斯工廠公園人造山丘頂日暑

園聳立著這些機械設施。哈格也因為此座公園的設計，獲得美國景觀建築師協會在1981年頒發代表最高榮譽的卓越設計會長獎（President's Award of Excellence）。

波士頓法尼爾
市集廣場

波士頓法尼爾廳、昆西市場、南市場與北市場

類　　型：建築保存

設計層級：歷史軀殼

整體再利用設計策略：原貌保存

部分改變設計策略：無

新舊共存手法：無

法尼爾市集廣場（Faneuil Hall Market Place）是1980年代後，對於波士頓著名的范尼爾廳（Faneuil Hall）與它三個附屬建築，昆西市場（Quincy Market）、南市場（South Market）與北市場（North Market）保存再生後的通稱。法尼爾廳由商人彼得法尼爾（Peter Faneuil）初建於1740年代，作為市場與聚會所，然而卻毀於1761年，但隨即於1762年重建，1775年當英國人佔領波士頓時，曾作為劇院之用，但也曾是不少人在此演講，宣傳脫離

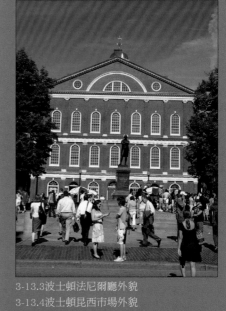
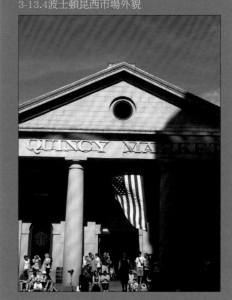

3-13.3波士頓法尼爾廳外貌
3-13.4波士頓昆西市場外貌

3-13.1波士頓法尼爾廳初建時原始風貌
3-13.2波士頓昆西市場1904年風貌

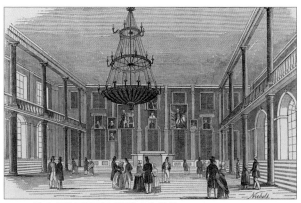

3-13.5波士頓法尼爾廳初建時室內風貌
3-13.6波士頓法尼爾廳1806年重建時風貌

3-13.7波士頓法尼爾市集廣場原貌
3-13.8波士頓法尼爾市集廣場再利用想像圖

英國獨立之所。1806年,法尼爾廳進行擴建,由建築師查理布爾芬奇(Charles Bulfinch)負責,他把高度及寬度都加了一倍,並且增加三樓,同時把原有開放式的拱廊全部改為封閉式,有小圓頂的塔樓則自中央移至建築一端的山牆之上。昆西市場、南市場與北市場建於1824年至1826年間,而法尼爾廳則於1899年重新以防火材整建。

這組建築所在之地,原來就是波士頓的都市核心,這裡曾是港口活動與城市食品批發工業的心臟。雖然法尼爾廳在1960年就被登錄為美國的文化資產,但老舊的建築卻從1960年代中逐漸被人遺忘而荒廢。從1970年代起,許多波士頓人都不斷地問,這批如有鬼魅附身的市場老建築還要站在那裡無作為嗎?難道它們不能有些新的機能,且在慢慢復甦的市中心扮演更積極的角色嗎?這批低密度低層的市場建築還該佔據市區這麼重要的地段嗎?這些問題與質疑終於引發了保存這些建築遺產的聲音。於是,如何替這些建築尋找一種保存策略,讓它們可以為城市提供特色與歷史連續性,同時在現實的環境中可以融入的可能性。這時候,有一種共識逐漸形成,那就是在歷史上、社會上,或建築上有意義的老建築絕對不能是在經濟上無用的。因此,對這批建築進行「再利用」的呼聲遠高於「純保存」(pure preservation)。在這種思維下,建築師班傑明湯姆森(Benjamin Thompson)發

3-13.9波士頓法尼爾廳圓頂塔樓

3-13.12波士頓法尼爾廳室內郵局

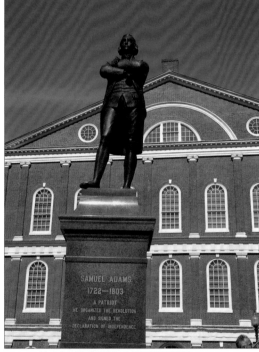

3-13.13波士頓法尼爾廳室內商店
3-13.14波士頓法尼爾市集廣場配置模型

3-13.10波士頓法尼爾廳前山姆亞當斯雕像
3-13.11波士頓法尼爾廳室內展示

展出以將四棟建築所在地一併視為一處市集廣場（marketplace）概念的主要計畫，整體再利用所有的建築。

在這個計畫中，商業空間儘可能的被增加，並確保有最多樣的商店、餐廳與娛樂性設施。這種商業多樣性的作法是有別於過去類似的案例，將再利用的空間委託給少數業主，並以辦公室空間為主體的作法。不過，顧及到實際需求，計畫中還是保留了部分辦公空間給專業人士、機構組織、服務業、出版業、設計業以及其它需要小型辦公空間的專業。在計畫中，每一棟建築都被賦予了不同的角色。法尼爾廳因為是列管的地標建築，可變性受限，地面層被引入了不同的商店與餐飲設施，也保留一個傳統的郵局；二樓維持集會廳功能，稱為大集合廳（the Great Hall）三樓為展示，有博物館的功能。

有圓頂且位置居中的昆西市場主要作為食物廣場，地面層被視為是室內街道。在此室內街道旁，由不同的商店提供肉類、魚類、乳製品、特殊食物，以及酒類飲料。有些攤商是24小時營業，它們共同創造了一處有用餐席的國際餐飲百匯。某些原來就存在的商店也被鼓勵繼續留駐，成為再利用過程的參與者。此建築從一樓貫穿到三樓的圓頂空間，是建築的一處焦點，也是大眾匯聚與非正式表演經常發生之處。在上層設置有特色餐廳，用餐者可以從陽台俯視圓廳內的活動與人群。昆西市場兩側與北市場及南市場間的街道，設置有遮陽棚，所以攤商可以在大部分的天氣營業增加地區的人氣。沿著昆

3-13.15波士頓昆西市場外貌
3-13.16波士頓昆西市場外貌

3-13.17波士頓昆西市場室內飲食街
3-13.18波士頓昆西市場室內飲食街

3-13.19昆西市場室內圓廳空間

西市場臨街面的拱廊設有餐廳設置的戶外用餐區，使整體的氛圍有點像是歐洲的廣場。至於南北兩市場，在地面層則安置各種特色商店與餐飲設施，並鼓勵朝向以行人為主的徒步街，搭配以各種植栽與街道家具，形成以人為中心的思考。在招商的策略上，此計畫也考慮到不同社會階層的需求，因此有高價的餐廳與商店，也有平價的餐飲與賣場，適合各種人到此。

3-13.20昆西市場室內圓廳餐廳

3-13.21昆西市場室外商店

3-13.23南市場外貌

3-13.24北市場外貌

3-13.22法尼爾市集廣場街頭表演

3-13.25法尼爾市集廣場街頭表演

3-13.26波士頓法尼爾市集廣場街頭表演
3-13.27波士頓法尼爾市集廣場街頭藝術家

3-13.28波士頓法尼爾市集廣場街頭藝術家
3-13.29波士頓法尼爾市集廣場街頭陳情民眾

3-13.30波士頓法尼爾市集廣場旅客中心

在空間機能的分配上，此計畫更考慮到「分區」與「群聚」效應，將某些性質相近的商店配置在同一區，更方便共同興趣的消費者之需求。戶外活動也特別經過設計，最常見的是遊行、音樂表演、兒童劇場，與特技。有時候，還會自其它地區引入戶外市集，以增加商業活動的多樣性。同時，計畫也設置了運貨送貨專區及垃圾收集點，使商家可以在不影響正常活動的特定時間進行補貨並清除垃圾。整體而言，在法尼爾市集廣場這個波士頓最代表性複合使用機能的廣場上，有超過70家商店、40處辦公空間，使用了20萬平方呎的商業空間與16萬平方呎其它機能的空間。訪客到此可以享受不同國家不同等級的美食，更可優閒的逛許多特色商店，同時欣賞街道上著名街頭藝術家的精彩表演。充滿生命力的舊市場再利用創造了波士頓引以為傲的一個新亮點，更從1980年代起，成為許多城市舊城區模仿的對象。

3-13.31波士頓法尼爾市集廣場戶外商店

3-13.32波士頓法尼爾市集廣場解說牌
3-13.33波士頓法尼爾市集廣場路燈

倫敦柯芬園

　　柯芬園（Covent Garden）位於倫敦市區，是今日倫敦市區最有活力的都市空間。這個地區昔日曾為本篤會女修道院花園，由於西敏寺所持有的土地，在十六世紀因宗教改革而被沒收後，這個地區逐漸成為果菜批發市場。到了1654年，柯芬園開始出現露天的果菜市場，各種攤販蜂湧而至，酒館、咖啡廳、餐廳與劇院不斷增加，但髒亂也隨之而來。1666年倫敦大火，把其他市場幾乎全部燒毀，柯芬園順勢成為倫敦第一大花卉蔬果市集。再加上英國當時在海外拓展軍事與殖民政策掠奪的不少海外商

倫敦柯芬園果菜市場

類　　型：建築保存
設計層級：歷史軀殼
整體再利用設計策略：部分改變
部分改變設計策略：內部
新舊共存手法：聯想

3-14.3倫敦柯芬園街頭藝人表演
3-14.4倫敦柯芬園蘋果電腦旗艦店

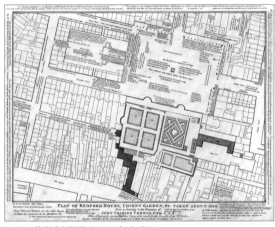

3-14.1倫敦柯芬園（1690年左右）
3-14.2倫敦柯芬園聖保羅教堂西立面

3-14.5倫敦柯芬園（1737年油畫）

3-14.6倫敦柯芬園中央市場外貌
3-14.7倫敦柯芬園中央市場外貌

3-14.8倫敦柯芬園中央市場外貌

品也被運到柯芬園來販賣，使其聲名大噪。柯芬園西側，矗立著柯芬園聖保羅教堂（S. Paul, Covent Garden），為英國著名的建築師瓊斯（Inigo Jones）設計興建之作，具有文藝復興古典精神。此教堂也常被稱為「演員教堂」，是貝特福爵士（Earl of Bedford）法蘭西羅素（Francis Russell）於1631年委託瓊斯設計，目的就是要提供柯芬園高尚紳士淑女使用。因為與當地戲劇社區有密切關係，因此才得此暱稱。整個柯芬園原有的主要計畫也是出自瓊斯之手，他原來企圖模仿義大利里佛諾（Livorno）的一座廣場，廣場四周盡是高級住宅區，但作為住宅區的優勢很快被聖詹姆斯廣場所取代。柯芬園聖保羅教堂被英國最權威的建築史學家薩默森（John Summerson）形容是最嚴謹跟隨羅馬建築家維楚維亞斯（Vitruvian）托次坎柱式（Tuscan Order）的建築。此教堂面對廣場的東立面，外裝為石材，有一個粗大的門廊，突出的山牆由兩根圓柱與兩根方柱所支撐。

柯芬園聖保羅教堂原始的設計在東面門廊之後有三道門。中央一道門至今尚存，不過卻是個假門，因為此門後實際上是教堂室內聖壇的位置。此教堂真正的大門是位於比較平實的西面，也有山牆，但卻無門廊。一開始，教堂也曾經想將大門設於東面，但卻因違反教堂該朝西的傳統遭受很多批評與反對而作罷。在十八世紀初的記載中，柯芬園

3-14.9倫敦柯芬園中央市場內部
3-14.10倫敦柯芬園中央市場內部

3-14.13倫敦柯芬園中央市場內部
3-14.14倫敦柯芬園中央市場內部

3-14.11倫敦柯芬園中央市場內部
3-14.12倫敦柯芬園中央市場內部

聖保羅教堂西立面是塗有灰泥，而不是裸露的磚。1789年的整修曾將之覆以石材，當時負責的建築師是哈維克（Thomas Hardwick）。當時也將屋頂鋪設的瓦片更換為石綿片，1640年代添加的老虎窗也同時拆除，教堂兩側的拱形門洞也由磚改為石材。1878年的整修則將西立面山牆原有的鐘樓拆除。1888年再度整修時又將哈維克所裝修的石材拆除，但卻發現磚牆過薄，於是再重新覆以磚面，乃成現貌。教堂與廣場原有六階高差，但因廣場不斷填高，以至現今高度幾乎一樣。目前，面對柯芬園廣場和中央市場的教堂西廣場是最多人聚集，觀看街頭藝人表演的地方。

到了十八世紀，柯芬園已是著名的紅燈區，導致國會特別立法來控制。1933年，為了有效地掌握市集，柯芬園興建了現在所見

3-14.15倫敦柯芬園中央市場內部　　　　　　3-14.16倫敦柯芬園紀念市場外貌
3-14.17倫敦柯芬園紀念市場外貌　　　　　　3-14.18倫敦柯芬園紀念市場內部

3-14.19倫敦柯芬園花廳外貌　　　　　　　　3-14.20倫敦柯芬園花廳外貌

的中央市場，由查理福勒（Charles Fowler）所設計，玻璃及鋼材的屋頂是十九世紀末盛行的建築元素。興建這座中央市場的構想是來自於1830年代，巴斯無意間發現了長期被歲月遺忘的古羅馬巴斯浴池，使羅馬浴池熱一時席捲英國。柯芬園發展委員會也異想天開的想出一個吸引更多顧客的想法：興建一棟模仿露天仿羅馬浴池的市場建築以取代當時已逐漸髒亂的果菜市集。接著，花廳（Floral Hall）、特許市場（Charter Market）與紀念市場（Jubilee Market）也陸續完成。到了1960年代，柯芬園成為倫敦最髒亂且交通最擁擠的地方，這種景象就猶如電影「窈窕淑女 （My Fair Lady）」開始的場景。（電影「窈窕淑女」改編自原著『比馬龍』（Pygmalion，中文版譯作《賣花女》， 亦是英國著名作家蕭伯納的作品，描述一位學者在倫

3-14.21倫敦柯芬園倫敦交通博物館
3-14.22倫敦柯芬園蘋果電腦旗艦店

3-14.23倫敦柯芬園蘋果電腦旗艦店
3-14.24倫敦柯芬園蘋果電腦旗艦店

敦街頭找了個舉止粗魯的賣花女，加以訓練成為談吐高雅的貴婦。）倫敦市政府考慮拆除這個市場進行整個區域的都市再發展造計畫。不過有一群保存文化遺產的有心人士們挺身而出大力奔走，使周圍建築被登錄為歷史建築，加上原本蔬果攤商願意搬遷到附近的新市場營業，並於1974年全部搬遷完成，柯芬園獨特的商店街形式因而被保留下來。經過都市設計與市容整理，1980年中央市場重新再利用為一座購物商場。而歷年來多次的整修，也多數尊重原有建築的元素，外圍的建築則有較多創新之處。

柯芬園的周邊，經過幾世紀的發展，已成為柯芬園不可分離一部分。紀念市場（Jubilee Market）有各種服飾店及文創商品店，十分熱鬧。皇家歌劇院（Royal Opera House）始建於1732年，是英國皇家歌劇團、英國皇家芭蕾舞團、皇家歌劇院管弦樂團的主場地，現在的建築已經是第三代建築，部分立面和玄關、觀眾席是1856年殘存的建築，其它部分則改建於1990年代。皇家歌劇院雖不直接面向柯芬園，但花廳也成為皇家歌劇院設施的一部分，並由柱廊整合。倫敦交通博物館（London Transport Museum），原為1872年建的花卉市場，內部的展出可透過實體車輛了解倫敦的交通發展。2010年，蘋果電腦更在柯芬園旁開起旗艦店，玻璃鋼材的使用，在古老的建築中，顯得更加具有魅力。現在，柯芬園已成為倫敦最富生氣的

地區，鄰近有許多劇場及相關行業，加上緊鄰地鐵站，更使其終日遊人不斷。而周邊的公共藝術與櫥窗設計，更是一大亮點。

3-14.27倫敦柯芬園公共藝術
3-14.28倫敦柯芬園商品海報設計

3-14.25倫敦柯芬園公共藝術
3-14.26倫敦柯芬園公共藝術

3-14.29倫敦柯芬園地鐵站

坦佩瑞芬雷森

坦佩瑞（Tampere）是芬蘭發展最快速的城市，人口在市中心為21萬人，連同郊區則有約50萬人。這個城市是1779年由瑞典王室古斯塔夫斯三世（Gustavus III）所創建，現為芬蘭第三大城，也是芬蘭最早且為重要的工業城市，至今坦佩瑞及周圍城鎮仍然有許多工業持續運作，而城中心的舊工業遺產也大多數轉型再利用為其它機能，高聳的煙囪也成為該城最主要的地標。在1920年代前，坦佩瑞一直被稱為「芬蘭的曼徹斯特」。這個名稱雖然闡明了坦佩瑞工業發達的情況，但也暗示著該市因為工

3-15.1坦佩瑞市區
3-15.2坦佩瑞芬雷森地區

坦佩瑞芬雷森紡織廠

類　　型：建築保存

設計層級：歷史軀殼

整體再利用設計策略：部分改變

部分改變設計策略：內部

新舊共存手法：聯想＋對立

3-15.3芬雷森TR1館魯普里基媒體博物館
3-15.4渥斯達斯館入口

3-15.5坦佩瑞芬雷森廠區配置圖

3-15.6坦佩瑞芬雷森廠區

3-15.7坦佩瑞芬雷森廠區入口

3-15.8坦佩瑞芬雷森廠區

3-15.9坦佩瑞芬雷森廠區

3-15.10坦佩瑞芬雷森TR1館外貌
3-15.11坦佩瑞芬雷森TR1館外貌

3-15.12坦佩瑞芬雷森TR1館室內

業而帶來的污染與髒亂。1930年代，坦佩瑞喊出「工廠的美麗城市」（The Beautiful City of Factories）的口號，開始致力於髒亂的消除。經過多年的努力，坦佩瑞已經是世界上著名的美麗工業遺產城市，綠地花園與工業遺產共存的城市景觀令人驚豔。

芬雷森地區（Finlayson Area）為於市中心，以前是坦佩瑞工業之源頭，現在則是工業遺產集中之地區。詹姆斯芬雷森（James Finlayson，1771-1852）是一位蘇格蘭人，他在1829年於坦佩瑞創建了第一間紡織工廠，開啟了坦佩瑞作為一個工業城的命運，而北歐第一盞電燈也始於此工廠。1836年來自聖彼得堡的商人喬治范羅許（Georg von Rauch）與卡爾

3-15.13坦佩瑞芬雷森TR1館室內
3-15.14坦佩瑞芬雷森TR1館室內鑄鐵樓梯

3-15.15坦佩瑞芬雷森TR1館魯普里基媒體博物館
3-15.16坦佩瑞芬雷森TR1館與渥斯達斯館外貌

諾特別克（Carl Nottbeck）買下芬雷森工廠後，他們獲得了免稅及使用水利發電等許多特許，因此事業得以迅速擴展，廠房也快速興建，一共有58棟各種不同的廠房，分別編號為TR1到TR58。目前，這個地區還保留有許多工業遺產，TR1館和芬蘭勞動博物館（Finnish Labour Museum）與河對岸的瓦布里基博物館中心（Museum Center Vapriikki）是最值得注意的再利用案例。

　　TR1館是芬蘭近代史上第一棟工廠建築，建於1837年，也被暱稱為「六層樓」（Kuusvooninkinen），它原來是為了滿足出口到聖彼得堡大量紡織需求而建，原為五樓，在1842年遭遇火災後，改為六樓建築。TR1館的建築構造系統是源自於英國，使用了鑄鐵作為承重的結構體，樓板為木構造。沒有承重隔間牆的設計，使得工廠的機器可以更有效的配置，這在當時算是很前衛的設計，白色的外牆裝修更使其成為當時坦佩瑞重要的地標。除了建築體之外，此建築的暖氣系統與瓦斯照明系統也都極為先進，而鑄鐵樓梯則是1875年自曼徹斯特採購而來。在2005年進行整修，建築大抵維持原貌。TR1目前設有展覽中心，展出一些較為前衛的藝術作品，魯普里基媒體博物館（Rupriikki Media Museum）也設於此棟建築之中，三樓及四樓則設有工作室。魯普里基媒體博物館展出有各種新聞媒介，也陳列有古老的新聞印刷機。

　　渥斯達斯館（Werstas）是由編號TR6、TR6A及TR19三棟建築組成，現貌是

3-15.17坦佩瑞渥斯達斯館外貌
3-15.19坦佩瑞渥斯達斯館一樓原染坊空間

3-15.18坦佩瑞渥斯達斯館外貌

3-15.20坦佩瑞渥斯達斯館室內勞工博物館展示
3-15.21坦佩瑞渥斯達斯館室內勞工博物館展示

經過多次修改建而成。TR6館原來的用途是紡織廠的染坊，只有一層樓高，卻在1870年代與18980年代分別遭遇火災。目前一樓餐廳牆面的磁磚裝修就是原有染坊的原物。災後，建築改以磚木構造，並增為兩層樓。1922年，此建築進行了一次更新，原有的木柱被鋼柱取代，並加建三樓。1950年代，再次由市府建築師伯特爾史托莫（Bertel Strommer）進行一次大修，部分室內鋼柱覆以鋼筋水泥，面臨中庭的部分也增高為三樓，並將立面改為比較簡潔，帶有機能主義的風格，在整個廠區中，顯的極為特別。2001年再度整修，並將地面層與臨近已改為商業設施的另一棟建築整合。渥斯達斯館內部可區分為三個子博物館，亦即勞工博物館本身、引擎博物館與紡織工業博物館，勞工博物館有豐富的工人勞動與社會運動資訊，紡織工業博物館的佈置會讓人彷彿置身於一個工廠之中，引擎博物館則擁有一個1900年代芬蘭最巨大的引擎。此引擎乃購自瑞士格布魯德舒爾澤廠（Gebruder Sulzer），有1650馬力。除了大引擎外，博物館內還有許多馬力較

3-15.22坦佩瑞渥斯達斯館室內勞工博物館展示
3-15.23坦佩瑞渥斯達斯館室內紡織工業博物館入口

3-15.24坦佩瑞渥斯達斯館室內
紡織工業博物館展示

3-15.25渥斯達斯館室內引擎博物館展示　　3-15.26渥斯達斯館室內引擎博物館展示
3-15.27渥斯達斯館室內引擎博物館原貌　　3-15.28瓦布里基博物館中心入口

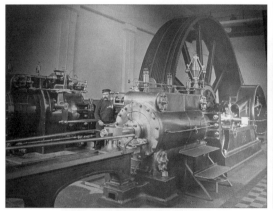

3-15.29芬雷森廠區大煙囪

小的引擎，而博物館所在的位置就是原有的引擎室。

　　除了芬雷森再利用的廠房外，原有高聳的煙囪已被修復成為地標。此外，臨近的瓦布里基博物館中心（Museum Center Vapriikki）也是再利用自一個1880年代興建的工業廠房，內部有豐富展品，包括坦佩瑞的城市發展與城市歷史，也包含有鞋博物館、自然史博物館、冰上曲棍球博物館與郵政博物館。由於與芬雷森在地理區位上與性質上都極為相似，也經常被視為是芬雷森地區不可分離的一部分。

3-15.30瓦布里基博物館中心室內
3-15.31瓦布里基博物館中心展示

3-15.32瓦布里基博物館中心展示

3-15.33瓦布里基博物館中心展示

高雄
陳中和紀念館

　　高雄陳中和紀念館由陳中和宅再利用而
成。陳中和宅之興建可謂是陳氏家族在台灣南
部發展之一個歷史見證，而陳中和之發跡又與
台灣南部糖業有密切的關係。1898年日本領台
後之第四任總督兒玉源太郎到任，由後藤新平
出任民政長官，以振興產業為殖民台灣之重點
政策，其中獎勵糖業又為當前要務，乃於1900
年輔導成立台灣第一家新式製糖廠「台灣製糖
株式會社」，廠址設於橋仔頭（今高雄縣橋頭
鄉），資金一百萬圓大部分來自日本三井物產
會社，陳中和成為躋身董事之唯一台灣籍人

3-16.1高雄陳中和紀念館外貌
3-16.2高雄陳中和紀念館外貌

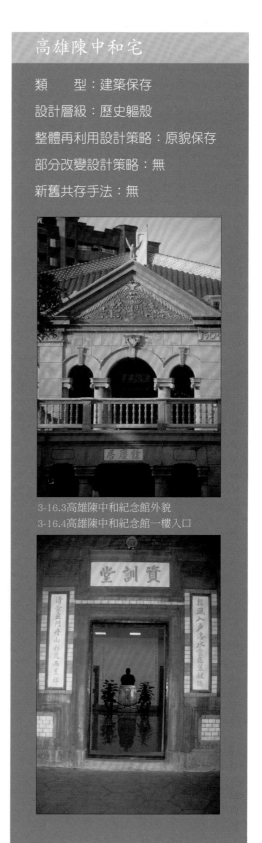

高雄陳中和宅

類　　　型：建築保存
設計層級：歷史軀殼
整體再利用設計策略：原貌保存
部分改變設計策略：無
新舊共存手法：無

3-16.3高雄陳中和紀念館外貌
3-16.4高雄陳中和紀念館一樓入口

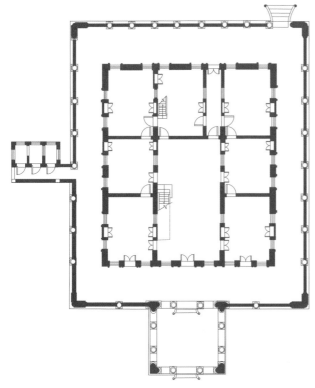

3-16.5高雄陳中和紀念館平面圖

3-16.6高雄陳中和紀念館外貌

士，翌年總督府也請陳中和主持南部鹽務總館。1903年，陳中和更集資創辦「南興公司」，經營精米碾製事業，逐漸成為跨糖、鹽與米三大行業之領導人物。

1904年，陳中和集資二十四萬圓，開創「新興製糖會社」，民政長官後藤新平親臨致賀。當年陳中和亦由義大利進口大理石，請名家雕塑總督兒玉源太郎像作為禮物。1908年，陳中和為改善新興製糖會社，將之依日本商業法規，改組為株式會社新興製糖，並提高資本額。1919年起為砂糖景氣期，新興製糖會社也因而賺了許多錢，並將製糖利潤投資於土地。除了糖業之外，陳中和於1910年成立「烏樹林製鹽公司」，開始投資於台灣鹽業。陳中和更成立「陳中和物產株式會社」，成為綜合性之貿易商。陳中和宅，就建築式樣與施工手法，同時考量陳中和應是在富甲南台灣，握有碾米、製糖、及製鹽等權利，並且投資土地成為大地主

時，興建大型洋風住宅較有可能，故推測此宅應是陳中和之「新興製糖會社」於1912年生意逐漸好轉之時至「陳中和物產株式會社」於1923年創立之間所興建。1974年後，此宅因無人居住開始荒廢閒置，後經財團法人陳中和翁慈善基金會委託國立成功大學建築系調查擬定修復計畫，歷時兩年完成修復工作，於1997年再利用為陳中和紀念館，對外開放。2003年經國立歷史博物館協助規劃展覽空間。

陳中和紀念館位於高雄市苓雅區苓東路，為昔日之苓雅寮，此地曾為漁民聚集之處，可算是一小漁村。日治時期除了陳中和宅外並無其它重要之建築，自此宅即可遠望海邊。在

3-16.7高雄陳中和紀念館拱廊細部
3-16.8高雄陳中和紀念館拱廊細部

3-16.10高雄陳中和紀念館入口門廊
3-16.11高雄陳中和紀念館入口門廊

3-16.9高雄陳中和紀念館二樓入口

3-16.12高雄陳中和紀念館一樓大廳

3-16.13高雄陳中和紀念館二樓佛堂
3-16.14高雄陳中和紀念館二樓佛堂

空間上，陳中和宅四周有拱廊相繞。室內空間呈現出九宮格的格局，在陳中和在世時，一樓門廊入內後，有大堂、臥房、餐廳及會客室；二樓則有神明廳、主臥室、書房及主人專用之小餐廳，空間序位相當類似於台灣傳統民宅。除了主建築外，廁所等服務設施設於西側由迴廊延伸出之一副屋。另外，於東南角尚設有建築一棟，當時餐廳及僕役等人所居。另外，因為陳中和喜好花木，陳宅本有寬廣的庭園，現已不存。在建築造型上，陳中和宅其混用了許多不同形式之語彙。正面之入口門廊及其上之古典式山牆為此建築之主要特徵之一。門廊之柱子仿若托次坎柱，但又不十分標準。山牆內為忍冬花草紋樣，其下由二根獨立及二根附壁愛奧尼克柱支撐三個拱圈，而山牆內之裝飾也非全為古典樣式。除了正面入口之外，四週之拱廊亦為此建築之主要特徵之一，其在正面入口兩側各有兩拱圈，東西兩面則各有八個拱圈，而北面（背面）則有九個拱圈。另外，四個角落在造型上亦處理成比較厚重之感使整體意象更加穩固，拱廊外的欄杆則為瓶飾。

陳宅屋身以清水磚為主要建材，採英國式砌法，灰縫為凸圓縫，手工相當精細。在門窗開口部則以洗石子為框，並與部分牆身的橫飾帶整合為一體。另外，門扇兩側及腰牆並以磁磚為飾，大門兩側銘刻有對聯，題曰：「輕風入戶

3-16.15高雄陳中和紀念館家具展示(客廳)　　3-16.16高雄陳中和紀念館家具展示(臥室)

3-16.17高雄陳中和紀念館器皿展示　　　　3-16.18高雄陳中和紀念館器皿展示

3-16.19高雄陳中和紀念館二樓迴廊

洛水靈龜單獻瑞，清景迎門丹山彩鳳兩呈
祥」，門額則為「資訓堂」。門扇本身則另
有「加冠」與「晉爵」之題字，二樓之對聯
及門額則同於一樓，整個細部之處理與比例
上則是帶有台灣傳統建築之風。再利用後的
陳中和宅，在造型上維持原貌，但空間已略
加更動，原來一樓大堂改為大廳，內有陳中
和胸像；二樓神明廳改為類似祠堂的空間，
西側專屬小餐廳則陳列陳家所藏之古董家
具，樓梯位置亦有所調整，由中軸的明間改
至東側次間。在再利用的過程中，因補強結
構之故，將原有迴廊的木樑全部改為鋼樑，
樓板亦改用鋼板，上面再鋪傳統磚材。

3-16.22高雄陳中和紀念館一樓迴廊
3-16.23高雄陳中和紀念館木門

3-16.20高雄陳中和紀念館二樓迴廊
3-16.21高雄陳中和紀念館二樓迴廊

高雄市立歷史博物館

1920年，台灣總督府公佈修正「台灣總督府地方官制」，台灣西部各廳廢除，改設台北、新竹、台中、台南、高雄五州及花蓮港及台東兩廳。1924年，台灣總督府以府令第九十號廢除原高雄州下之高雄郡及高雄街，改設高雄市，仍屬高雄州管轄。高雄市之行政長官為市尹，為敕任之官位，上承高雄州知事之指揮與監督，執行法令，掌理內部行政事務，但其權限並不大，直至1935年「台灣市制」公佈以後，市尹之權力才大幅提高。

高雄市役所

類　　型：建築保存

設計層級：歷史軀殼

整體再利用設計策略：部分改變

部分改變設計策略：內部

新舊共存手法：聯想

3-17.3高雄市立歷史博物館外貌
3-17.4高雄市立歷史博物館室內

3-17.1再利用前高雄市役所舊貌
3-17.2高雄市立歷史博物館外貌

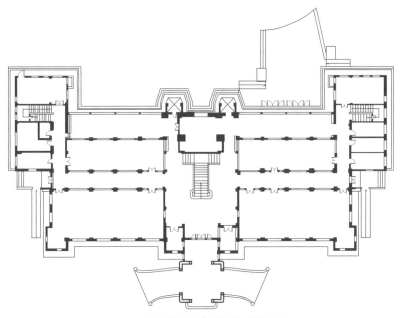

3-17.5高雄市立歷史博物館一樓平面圖

3-17.6日治時期高雄市役所原貌
3-17.7高雄市立歷史博物館外貌

3-17.8高雄市立歷史博物館外貌
3-17.9高雄市立歷史博物館門廊

3-17.10高雄市立歷史博物館細部
3-17.11高雄市立歷史博物館細部

高雄市役所原設於鼓山區湊町，1936年高雄市開始實施都市計畫，市內各區之性格日益明顯，政府各機關府衙有自鹽埕區移至前金區之趨勢，而且高雄州廳於1931年已由鼓山移至前金仁愛河邊。另一方面，由於日本於1937年開始發動太平洋戰爭，高雄市成為日本南進政策之重鎮，市役所之重要性相對提升，乃於1938年重建市役所於鹽埕區榮町。戰後高雄市政府接收此棟建築改為辦公廳舍。1992年，高雄市政府搬至新建完工的市府大樓後，此棟建築曾有被拆除的計畫，幸賴文化界極力呼籲才得以保存下來。1998年再利用為高雄市立歷史博物館，於10月25日開館，是台灣第一座由地方政府經營的歷史博物館。2003年2月26日，原高雄市役所被登錄為「歷史建築」，2004年10月18日再提升指定為高雄市市定古蹟。2014年底「高雄研究文獻中心」亦於高雄市立歷史博物館開幕。2017年高雄市立歷史博物館改制為全台第一個由地方政府成立之行政法人。

3-17.12高雄市立歷史博物館細部

高雄市立歷史博物館由日本竹林組（大野米次郎）所設計，是一棟空間組織對稱的建築，一樓大門設有門廊，為相當正式公共建築之作法。門廳正中央為主要大樓梯，四周為帝冠式之圓柱，中央樓梯，莊嚴雄偉，具有官式建築的氣勢，由此可直上二、三樓。門廳左右各有一廊道分別連接左右邊的辦公空間，左右廊道的盡頭另設有一個次要入口，與大門入口形成一個「丁」字形的動線。在建築之造型上，高雄市役所屬於日本所謂的「帝冠式樣」，兼具有日本與西方兩種特徵，是日本建築界在追求現代日本風格時衍生出來之一種特殊式樣。中央塔樓為日本式之方形屋頂（四角攢尖頂），頂尖有寶瓶，屋簷有鋼筋混凝土仿木構架之斗栱元素。建築兩端亦處理成方形屋頂，但尺度比中央塔樓略小以有主從之區分。建築在中央塔樓與角樓之間屋簷及一、二層間之牆面均飾以日本傳統紋樣。

3-17.13高雄市立歷史博物館大廳
3-17.14高雄市立歷史博物館外貌

3-17.15高雄市立歷史博物館樓梯細部
3-17.16高雄市立歷史博物館大廳藻井

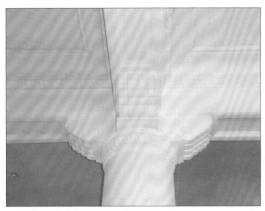
3-17.17高雄市立歷史博物館柱頭細部
3-17.18高雄市立歷史博物館柱頭細部

3-17.19高雄市立歷史博物館柱頭細部

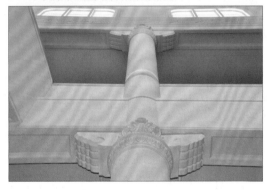

3-17.20高雄市立歷史博物館室內

　　除了外貌上有帝冠風格外，此建築室內中央門廳之柱基本上亦很明顯的為日本傳統之木構架與西方柱式之混生體，在柱頭之部分尤其特別的特殊，可見到木構架之雀替構件與西方建築中之葉飾之結合，是為標準的帝冠柱式。此建築之造型，亦有人指稱整棟建築之造型宛若一中文「高」字。主要裝修建材在外觀上主要為鋼筋混凝土仿石材（仿木構件部分）與面磚。因當時日本已發動太平洋戰爭，所以在顏色上有採用淺青綠色，可能有軍事防禦上之考量。屋瓦則為類似軍用鋼盔之暗綠色。在改建為歷史博物館時，因為設計者之認知，拆除了室內一些具有特色的裝修，也加入了一些新的裝飾，引起了一些

3-17.21高雄市立歷史博物館室內
3-17.22高雄市立歷史博物館室內

3-17.23高雄市立歷史博物館室內
3-17.24高雄市立歷史博物館室內

3-17.25高雄市立歷史博物館室內

爭議。為了實際需求，也於後側新增殘障電梯。目前地面層主要空間為四間特展室及一間二二八事件資料室。二樓主要空間為歷史教室、二二八室與特展室。三樓則為高小雄的家兒童故事屋與高雄研究文獻中心。

台南林百貨

台南市在日治時期，歷經市區改正與台南運河開通之後，由當時的台南驛經明治公園、大正町（今中山路）、大正綠園（湯德章紀念公園）、末廣町（今中正路）到運河口間路段之重要性逐漸增加。1927年，當時有志於末廣町經營事業之商家，組織了一個店舖住宅速成會，決定在末廣町南北兩側興建連續的店舖住宅。1931年1月，工程由地方技師梅澤捨次郎開始設計。1932年，末廣町店舖住宅落成，是為台南市第一條經過整體規劃設計之市街，繁華熱鬧之景依稀可以想像。由於商業之興盛，亦使本區有「銀座」之名。

台南末廣町林百貨

類　　型：建築保存
設計層級：歷史軀殼
整體再利用設計策略：原貌保存
部分改變設計策略：上部
新舊共存手法：對立

3-18.3台南林百貨外貌
3-18.4台南林百貨一樓商店

3-18.1台南末廣町林百貨舊貌
3-18.2台南末廣町林百貨室內舊貌

在外貌上，末廣町店鋪住宅建築採用1930年代甚為流行的藝術裝飾（Art Deco）風格，以鋼筋或鋼骨混凝土造，正面最少三樓，最多六樓。其中最大的商店為林百貨，是台南當時最大之百貨公司，由日人林方一所創設，一樓至四樓皆為賣場，四樓之部分空間與五樓為餐廳，六樓為機械室及瞭望室。建築除中央高六層樓（雖其一向被稱為五層樓）外，其他沿街面基本上只有三層樓高，中央處則順應都市計畫而截角，女兒牆部分呈現出一種漸次下降之手法，頂部為飾帶環繞全棟建築。斜角部分，開有不同形式之窗戶，兩側二至五層採圓洞處理，六層則為方形開口。騎樓柱子之柱頭仍帶有紋樣之裝飾，但已不是標準的西方古典柱式，而是流行的藝術裝飾柱頭。室內之支柱也明顯有藝術裝飾風格。由於此棟建築興建的年代，日本本土已歷經關東大地震，普遍採用鋼筋混凝土構造，立面上林百貨使用的是已經在日本廣為流行的抓紋面磚（scratch tile），表現質感較為粗獷；地板及樓梯則大量使用磨石子。

電梯之設置在當時的台南屬創舉。

3-18.5台南林百貨夜景
3-18.6台南林百貨外貌細部

3-18.7台南林百貨一樓商店

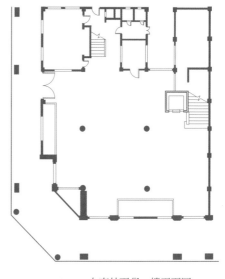

3-18.8台南林百貨一樓平面圖

3-18.9台南林百貨電梯內部　　　　　　3-18.10台南林百貨樓梯

3-18.11台南林百貨樓梯　　　　　　　3-18.12台南林百貨樓梯細部

3-18.13台南林百貨電梯外觀　3-18.14台南林百貨樓梯細部　3-18.15台南林百貨三樓商店　3-18.16台南林百貨三樓商店

3-18.17台南林百貨二樓商店　　　　　　3-18.18台南林百貨二樓商店

3-18.19台南林百貨四樓展示 3-18.20台南林百貨四樓展示

3-18.21台南林百貨五樓商店 3-18.22台南林百貨五樓商店外貌

3-18.23台南林百貨五樓彈痕展示 3-18.24台南林百貨五樓彈痕展示

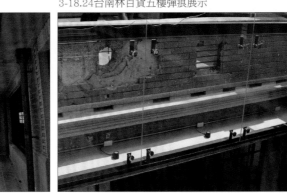

屋頂部分,當時曾作花園之用,設有小神社一座。由於是一體設計,所以沿街之其他商店也多以林百貨作為模仿之原型再加以變化,形成一整體性強卻亦具個別性格之現代過渡式樣,可以說是當時台南市最前瞻之商業建築群,而林百貨更可與同年由古川長市設計完成之台北菊元百貨店相互比美,一南一北成為台灣現代百貨之先驅。末廣町這批店舖建築在日治末,曾遭受盟軍炮火猛烈轟擊,嚴重受損,戰後加以修復,原位轉角之林百貨曾作製鹽總廠、空軍單位及警察派出所等用途,也曾被補習班租用,而中正路沿街則大致維持商業行為。1980年代末,林百貨已近乎閒置,只有少數住戶佔用。1998年6月經臺南市政府公告指定為市定古蹟,並積極進行保存維護事宜,但因佔住戶不願搬離,一直到2001年才開啟調查研究。然而修復完的林百貨究竟該作為什麼機能,其實從商業機能到文化設施都曾是考慮的選項,在2010年啟動修

3-18.25台南林百貨五樓增建
3-18.26台南林百貨五樓增建

3-18.27台南林百貨六樓外貌

復之初，還是朝向以再利用為府城工藝博物館為目標。然而在2013年修復完工時，整體社會大環境已經改變，創意文化產業逐漸成為顯學，社會大眾對古蹟更有彈性的使用也普遍能接受，於是台南市政府改變計畫，決定以OT方式委外，2014年經公開徵選經營團隊，由高青開發（台南FOCUS百貨團隊）取得經營權，以文創百貨為主軸，於當年6月14日重新開幕，仍維持林百貨原有名稱及商標。每一層樓都有特殊的主題，從地面層至第六層分別是「台南好客廳」、「台南好設計」、「台南好時尚」、「台南好文化」、「台南好美味」與「台南好風景」。

從再利用的角度來看，林百貨的再生，實因保存意識抬頭之結果。在整修得過程，負責的徐裕健建築師提出了結構補強的計畫，作為文創百貨的室內設計則由打開聯合工作室劉國滄與謝文泰建築師事務所合作。再利用後，這棟建築作整棟百貨公司大抵維持原貌，只修復了外貌上原已破損的部分。室內空間以彈性及有可逆性的櫥櫃來區隔賣

3-18.28台南林百貨五樓內庭　3-18.29台南林百貨圓窗細部　3-18.30台南林百貨結構補強部分　3-18.31台南林百貨五樓與六樓間鐵梯

3-18.32台南林百貨六樓瞭望台
3-18.33台南林百貨六樓瞭望台
3-18.34台南林百貨室內柱頭
3-18.35台南林百貨六樓商店室內天花

3-18.36台南林百貨六樓瞭望台內部電梯間
3-18.37台南林百貨六樓神社

場,只有在頂樓南側以玻璃盒子增建了廁所及一處面積很小的室內空間,但因規模不大,對原有建築衝擊有限。頂層原有的企業小神社則被適度修復,形成一個特殊景點。另外,部分在二戰期間被砲彈轟擊留下的痕跡,也被刻意保存,並框以玻璃,形成另一處焦點。從廢棄數十年到再利用後的再生,林百貨已逐漸建立了屬於她自己的品牌與經營風格,也成為台南觀光客必訪之地。

台中文學館

日治五十年，日本殖民政府為了解決日人在台灣就業時的居住問題，興建了大量的宿舍。在1922年之前，台灣的高等官舍並無固定的標準，但當年公布了「台灣總督府官舍建築標準」，將高等官舍區分為四個等級。基地面積從最高等的700坪，分別遞減至303.5坪、207坪與132坪。建築面積從100坪遞減至55坪、46坪與33坪。在職等較低的判任官官舍，則經過1905年、1917年及1922年三次修定標準，一般分為甲乙丙丁四個等級。基地面積分別是甲種100坪、乙種70坪、丙種53.5坪與丁種36坪；建築面積則分別是25坪、20坪、15坪與12坪。

台中警察宿舍

類　　型：建築保存
設計層級：歷史軀殼
整體再利用設計策略：部分改變
部分改變設計策略：側部
新舊共存手法：對立

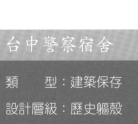

3-19.3台中文學館常設一館外貌
3-19.4台中文學館常設一館室內展示

3-19.1台中文學館一隅
3-19.2台中文學館館名牆

3-19.5台中文學館配置圖

研習講堂
兒童文學區
常設二館
常設一館

常設二館
老榕樹
主題餐廳

3-19.6台中文學館常設一館外貌
3-19.8台中文學館常設一館外貌

3-19.7台中文學館常設一館外貌
3-19.9台中文學館常設一館室內展示

　　在日本木造宿舍中，外貌與構造有著密切的關係，外貌基本上是構造的直接呈現。多數宿舍中，明顯區分為基礎、牆體與屋頂三大部分。基礎為磚構造，外覆水泥砂漿，地板墊高約二尺，可保持通風乾燥。牆體內外有不同的作法，外牆部分，內側為編竹夾泥牆，外為木造雨淋板（下見板）。雨淋板上下兩片相疊，防雨效果佳。雨淋板係鐵釘固定骨材上，再以鋸齒狀壓條加固。屋頂方面，西式與和式屋架都有可能，外部再鋪傳統屋

3-19.10台中文學館常設一館室內展示

3-19.11台中文學館常設一館室內展示

3-19.12台中文學館常設一館室內展示　　　3-19.13台中文學館常設一館室內展示

3-19.14台中文學館常設
一館室內展示

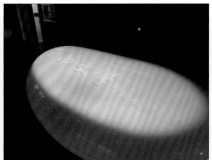

3-19.15台中文學館常設一館外貌　　　　3-19.16台中文學館常設一館外貌

瓦。瓦作相當多樣，有平瓦、邊瓦、簷口瓦、脊瓦與鬼瓦。在室內，主要構造為磚床束、木床
束、大引、根太及木地板，磚床束主要設置於床之間與押入等空間下，木地板材料主要分為台
檜與杉木兩種，緣側以木板直接呈現，其它居室以鋪榻榻米為多。有些宿舍還可以看到或雨
戶。但其中也不乏採用傳統工法過渡至近代工法的應用，如改良理想瓦的使用、外牆水泥的使
用等。但本案多處採用折衷的作法，如屋面簡易作法（不鋪設襯板）、雨淋版不設置雨押的作
法，均顯示當時撙節經費情況下所採彈性的作法。照示當時的工匠在有限的經費下發展出特有
的構造造形式。

3-19.17台中文學館常設二館外貌　　　　　　　3-19.18台中文學館常設二館室內展示
3-19.19台中文學館常設二館室內展示　　　　　3-19.20台中文學館常設二館室內展示

3-19.21台中文學館常設二館室內展示　　　　　3-19.22台中文學館常設二館室內展示

　　台中文學館原為日治時期的警察宿舍，1932年落成，大抵維持傳統日本木造宿舍的構造特色。宿舍中的主要空間，如踏込、玄關、座敷間、次之間、椽側、台所、風呂、便所等，也大致格局完整。2009年8月台中市政府文化局將於其公告登錄為歷史建築，當時登錄的有樂群街48號；樂群街46巷1號及3號；自立街6號及8號；後來再於2012年擴大登錄範圍包括樂群街38號、40號、42號、44號與46巷2號、4號及46巷部分巷道。為記錄大台中地區文學發展的軌跡，彰顯在地文學家的成就，台中市政府文化局在登錄這批日本宿舍為歷史建築後，就以將其

3-19.23台中文學館主題特展館外貌
3-19.24台中文學館主題特展館外貌
3-19.25台中文學館主題特展館室內展示
3-19.26台中文學館主題特展館室內展示

3-19.27台中文學館主題特展館室內展示
3-19.28台中文學館主題特展館商店

再利用為「台中文學館」為定位，2010年4月進行修復與活化再利用工程，由謝文泰建築師負
責。館舍於2015年4月外觀修復完成，先行開放文學公園，同時進行內部展示工程的設計、佈
置，2016年8月各館舍全面開放。6棟館舍分為常設展一館、常設展二館、主題特展館、兒童
文學區與行政中心、研習講堂及文學主題餐廳。另有前倉與後倉，分別設置資訊中心與廁所。
各館舍以展覽、研習、推廣為主要用途，透過多元活潑的展示手法及互動體驗，達到文學教育

3-19.29台中文學館兒童文學區外貌
3-19.31台中文學館兒童文學區外貌

3-19.30台中文學館兒童文學區外貌
3-19.32台中文學館兒童文學區室內展示

3-19.33台中文學館兒童文學區室內展示

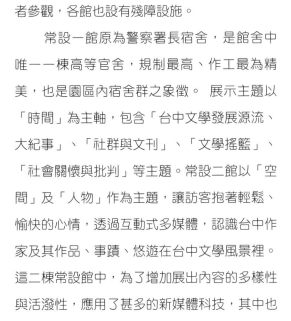

與文化休閒之目的。為了方便殘障人士及年長者參觀，各館也設有殘障設施。

常設一館原為警察署長宿舍，是館舍中唯一一棟高等官舍，規制最高、作工最為精美，也是園區內宿舍群之象徵。 展示主題以「時間」為主軸，包含「台中文學發展源流、大紀事」、「社群與文刊」、「文學搖籃」、「社會關懷與批判」等主題。常設二館以「空間」及「人物」作為主題，讓訪客抱著輕鬆、愉快的心情，透過互動式多媒體，認識台中作家及其作品、事蹟、悠遊在台中文學風景裡。這二棟常設館中，為了增加展出內容的多樣性與活潑性，應用了甚多的新媒體科技，其中也

3-19.34台中文學館研習講堂外貌　　　3-19.35台中文學館研習講堂外貌　　　3-19.36台中文學館研習
　　　　　　　　　　　　　　　　　　　　　　　　　　　　　　　　　　　　講堂室內

3-19.37台中文學館主題餐廳外貌　　　　　　　　3-19.38台中文學館主題餐廳室內

有不少為互動式設施。而為了方便參觀及考量公共衛生，二館中原為榻榻米的居室也都改為木
地板。為了讓參觀者能了解木造宿舍的建築構法，常設一館也特別將某些地板改鋪玻璃以便可
以看到基礎，另外也製作了一片展示用的牆體，說明牆面不同層次的構法。

　　主題特展館定期策畫主題展示，聚焦在台中文學影響最鉅的文學家，探討其生活哲學、
行腳足跡，與大眾近距離對話。兒童文學區以兒童文學為主題，展示、教育、推廣及閱讀空
間。主題特展館與兒童文學區因考量不同特展的內容與如何吸引兒童的注意力，外加原有宿舍
內容的設計就較多，在主題館面對巷道部分則以鋼構及玻璃外加了一處小空間來展售文化局之
出版物及文創紀念品。類似的外加空間也應用於文學主題餐廳。此餐廳除了提供餐飲外，也會
適時舉辦展覽，例如《行走的詩：獻給台中的五十首地景詩》就廣邀作家，以一地景搭配一詩
人的方式來書寫台中。研習講堂因實際需求，以機能為主要考量。而主題餐廳與常設二館之間
氣根已攀據磚牆的大榕樹，更被完整的保留下來，成為形塑場所精神的重要元素。另外，館區
的文學公園中，設有「曲水流觴」、「書夾椅」、「文學種子廣場」、「文學森林」、「墨痕
書牆」、「文學步履」、「文學散步道」及「老牆說書」則基本上是以現代景觀設計手法，來
回應文學主題的氛圍。

從日治時期開始，台中就是台灣文壇重鎮，從傳統文學社團櫟社、台灣文社，開風氣之先，引領全台，到新文學組織台灣文藝聯盟及其相關文學刊物，乃至林獻堂所領導的台灣文化協會，都以台中為主要活動據點。戰後，台中更是銀鈴會、笠詩社等本土文學社團的發跡地。從殘破不堪恐被拆毀的日本警察宿舍，到台中文學館，透過保存與再利用，舊建築不但重獲生命，更提供都市中一處新的文化秘境。

3-19.39台中文學館老榕樹

3-19.40台中文學館老榕樹

3-19.41台中文學館
老榕樹

3-19.42台中文學館
稿紙石牆

3-19.43台中文學館
曲水流觴

3-19.44台中文學館
無障礙設施

3-19.45台中文學館墨痕詩牆

3-19.46台中文學館主巷道

北投溫泉博物館

北投溫泉為大屯山火山群的產物，由於年雨量充沛而且地形特殊，滿足了溫泉水源之需。雖然溫泉是北投的自然資源，但其開發則屬近代之事。1894年一位任職於大稻埕洋行的德籍商人奧利（R.N. Ohly）曾企圖在此開設俱樂部，但未能成功。日人治台之後，軍醫總監藤田嗣章陪同總督樺山視察北投後，設立了「陸軍療養所」。在民間方面，1895年11月，大阪人平田源吾來台，於北投停留數天，驚豔於北投溫泉之優良品質後，於翌年3月在北投成立了台灣第一家溫泉旅館天狗庵，是為今日北投溫泉事業蓬勃發展之濫觴。1901年，台北至淡水

北投溫泉公共浴場

類　　型：建築保存

設計層級：歷史軀殼

整體再利用設計策略：原貌保存

部分改變設計策略：無

新舊共存手法：對立

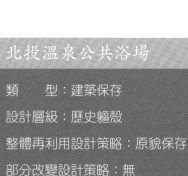

3-20.3北投溫泉博物館外貌
3-20.4北投溫泉博物館一樓大浴場外廊

3-20.1北投溫泉博物館外貌
3-20.2北投溫泉博物館外貌

3-20.5北投溫泉博物館外貌
3-20.6北投溫泉公共浴場大浴場舊貌

3-20.7北投溫泉博物館地面層平面圖

3-20.8北投溫泉博物館一樓大浴場

3-20.9北投溫泉博物館入口
3-20.10北投溫泉博物館一樓大浴場拱柱柱頭

3-20.11北投溫泉博物館一樓小浴池
3-20.12北投溫泉博物館一樓大浴場地板

間的鐵道開始營運，北投的溫泉旅館與酒家如雨後春筍般的出現。1905年日俄戰爭時，為了替傷兵療養，台灣總督府也在北投設置了傷兵收容所。再加上於北投發現了具有微量放射鐳的北投石，北投的溫泉設施發展達於頂盛。不過這些溫泉設施收費並不便宜，並非一般市民之能力可以消費，所以有人乃於溪邊搭設簡易籬笆進行泡湯，有引發傷風敗俗的爭議。

1905年，「台灣婦人慈善會」成立，顧問長谷川謹介、荒井泰治以及多名日人發起組織「浴場改良會」，向相關公部門陳情請建公共溫泉浴場。此陳情很快地獲得民政長官後藤新平的認同。1906年，在多名台北仕紳幫忙之下，一間取名為「鐵の湯」的浴場開幕，供一般民眾使用。1907年，台灣婦人慈善會捐款整建湯瀧公共浴場，並發動居民在浴場四周種植花草，乃是北投公園的雛形。1910年，台北廳長井村大吉將湯瀧公共浴場擴建為北投溫泉公共浴場，1913年6月完工。1916年台灣總督府於淡水線鐵道增加了新北投支線，更帶動了北投地區溫泉事業的發展。1923年，為接待皇太子裕仁，北投溫泉公共浴場進行大規模整建，增加了特別休息室等空間。

北投溫泉公共浴場在興建之初就為兩層樓磚造建築，入口處在二樓，有涼亭、換鞋玄關，進入經樓梯下到一樓

3-20.13北投溫泉博物館二樓迴廊　　　　　3-20.14北投溫泉博物館二樓迴廊
3-20.15北投溫泉博物館二樓外牆及托架　　3-20.16北投溫泉博物館樓梯細部

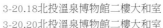

3-20.17北投溫泉博物館二樓簡化柱頭　　　3-20.18北投溫泉博物館二樓大和室
3-20.19北投溫泉博物館二樓大和室　　　　3-20.20北投溫泉博物館二樓大和室

3-20.21北投溫泉博物館一樓外牆及圓拱窗
3-20.22北投溫泉博物館一樓外牆及圓拱窗

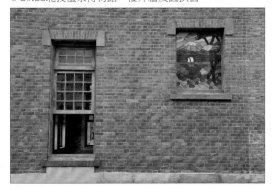
3-20.23北投溫泉博物館北投石展示

後有男女更衣室及個別的沐浴大池，重要的賓客在南側還設有獨立的浴室和休息間。1923年，增建西北角落的空間以接待日本皇太子。在北投溫泉公共浴場中一樓的大浴場及二樓的大和室是最重要的空間。大浴場是日本公共浴場最主要的空間，在北投溫泉公共浴場內最主要的大浴池長9公尺、寬6公尺、深40公分至130公分，以服務男賓為主，顯示當年泡湯的男女比例較為懸殊，而在大浴池內必須站著泡湯以容納更多泡溫泉的人。二樓的大和室是當時在沐浴後納涼、用餐、休憩的地方，更可眺望整個北投谷地以及公園美景。大和室外為迴廊，亦為沐浴後休憩空間，也是欣賞北投公園自然景觀之場所。北投溫泉公共浴場原已荒廢，經當地國小師生進行鄉土教學時發掘，呼籲台北市政府保留，並再利用為現今之溫泉博物館。

3-20.24北投公園自然景觀

案例賞析——新舊共容類型

巴黎奧賽美術館

巴黎奧賽美術館（Musee d' Orsay）是舉世聞名的印象派美術館，也是老建築再利用之最佳典範。其原為1900年博覽會而興建的火車站與旅館，後來因為火車逐漸加長而不敷使用被迫於1969年關閉。起初曾有計畫將之拆除改建大型旅館，然而卻因為巴黎接二連三發生拆除老建築興建新建築的事件（包括了龐畢度中心），引起文化界及古蹟保存界之關心而爭取保存下來，並於1970年代初期被指定為文化遺產。 剛好這時候巴黎極需有另外一座介乎羅浮宮與龐畢度中心的美術館，因而奧賽車站就在法國高層人士之同意及民間人士努力之下再利用為世界最著名的美術館。

整個美術館的再利用設計是經由競圖徵選方案，在1979年由法國ACT建築師事務所獲選。然而因為考量工程有極大比例是屬於室內建築，於是再度公開徵選，由義大利室內設計師奧蓮提（Gae Aulenti）獲選。此案在再利用時面臨最大的挑戰乃是如何將美術館置入一個與原機能完全不一樣的車站與旅館之中。

4-1.1巴黎奧賽美術館西向現貌

巴黎奧賽火車站

類　　型：新舊共容
設計層級：歷史軀殼
整體再利用設計策略：部分改變
部分改變設計策略：內部
新舊共存手法：對立

4-1.2巴黎奧賽美術館北向現貌
4-1.3巴黎奧賽美術館展示大廳

4-1.4巴黎奧賽美術館西北向原貌
4-1.5巴黎奧賽美術館西北向現貌

4-1.6巴黎奧賽美術館北向原貌
4-1.7巴黎奧賽美術館北向現貌

4-1.8巴黎奧賽美術館原車站月台
4-1.9巴黎奧賽美術館北向現貌

4-1.10巴黎奧賽美術館室內展示大廳
4-1.11巴黎奧賽美術館室內展示大廳

4-1.12巴黎奧賽美術館室內展示大廳

　　由於原奧賽火車站興建年代剛好是建築發展上的一個重要轉捩點，因此在建築上也呈現幾個重要的特徵。整個車站的外貌，古典元素的應用及建築立面的比例分割均有

4-1.13巴黎奧賽美術館北向現貌大時鐘

4-1.14巴黎奧賽美術館室內大時鐘

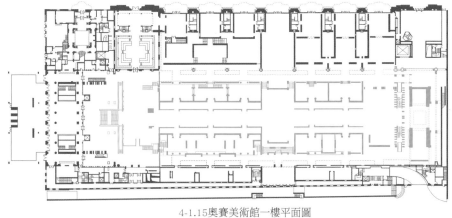

4-1.15奧賽美術館一樓平面圖
4-1.16奧賽美術館二樓平面圖

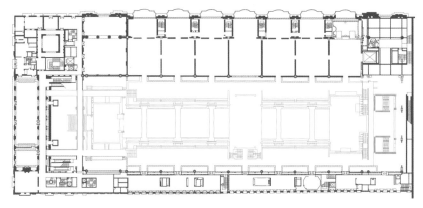

濃厚的布雜色彩。另一方面，由於此時工業革命已對建築產生影響，建築內部應用了不少鋼材及玻璃，再加上當時新藝術運動已在法國盛行，此建築局部的處理也免不了出現了新藝術的表現，而外貌與室內的大時鐘更是車站建築的具體元素之一。

4-1.17巴黎奧賽美術館巴黎模型展示　　4-1.18巴黎奧賽美術館展示大廳觀景高塔

基本上，因為此棟建築本身就是一處文化遺產，有其於建築上的價值，原有建築之主要特徵被忠實地保留下來。在室內，原有建築的基本空間形態也被尊重。原有大型的火車進出的終站空間被維持大空間的型態做為展示大廳，原有兩旁的辦公空間或旅館空間則被保留成較小的展示空間。

在尊重原有空間形態的原則下，奧賽美術館再利用不管是空間的改造或者是空間潛力的開發都極為成功。就展示大廳而言，原有的停車軌道與月台被以新建材重新轉換，與舊有的桶形拱頂空間成為強烈的對比，除了中央為漸次高起的通道擺設雕刻外，兩側還分隔出較小的展示室。小展示室之上為平台，南北兩平台與原有拱頂接觸之面，處理手法也刻意加以區別。南側拱圈內為大面玻璃窗，其後為展示室，北側拱圈內則以鋼材支撐厚實牆面，形成新舊對比的美學。展示大廳之端有一區為城市模型之展示，置於地下，並經由其上的強化玻璃自上俯瞰，這種展示方式自此廣為流行。在東端則另設有垂直動線及觀賞高塔，一方面形成大廳的端景，另一方面也提供人們登高遠望的機會，開發新的空間特色。

除了展示大廳之外，奧賽美術館的其他空間也都各有特色。入口門廳上方的鋼結構，不同空間層級間連接的電

4-1.19巴黎奧賽美術館室內展示大廳
4-1.20巴黎奧賽美術館室內展示大廳

梯、電扶梯及橋也創造了空間更多樣的體驗可能性。北側頂層印象派的展示室也巧妙地應用了天光。北面大鐘後的餐廳與面向塞納河的室外觀景平台則提供了展示之外的機能。除了展示之外，奧賽美術館在空調上巧妙的應用原有屋頂藻井的雕花作為通風口，或者將消防系統整合於新設計上，甚至是展示解說牌及吊掛系統等的用心，都十分值得學習。

4-1.21巴黎奧賽美術館室外觀景平台　　4-1.22巴黎奧賽美術館空橋
4-1.23巴黎奧賽美術館大廳室內鋼結構天花　　4-1.24巴黎奧賽美術館室內通道

4-1.25巴黎奧賽美術館室內裝飾細部　　4-1.26巴黎奧賽美術館室內天花採光細部

羅馬競技場
博物館

羅馬競技場（Colosseum，72-80）原
名叫芙拉維劇場（Flavian Amphitheater），
始建於西元72年，完成開幕於80年，由提塔
斯（Titus）大帝宣布開幕，當時舉行百天之
大典，據說死了九千頭猛獸及二千個武士。
競技場是一個完全獨立之建築物，長188米，
寬156米，位於羅馬城廣場東面三面山丘之凹
處，可以容納五萬人，觀眾可由階梯到達傾
斜三十七度之石座椅。競技場之中央地板現
已不見，但可看到數以百計之地下房間，以
前是作為關野獸及人員休息之處。其雄壯之

羅馬競技場

類　　型：新舊共容
設計層級：歷史軀殼
整體再利用設計策略：部分改變
部分改變設計策略：內部
新舊共存手法：對立

4-2.3羅馬競技場新設樓板與中央通道
4-2.4羅馬競技場內部

4-2.1羅馬競技場內部（由東望西）
4-2.2羅馬競技場入口

4-2.5羅馬競技場內部新設樓板與中央通道

4-2.6羅馬競技場內部拱圈

4-2.7羅馬競技場外貌

4-2.8羅馬競技場新設樓板與中央通道

4-2.9羅馬競技場新設樓板與中央通道

4-2.10羅馬競技場新設樓板與中央通道

4-2.11羅馬競技場新設樓板與中央通道

外觀是由石灰石構成，由鐵件加強，有三層拱圈，分別有八十個拱圈，以半圓柱及方柱作邊。第一層為托次坎柱式，為羅馬人對於多利克之另一種詮釋。第二層為愛奧尼克柱式，第三層為科林新柱式，三層拱圈之上還有一層閣樓，外壁不是拱圈只開小方窗，而兩側為科林新方形壁柱，在這一層上亦有一圈支撐屋頂頂篷之桅杆，劇場中央長軸方向有兩個門，位於東南面的為「葬神之門」，即為在博鬥中死掉之人獸出口。

然而自從文藝復興時期，羅馬競技場被教宗下令保護之後，它就一直以遺蹟的面貌出現，甚至是二十世紀戰後觀光事業發達之後，這種景象依舊。由於整個競技場的結構並不是想像中穩固，不同部位的磚石也經常脫落，因此從1995年開始義大利政府就展開了一次長達八年的維護計畫，直至2003年才完成。訪客將可以看到更多以往被封死無法參觀的空間。就在競技場於上世紀末進行維護之際，有一股意見也逐漸出現。因為對於許多到羅馬競技場參觀的人，總是被安排在殘破的觀眾席中走動，而競技場中除了建築軀殼之外，什麼也沒有。於是有人就提出質

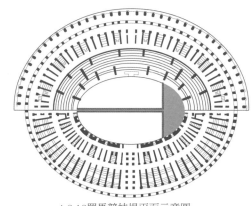

4-2.12羅馬競技場平面示意圖

疑，為什麼不重建中央地板，讓參觀者可以身處競技場的中央，體會競技當時的氛圍。

在幾經考量之後，義大利主管古蹟方面的單位決定從善如流，在橢圓形中央地板之東側，以鋼材等新材料重建了一小部分的樓板，並且由一條橋橫跨整個中央地區。樓板上鋪有細沙，就跟當年的競技場一樣。於是參觀者可以自由的「進入」競技場，而不是像以前只能在周圍的觀眾席上俯視競技場。另一方面，雖然它的座位條件並不是很理想，羅馬競技場也開始出現新的表演活動。而新建材之採用又可讓人清楚的看出其為近日增建之作，不會混淆原有的歷史性。除了作為觀光客參訪之外，此部分新作的樓板也同時兼有保護地下建築遺構的機能，對於長

4-2.13羅馬競技場新設樓板與中央通道　　　4-2.14羅馬競技場新設樓板與中央通道
4-2.15羅馬競技場新設樓板與中央通道　　　4-2.16羅馬競技場內部新設的書店

4-2.17羅馬競技場內部空間　　　　　　　　4-2.18羅馬競技場內部空間

期暴露在自然天候環境下的構件，形成了一種保護層。

　　除了中央樓板之外，羅馬競技場也同時於殘跡中增設一部透明電梯，一家書局，更在
新樓板落成後舉辦了以「SANGUE E ARENA」為名的大型古羅馬文化展覽。電梯、書局及
展覽也都是處理以新材料及新空間形式，使新舊之間的對比清楚可見，而不會混淆歷史的
價值。羅馬競技場在沉睡了2000年之後，終於在二十一世紀來臨之際，因為「新」設計的
介入而活化了「舊」的軀殼。在經營管理上，羅馬競技場也轉型為一個類博物館的模式。
因為新樓板的添加對於許多習慣於廢墟的人來說，是一種不必要的添加物，因此自其完成
後就不斷有將之取下的呼籲。不過因為新樓板採取的是可逆性的建材與構造，將來若要再
次更動並不是不可能的事。

巴塞隆納
塔畢斯基金會

巴塞隆納塔畢斯基金會（Antoni Tapies Foundation）原為1879年興建的一棟出版公司。1990年經由建築師亞曼多（Roser Amado）與多門內克（Lluis Domenech）再利用為基金會之美術館。三層樓的建築在後期較高樓層建築旁，顯得相當突出。原有建築的空間可以視為是數個區帶的空間再加上後面一個庭院。在緊接磚造立面後的區帶是接待區與辦公室。包括有一個玻璃採光天井的中段則為中央儲藏室並與後面的紙類商店連接。最後面兩個區段因為由鑄鐵柱樑支撐磚拱而具有嚴謹的工業特質。

原出版社

類　　型：新舊共容
設計層級：歷史軀殼
整體再利用設計策略：部分改變
部分改變設計策略：內部＋下部
新舊共存手法：對立

4-3.3巴塞隆納塔畢斯基金會外貌
4-3.4巴塞隆納塔畢斯基金會背向增建

4-3.1巴塞隆納塔畢斯基金會外貌
4-3.2巴塞隆納塔畢斯基金會屋頂公共藝術

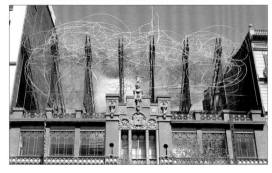

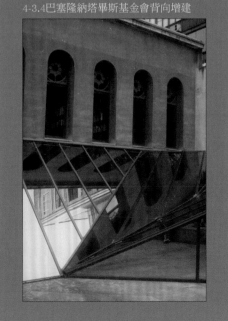

為了使用所有可用的空間，再利用保存了原有建築的基本特質，包括結構上的理性與空間的穿透與明亮。為了達成此目的，垂直動線必須適度調整以適應新機能。由於具有無阻隔空間的好處，原有的半地下層被改為主要樓層，

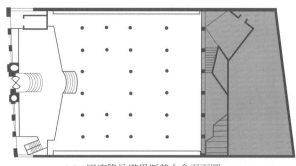

4-3.5巴塞隆納塔畢斯基金會平面圖

4-3.6巴塞隆納塔畢斯基金會外貌
4-3.8巴塞隆納塔畢斯基金會室內

4-3.7巴塞隆納塔畢斯基金會室內
4-3.9巴塞隆納塔畢斯基金會室內

4-3.10巴塞隆納塔畢斯基金會增建　4-3.11巴塞隆納塔畢斯基金會增建　4-3.12巴塞隆納塔畢斯基金會增建

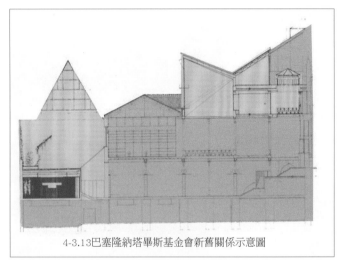

4-3.13巴塞隆納塔畢斯基金會新舊關係示意圖

4-3.14巴塞隆納塔畢斯基金會入口上部天窗　4-3.15巴塞隆納塔畢斯基金會室內螺旋梯

可由入口直接看到並接近。這裡是基金會最主要的展示區，由位於中央走道兩旁的隔間板懸掛展示品。此空間之最後為一間新設的講堂，並有一座玻璃頂蓋樓梯通往講堂之上的平台，也就是原有建築的後院。在此玻璃頂蓋與磚拱立面相映成趣。

主要樓層之上層空間再利用後為臨時展示空間及圖書館，原有從地板連續到天花板的櫥櫃大致被保存，且成為創造一個最特殊的空間，既神秘又理性。採光計畫也是再利用中很重要的部分。為了避免光線的直射，原有採光中庭之玻璃屋頂被改成北向垂直採光。其餘部分的光線處理也都經過細心的安排，使整棟建築在氛圍

上令人感到心動，這也包括了屋頂上的銀線雕刻。在塔畢斯基金會中，建築師結合了當地的傳統空間形式與工業革命的鑄鐵結構，再加上迷宮般的書架空間，創造了一個具有新活力的藝術天地。2009年，此基金會再度整修，由建築師亞巴羅斯與塞奇維茲（Abalos＋Sentkiewicz）負責，主要是改善防火等現代需求，室內空間也塗以明亮的白漆。

4-3.16巴塞隆納塔畢斯基金會背向增建
4-3.17巴塞隆納塔畢斯基金會背向增建

4-3.19巴塞隆納塔畢斯基金會增建
4-3.20巴塞隆納塔畢斯基金會2009年整建後室內

4-3.18巴塞隆納塔畢斯基金會2009年整修後室內

梅里達
羅馬藝術博物館

梅里達是除了具有許多羅馬遺址的城市，由建築師馬內歐（Rafael Moneo）所設計，建造於羅馬遺址之上的羅馬藝術博物館，也是一棟精彩的現代建築。在此博物館尚未興建前，該市大量的羅馬時期文物是收藏於一個老教堂之中。新的博物館不但提供寬大的展示空間，也提供了清理及修復的設施以及講堂和圖書館。博物館之所以會選擇於此，乃是希望與附近的劇場及圓形競技場結合成一體。

對於馬內歐而言，他認為梅里達所需要的並不只是要一個收藏古物的遮蔽物而已，而是該提供一個本身就是展示品的建築，透過建築本身的形式、構造與工法就可以再呈現所要展示物品的文化涵構。馬內歐藉由磚材及拱圈這兩項羅馬建築最大的特徵，喚回了與古羅馬相似的意念，但也表現出梅里達現代的一面。

博物館的空間分為四層，其中地下層的作法非常大膽，馬內歐將一排排的拱圈置於原

4-4.1梅里達羅馬藝術博物館外貌

梅里達羅馬藝術博物館

類　　型：新舊共容
設計層級：歷史成長
整體再利用設計策略：部分改變
部分改變設計策略：上部
新舊共存手法：聯想

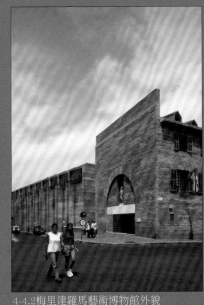

4-4.2梅里達羅馬藝術博物館外貌
4-4.3梅里達羅馬藝術博物館外貌

4-4.4梅里達羅馬藝術博物館入口　　4-4.5梅里達羅馬藝術博物館室內　　4-4.6梅里達羅馬藝術博物館地下
　　　　　　　　　　　　　　　　　　羅馬遺跡　　　　　　　　　　　　羅馬遺跡

4-4.7梅里達羅馬藝術博物館羅馬遺跡　　　　　　　　4-4.8梅里達羅馬藝術博物館羅馬遺跡

4-4.9梅里達羅馬藝術博物館室內　　4-4.10梅里達羅馬藝術博物館室內　4-4.11梅里達羅馬藝術博物館室內

4-4.12梅里達羅馬藝術博物館室內
4-4.14梅里達羅馬藝術博物館室內

4-4.13梅里達羅馬藝術博物館室內
4-4.15梅里達羅馬藝術博物館室內

4-4.16梅里達羅馬藝術博物館室內
4-4.18梅里達羅馬藝術博物館室內

4-4.17梅里達羅馬藝術博物館室內
4-4.19梅里達羅馬藝術博物館室內

有羅馬遺蹟之上，並相互交錯變化，這與過去的建築師如果遇到同樣的情形，通常會盡量避開遺構，只從上層樓板挑空來觀看，有著截然不同的概念。馬內歐的企圖是想讓參

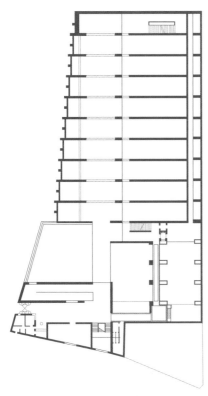

4-4.20梅里達羅馬藝術博物館地面層平面圖

4-4.21梅里達羅馬藝術博物館室內
4-4.22梅里達羅馬藝術博物館室內

4-4.23梅里達羅馬藝術博物館室內

觀者都必須進入刻意形塑的地下洞穴，只藉由部分角落的開口來採光。此部分雖然在博物館之下部，但感覺上卻是一種室外遺構的經驗，創造了一種空間驚奇，也是一種空間詩意的呈現。

博物館的主要展示空間是由一個連續大型拱圈為主的大廳和與其正交的較小拱圈交錯而成，空間型態上有如古羅馬的大會堂。拱圈與磚材的使用，也是與古羅馬世界直接的關係表白，大小不一的拱圈，不但是結構與構造元素，更是空間與造型元素，由上部的主要採光與牆面的局部採光營造出光線與空間的精彩對話。拱圈中穿插的走道讓參觀者可以選擇到展示空間的各處，體會到羅馬時期拱圈空間的各種變化，現代與古代在此建築中相互對話。

法蘭克福德國建築博物館

法蘭克福德國建築博物館（Deutsches Architekturmuseum, DAM）原為一棟位於梅恩河（Main）邊的住宅，在法蘭克福1980年代河邊博物館計畫中，於1983年被再利用為博物館，建築師為溫格斯（Oswald Ungers）。原有建築為一棟興建於二十世紀初，相當標準的一棟別墅型鄉村住宅，樓高三層再加上屋頂閣樓，牆面頗為厚重。在法蘭克福這波博物館興建風潮中，有好幾棟採取了與舊建築對話的態度。面對這棟建築時，建築師的概念是要保存原有建築的外貌。因此對於原建築的外殼基本上加以保存，

原私人住宅

類　　型：新舊共容
設計層級：歷史軀殼＋歷史成長
整體再利用設計策略：部分改變
部分改變設計策略：內部＋側部＋下部
新舊共存手法：對立

4-5.3法蘭克福德國建築博物館外貌
4-5.4法蘭克福德國建築博物館入口

4-5.1法蘭克福德國建築博物館正向外貌
4-5.2法蘭克福德國建築博物館模型

4-5.5法蘭克福德國建築博物館外貌

4-5.6法蘭克福建築博物館迴廊空間　　4-5.7法蘭克福建築博物館迴廊空間　　4-5.8法蘭克福建築博物館迴廊空間

4-5.9法蘭克福德國建築博物館迴廊空間　　　　　4-5.10法蘭克福建築博物館迴廊空間

4-5.11法蘭克福建築博物館屋中屋上方
4-5.12法蘭克福建築博物館屋中屋

4-5.13法蘭克福建築博物館屋中屋

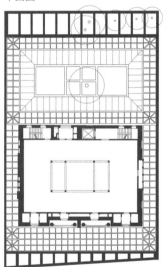

4-5.15法蘭克福德國建築博物館一樓
平面圖
4-5.16法蘭克福德國建築博物館二樓
平面圖

4-5.14法蘭克福建築博物館屋中屋

4-5.17法蘭克福建築博物館屋中屋

不過整個原有建築的室內卻完全拆除，改置一個現代化的柱樑框架小屋，形成一種屋中屋的空間。這種屋中屋的概念，在西方許多建築師的作品中均可見到，也是西方建築的一種傳統。不過在再利用之案例中，倒是比較少見，屋中屋可以說明一個室內獨立的小空間，在此可有不同的展覽。原建築的正面、側面、地下及後面也都增加了新空間，再以一個框架系統將新舊空間圍繞在內，形成一個整體。新加的迴廊空間不但是走道，也可是一種展覽空間。

　　建築師應用了新舊建築彼此交錯的連續空間，

4-5.18法蘭克福德國建築博物館一樓展示區

4-5.19法蘭克福德國建築博物館一樓展示區

4-5.20法蘭克福德國建築博物館一樓展示區

4-5.21法蘭克福德國建築博物館一樓室內廊道

4-5.22法蘭克福建築博物館一樓展示區
4-5.23法蘭克福建築博物館一樓展示區

創造了許多空間的可能性。原有建築的角色是二元的。一方面它是全棟博物館對於都市而言的實質焦點，也是一座新小屋空間的容器，它既是展示品，也是展示品的空間。建築物後側原有戶外庭園部分也添加了一處弧形屋面，形成了室內空間。因為面積較大，經常舉辦各種特展。入口雖由馬路將由框架系統進入，但卻必須繞由後面的新增空間才由返回舊建築。一旦進入室內之後，原有建築厚重的意象馬上消失，代之的是輕巧簡單的中性現代空間。空間的展演，成為此建築再利用中最大的成就。

4-5.24法蘭克福建築博物館一樓展示區
4-5.25法蘭克福建築博物館一樓展示區

4-5.26法蘭克福建築博物館一樓展示區

4-5.29法蘭克福建築博物館一樓展示區
4-5.30法蘭克福建築博物館一樓展示區

4-5.27法蘭克福建築博物館屋中屋上部
4-5.28法蘭克福建築博物館一樓展示區

4-5.31法蘭克福建築博物館一樓展示區屋頂
4-5.32法蘭克福建築博物館一樓天窗

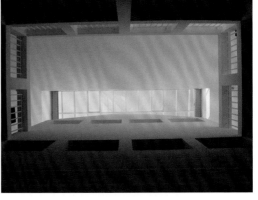

愛丁堡皇家蘇格蘭博物館與蘇格蘭博物館

皇家蘇格蘭博物館（Royal Museum of Scotland）由皇家工程師開普頓福克（Captain Fowke）設計，開始興建於1861年，完成於1888年，是愛丁堡舊城

4-6.2愛丁堡皇家蘇格蘭博物館原貌

原皇家蘇格蘭博物館

類　　型：新舊共容

設計層級：歷史成長

整體再利用設計策略：部分改變

部分改變設計策略：側部

新舊共存手法：對立

4-6.1愛丁堡皇家蘇格蘭博物館外貌

中最重要的維多利亞時期之建築。此棟建築外觀為非常厚重的義大利宮殿風格，但室內卻有著由根據1851年倫敦水晶宮原則之鋼材與天窗所構成之空間，與外貌之性格差異很大。展示之物有自然生態也有人文歷史，甚至有中國木構模型。由皇家蘇格蘭博物館西側增建之蘇格蘭博物館（Museum of Scotland），為班森與福希斯（Benson & Forsyth）所設計，落成於1998年，是一個非常大膽的老建築增建案，其雖然在建築構成術上略與周圍之紋理有所呼應，但是造型與色彩卻與舊有建築形成強烈之對比。室內空間則變化多樣，屋頂平台提供遠眺愛丁堡市區的機會。

事實上，愛丁堡因為自然地形之故，是全世界最難設計新建築的城市之一。市區高起的山丘，包括古堡岩、亞瑟山與卡爾頓山，不僅提供了登高遠望的機會，也使任何不好的建築都會成為天際線的眼中釘。十八世紀末到十九世紀中亞當（Robert Adam）與樸列菲爾（William Playfair）等人之建築傑作，創造了

北方的雅典之美譽，使得幾乎150年左右，沒有人可以加以突破。對不少關心愛丁堡都市發展的人來說，張伯斯街（William Chambers）西端的空地就好像一個城市中的大洞，如今在蘇格蘭博物館完成之後終於解決了。當然，從實質機能來說，蘇格蘭博物館可以被視為是皇家蘇格蘭博物館的再生計畫，使原來擁擠的空間得以舒緩，而主題較不明確的展示也得以強化。新建築的部分完全以蘇格蘭的發展為展示內容，與原有建築中的自然科學與文物有所區隔。

為了解決在歷史城市興建新建築的問題，建築師從基地周圍的環境、城市歷史與都市景觀多方面來思考。建築物的外牆是淺黃略

4-6.3愛丁堡皇家蘇格蘭博物館外貌

4-6.4從愛丁堡皇家蘇格蘭博物館看愛丁堡天際線　4-6.5愛丁堡皇家蘇格蘭博物館室內
4-6.6愛丁堡皇家蘇格蘭博物館室內　　　　　　4-6.7愛丁堡皇家蘇格蘭博物館室內

帶粉紅色的切割砂岩，以回
應愛丁堡傳統的石材建築。
而這個外牆也可以被視為是
一個外殼，從其中長出白色
的鋼筋混凝土核心，然後再
昇起一座空的凹型屋頂。新
建築的高度考量了周圍的建
築，包括了南面的教堂及東
面的皇家蘇格蘭博物館。皇
家蘇格蘭博物館石砌基座直
接的反應在新建築的底部。
西側街角的大圓錐，並不是
樓梯，而是入口與其他機
能。僅管從涵構的觀點來
看，這個圓錐的尺度似乎太
大，但它卻逐漸變成五條街
交會的地標。雖然它不是樓
梯，但卻在某個程度上反應
了一些愛丁堡住宅的轉角圓
梯或角樓。

　　進入室內之後，新博
物館的空間是與原博物館的
空間完全不一樣；前者是以
一個充滿天光的大廳為序
曲，其餘空間則規則地圍繞
其四周；後者也是有一個大
門廳，但其餘空間則充滿了
變化。每一層展示主題並不
一樣，從原始的小屋到機械

4-6.8愛丁堡皇家蘇格蘭博物館室內
4-6.9愛丁堡皇家蘇格蘭博物館增建前空地

4-6.10愛丁堡皇家蘇格蘭博物館增建之蘇格蘭博物館

4-6.11愛丁堡皇家蘇格蘭博物館設計透視圖

4-6.12愛丁堡皇家蘇格蘭博物館與蘇格蘭博物館外貌

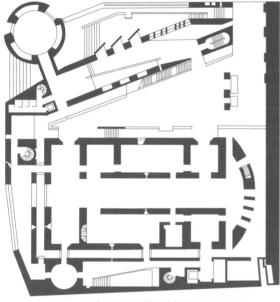

4-6.13愛丁堡蘇格蘭博物館地面層平面圖
4-6.14愛丁堡蘇格蘭博物館一樓平面圖

4-6.15愛丁堡蘇格蘭博物館轉角外貌
4-6.16愛丁堡蘇格蘭博物館室內

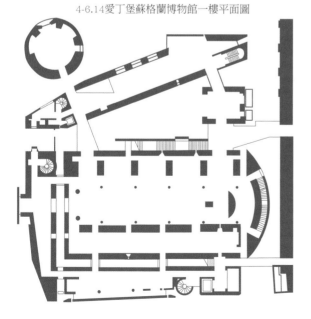

4-6.17愛丁堡蘇格蘭博物館外貌
4-6.18愛丁堡蘇格蘭博物館新入口

引擎電器設備都有，這一種博物館其實從博物館學的角度來看並不是好的博物館，但卻是最受歡迎的博物館。屋頂平台也是此棟建築極為特別的一個設計，建築師希望藉由此空間，提供參訪者與愛丁堡其他景觀相接觸的機會。在此建築興建之前，所有人都是從古堡岩、亞瑟山與卡爾頓山來觀看市中心，現在卻可由市中心看出去這幾個山丘，一種與城市無形的連繫，於是被建立起來。雖然增建新建築態度基本上相當的強

勢，但與舊建築相接的部分則較為低調，以最少的介面接觸，並於主要立面使用玻璃以強化新舊之差異。 2010年皇家蘇格蘭博物館又進行整建，將主入口移至原有與道路同高度的地下室，並將原有類似地窖的空間改造成大廳，由此新設樓梯通往原一樓大空間，空間十分有趣精彩。

4-6.19愛丁堡皇家蘇格蘭博物館新大廳
4-6.20愛丁堡皇家蘇格蘭博物館新樓梯
4-6.21愛丁堡蘇格蘭博物館室內
4-6.22愛丁堡蘇格蘭博物館室內

布達佩斯
希爾頓飯店

　　古堡山（Castle Hill），高於多瑙河面170公尺，是布達佩斯布達一處長約一公里的高地，其上有布達佩斯最重要的中世紀紀念物與幾處最好的博物館。在此處因為躲避蒙古人入侵而聚集發展之山岩上，南面是皇帝的城堡，北面則原是百姓之住宅區。由於歷經幾次政治的更迭與動亂，古堡山上之建築大多數是十八世紀以後所建，雖然有些可能是建立於更早之地基之上。三位一體廣場是古堡山最主要的廣場之一，其中矗立著在東歐城鎮中普遍存在的三位一體柱（Trinity Column），是1713年之作，為紀念一次瘟疫消退所建，屬於巴洛克風格。

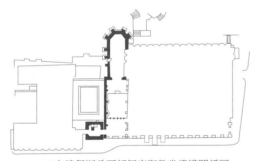

4-7.1布達佩斯希爾頓飯店與教堂遺構關係圖

4-7.2布達佩斯古堡山三位一體廣場

原古堡與僧院學校遺址

類　　型：新舊共容

設計層級：歷史成長

整體再利用設計策略：部分改變

部分改變設計策略：上部＋側部＋下部

新舊共存手法：對立

4-7.3布達佩斯希爾頓飯店外貌
4-7.4布達佩斯希爾頓飯店外貌（教堂塔樓遺構）

4-7.5布達佩斯希爾頓飯店外貌
4-7.6布達佩斯希爾頓飯店外貌（右側為古堡遺構）
4-7.7布達佩斯希爾頓飯店外貌（右側為古堡遺構）
4-7.8布達佩斯希爾頓飯店外貌
4-7.9布達佩斯希爾頓飯店與馬提亞斯教堂（右）
4-7.10布達佩斯希爾頓飯店與馬提亞斯教堂（左）

4-7.11布達佩斯希爾頓飯店外貌
細部

4-7.12布達佩斯希爾頓飯店外貌（教堂塔樓遺構）

馬提亞斯教堂（Matthias Church），乃是因為十五世紀之國王馬提亞斯科維納斯在此結婚兩次而得名。整棟教堂高塔聳入雲霄，在附近無以匹敵。事實上，早在13世紀，日耳曼人就曾將之使用作為教區之教堂，巴洛克時期亦曾改建。十九世紀末，建築師施樂克（Frigyes Schulek）將之重建為新哥德風格，有人亦認為其為勃艮地哥德風格。在此，施樂克保存了部分教堂原有構件，再創造以其他部分。高塔達80公尺，北面祭室之屋瓦則多彩多姿。這種建築組合亦可以在布達佩斯其他地方看到。除了哥德風格之外，建築中亦可見到一點新藝術之筆觸，一絲新古典之表現，再加上設計者的想像，形成布達佩斯浪漫主義之一部分。

位於馬提亞斯教堂邊的希爾頓旅館是一座五星級的觀光旅館，建立於1970年代，是古堡山上第一個外資的企業，在共產時期意義非凡。但是從文化資產的角度來看，最令人驚訝的乃是此旅館是建立於古代之殘蹟上。整個旅館原址北側原是一個十四世紀道明會的僧院，南側則是僧院於十七世紀所建之學校，不過二者皆已在興建希爾頓旅館前就已經成為廢墟。後來旅館的設計師保留了僧院的遺跡將之納入作為旅館的一部分，迴廊部分仍然維持合院之空間，但是大多數以新建材重建，只保留少數舊材料於牆上。由此部分並可以深入一處地下三樓石窟地窖改成酒吧。

原有僧院教堂的部分則亦維持原有空間形式，但屋頂並不復原，而以新舊交錯方式處理成夾在兩棟客房間的開放空間。此種具設計意匠，而且效果強烈的場景在踏入旅館後即可以在大廳中看到，使人印象深刻。此教堂廢墟在方位上又與多瑙河對岸的匈牙利國會互相呼應，而夜間照明也別具特色。由於此建築是興建於世界文化遺產之上，難免會引人質疑。就此負責布達佩斯古蹟之公部門主管，同時也是匈牙利世界文化遺產事務主要負責人之濟思（Mrs. Kiss）女士也認為文化遺產的保存必須與現代都市發展相互配合。

4-7.15布達佩斯希爾頓飯店餐廳
4-7.16布達佩斯希爾頓飯店餐廳

4-7.13布達佩斯希爾頓飯店原僧院中庭
4-7.14布達佩斯希爾頓飯店原僧院教堂遺構中庭

4-7.17布達佩斯希爾頓飯店原僧院教堂遺構中庭
4-7.18布達佩斯希爾頓飯店原僧院教堂遺構中庭

澳門大三巴暨天主教藝術博物館

澳門聖保祿教堂

類　　型：新舊共容

設計層級：歷史成長

整體再利用設計策略：部分改變

部分改變設計策略：側部＋下部

新舊共存手法：對立

　　澳門最著名的地標大三巴牌坊乃是天主之母教堂（聖保祿教堂）正面的遺構。聖保祿教堂附屬於創立於1594年聖保祿學院，其於1762年關閉，是遠東地區地一所西式大學。聖保祿教堂創建於1580年，但於1595年與1601年兩次遭受祝融毀壞。剛好這時候耶穌會的神父史比諾拉（Carlo Spinola）於1600年末或1601年初到達澳門，因而肩負起設計因1601年大火燒毀之教堂及重建工作，其人物浮雕目前仍完好的保存於教堂的西向立面上。工程於1601年馬上動工，部分工匠為來自於日本逃避教難的信徒。奠基石於1602年才安置，現在仍清晰可見。

　　1603年教堂主體大致完工，並於當年的聖誕節第一次在此舉行平安夜彌撒。十八及十九世紀，教堂數度遭火破壞，只遺留下正立面的牆面。聖保祿教堂正立面不但具有西方巴洛克風格，也有甚多東方的語彙、文字與元素，尤其是第三層。此層的聖經故事都標有中文題說，如：

4-8.1澳門聖保祿教堂正面遺構（大三巴）

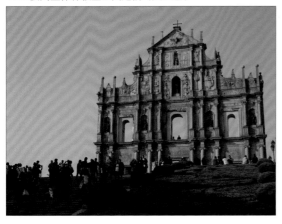

4-8.2澳門聖保祿教堂正面遺構（大三巴）
4-8.3澳門聖保祿教堂原中殿現況

4-8.4澳門聖保祿教堂正立面

4-8.5澳門聖保祿教堂西立面史比諾拉浮雕

4-8.6澳門聖保祿教堂1602年奠基石

「聖母踏龍頭」、「鬼是誘人為惡」與「念死者無為罪」。西方建築的架構與東方的語彙反映了東西文化交流的成果。一百多年來，澳門聖保祿教堂就以一片高大的正立面形成當地的地標。當地人因為此立面與中國古典建築中的牌坊有些相似之處，因此將之依其發音稱為「大三巴」。

　　1990年代下半，澳門政府為了改善城市文化遺產的保存維護策略，並且以文化遺產來推動文化觀光，尋求邁向更積極的文化遺產經營管理，在城市中心許多地方進行了一系列的改造

4-8.7澳門聖保祿教堂正立面「聖母踏龍 4-8.8澳門聖保祿教堂正立面「鬼是誘人為惡」雕像
頭」雕像

4-8.10澳門聖保祿教堂新建鋼構觀景
平台

4-8.9澳門聖保祿教堂原耶穌堂現貌

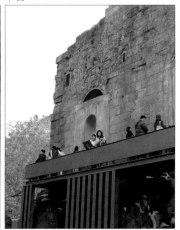

計畫，其中聖保祿教堂的考古與大三巴的整修與大炮
台改建為澳門博物館兩大計畫的推動與實踐，可以算
是相當成功，也引起世界的注意。聖保祿教堂正立面
遺構在1835年大火之後，雖然動過一些工程，但基本
上只可算是清理危險的遺構，談不上什麼整建計畫。
事實上，在1990年代以前，聖保祿教堂的空間組織一
直沒有得到深入的研究。1990年代起，配合整區的考
古計畫以及後來出現的澳門博物館計畫，對於聖保祿
教堂正立面遺構的嚴肅研究，才逐漸展開。

　　根據考古資料與歷代的文獻，聖保祿教堂的空
間被推測為一個拉丁十字形，教堂的主空間由兩排柱

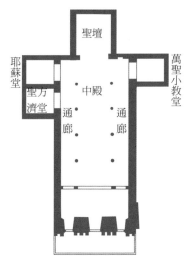

4-8.11澳門聖保祿教堂復原平面圖

4-8.12澳門聖保祿教堂新建鋼構觀景平台與混凝土階梯接合處

4-8.13澳門聖保祿教堂新舊建築接合處細部

4-8.14澳門聖保祿教堂新舊建築接合處細部

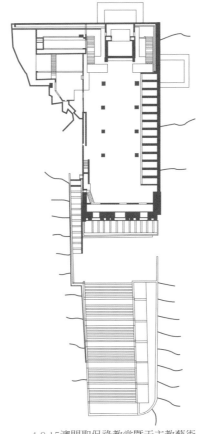

4-8.15澳門聖保祿教堂暨天主教藝術博物館配置圖

4-8.16澳門聖保祿教堂新建通往鋼構觀景平台混凝土階梯

4-8.17澳門聖保祿教堂新舊建築接合處細部

列分為中殿及兩側的通廊。中殿的末端為聖壇，東翼殿為萬聖小教堂（一萬一千貞女堂），西翼殿為耶穌堂，其前為聖方濟堂；入口上方則設有唱詩班高台。至於火災後尚存的立面，在經歷歲月的摧殘下，也有些破損的問題。到了二十世紀末，許多人開始擔心這片孤立的高牆是不是會有結構上安全的顧慮。於是整個聖保祿教堂進行了再利用計畫，1990年開始設計，1996年全部完成，負責的是著名的葡萄牙建築師文森（Manuel Vincente）與蓋拉卡（Joao Luis Carrilho da Graca）。

建築師在原有正立面背後加上了一個新的鋼結構，一方面作為原有牆

4-8.18澳門聖保祿教堂原東側通廊之端地下墓室及天　4-8.19澳門聖保祿教堂原東側通廊之端遺構與通往地下墓室及
主教藝術博物館入口　天主教藝術博物館之樓梯

4-8.20澳門聖保祿教堂原地下墓室上部（聖壇址）　4-8.21澳門聖保祿教堂原地下墓室

4-8.22澳門聖保祿教堂天主教　4-8.23澳門聖保祿教堂天主教　4-8.24澳門聖保祿教堂天主教藝術博物館與地下墓室
藝術博物館　　　　　　　　藝術博物館　　　　　　　　玄關

面的結構補牆，另一方面也藉此創造一個可以呼應已消失之唱詩班高台，同時又可登高遠望的
觀景平台，而到達此觀景平台的路徑則是一座粗獷的混凝土樓梯。中殿與通廊原來埋於地下的
牆基，被挖掘出土後覆蓋以玻璃與鋼材，一方面可以讓人清楚的看到教堂真正的牆址，進而了
解教堂的規模，另一方面則塑成廣場上的一種一格格的展示的物件。

　　教堂的北端在再利用後，係以一座現代風格的建築，成功地整合了原教堂北端的幾處空
間。東翼殿萬聖小教堂（一萬一千貞女堂）現為大三巴斜巷地面鋪石頭的部分，東側通廊之
端則下挖成為樓梯，由此往下可以抵達原主堂（聖壇）下方之地下墓室，內有聖保祿學院創

4-8.25澳門聖保祿教堂原中殿與通廊現貌　　　　　　4-8.26澳門聖保祿教堂原中殿與通廊現貌

4-8.27.28.29澳門聖保祿教堂原通廊遺構與玻璃鋼材細部

辦人范禮安神父（Pe. Alexandre Valignano）的墳墓以及日本和越南殉教者的遺骸。地下墓室之西則新闢有天主教

4-8.30澳門大三巴暨天主教藝術博物館新舊建築關係示意圖

藝術博物館，展示與此教堂及耶穌會相關的藝術與文物。耶穌堂及聖方濟各（聖方濟）堂則鋪以石材來呈現。

　　澳門大三巴暨天主教藝術博物館再利用，是澳門在回歸中國之前一次最大規模的都市改造方案。在整個再利用計畫中，鋼材、石材與鋼筋混凝土三種材料交互使用，但各自的特性都非常的強烈。建築師巧妙地結合出土的遺構、新添加的空間，在經過安排的光線下，突顯了其歷史性，不但使這棟見證澳門東西交流的大三巴得以繼續扮演重要的地標性建築功能，也為其在二十世紀末的澳門建築史上留下一個永恆的註腳。

新加坡
國家博物館

新加坡國家博物館（National Museum of Singapore）的歷史可以追溯到1887年，由當時的總督腓特烈維德爵士（Sir Frederick Weld）開幕，因此可以說是新加坡最老的博物館，但是它在經過3年的再利用增建於2006年重新開放後，卻又是新加坡最年輕的博物館。從一開始，此博物館就被定位是人民的博物館，因此收藏展示的除了新加坡的國寶外，還有許多有關新加坡人民生活的展示。不管從文化或是建築的角度來看，此博物館都是新加坡的一個象徵。此博物館的前身是1887年由麥卡倫（Colonel H.E Mc Callum）所設計的拉佛爾圖書館與博物館（Raffles Library and Museum），營造廠為華人。然而在施工過程，因為圓頂施工困難且具危險性，致使營造廠的負責人發瘋，後來再由另一華人營造廠接續完成。此建築為一棟趨近於新古典主義的建築，是一個應用許多古典語彙與圓頂，相當精緻的建築。

4-9.1新加坡國家博物館正向外貌

新加坡拉佛爾圖書館暨博物館

類　　型：新舊共容
設計層級：歷史軀殼
整體再利用設計策略：部分改變
部分改變設計策略：下部＋側部
新舊共存手法：對立

4-9.2新加坡國家博物館入口門廊
4-9.3新加坡國家博物館舊建築通往增建部分川堂拱門

4-9.4新加坡國家博物館地面層開口部　　　　　　　　4-9.5新加坡國家博物館外貌端部

4-9.6新加坡國家博物館背向外貌　　　　　　　　4-9.7新加坡國家博物館背向外貌
4-9.8新加坡國家博物館側向外貌　　　　　　　　4-9.9新加坡國家博物館側向外貌

　　1907年，在原有建築後面平行的增建了一棟新建築，使面積加倍，成為英屬馬來亞最主要的博物館。其中圖書館藏書30000冊，博物館收藏展示的物品集中在馬來亞的部分，包括有動植物、地質學及人種學方面。1960年，圖書館與博物館分家，拉佛爾博物館於

1969年改名為國家博物館，收藏展示的重點也轉移到新加坡的歷史與民族。動植物及地質等自然領域的物品則轉移到新加坡大學。1993年博物館再度重組，定位為新加坡的歷史博物館，藏品與展示以新加坡的歷史及文化遺產為主。

2000年，新加坡政府決定擴建此座博物館，由新工諮詢私人有限公司（CPG Consultants Pte Ltd）負責設計的工作，工程至2003年才完成。此次新加坡國家博物館進行大規模的整修及再利用計畫，不但面積增加了，有18400平方公尺，原有空間也有一部分被改造，但最主要的部分是其背後的增建。此增建不但為博物館增加了空間，也成為連繫前面勿拉士沙城市公園（Bras Basah City Park）與後側福康寧公園（Fort Canning Hill Park）間的中介元素，活絡了整個區域的土地利用。

4-9.10新加坡國家博物館玻璃走廊
4-9.11新加坡國家博物館玻璃走廊

整個再利用計畫中有幾個比較特殊之處，一為位於新舊建築交接處頂部的玻璃走廊（Glass Passage），這個空間原來在舊建築的部分是有屋頂的，但新的計畫將之拆除代之以玻璃頂，並延伸到舊建築，此一改變提供了訪客可以近距離觀賞圓頂外部的機會，訪客再也不需因高度視角的原因，要在正面退到一定距離之外才可以看到圓頂全貌。這一條玻璃走廊也是唯一被新加坡市區重建局批准可以直接嵌入舊建築的新元素，而工程本身也有其困難度，因為它是世界上數一數二的戶外自我支撐式的玻璃構造物，無鋼骨也無支柱，而是由兩片垂直的玻璃板所支撐。

原建築中圓頂的整修，也是此再利用計畫中非常關鍵的部分，因為此圓頂雖然外貌不似西方原型華麗高聳，卻是此建築一項非常重要的特徵。外部的魚鱗狀瓦片經過細心的編號，解體後逐一檢視清理，再依原位置由下而上安裝回去，50組彩色鑲嵌玻璃也是經由嚴謹的古蹟

4-9.12新加坡國家博物館圓頂外貌 　　　　　4-9.13新加坡國家博物館室內圓廳

修護程序而完成修復。
而且在上述玻璃走廊完
成後，可以被相當近距
離的觀賞，意義更加重
大。在原建築整修的過
程中，為了強化結構的
安全性，在部分牆面與
地板置入了I型鋼，再將
表面修復以隱藏之。此
舉動也符合再利用的基
本精神。

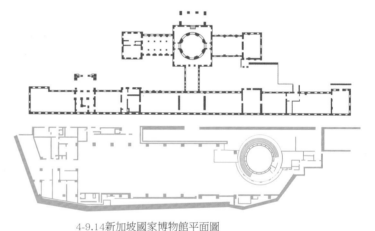

4-9.14新加坡國家博物館平面圖
4-9.15新加坡國家博物館新舊空間關係示意圖

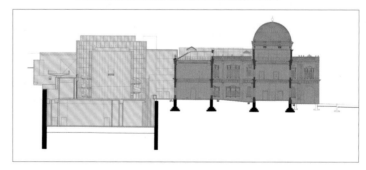

　　第三是以一個高
16公尺，直徑24公尺
的玻璃圓廳作為舊建築
圓廳空間的現代詮釋，
使再利用完的新加坡國

家博物館了新舊兩個圓廳，彼此呼應，相得益彰。而這個部分也是進到「新加坡歷史迴廊
（Singapore History Gallery）」的入口。經由螺旋形坡道進入玻璃圓廳中，博物館以新科技
呈現出新加坡歷史的各種面向。在夜間，新圓廳又宛若一個大型燈籠，照亮了附近區域，
成為一處新地標。除了玻璃圓廳外，再利用增建的新空間還有大型的地下核心藝廊及其他

4-9.16新加坡國家博物館新舊空間銜接天橋　　4-9.17新加坡國家博物館新舊建築銜接空間

4-9.18新加坡國家博物館增建部分　　4-9.19新加坡國家博物館增建部分

4-9.20新加坡國家博物館增建部分電扶梯

4-9.21新加坡國家博物館增建新圓廳外貌

4-9.22新加坡國家博物館增建新圓廳室內坡道

4-9.25新加坡國家博物館增建部分

4-9.26新加坡國家博物館舊建築通往增建部分川堂

4-9.23新加坡國家博物館增建部分
4-9.24新加坡國家博物館舊建築背向增建新梯

4-9.27新加坡國家博物館舊建築中央走廊

小型藝文空間，主要作為特展之用。相對於原建築中的新加坡生活相關的常設展，顯得更有彈性。由於增建部分面對福康寧公園，因此也可以被視為是另一向的新立面。整體而言，新加坡國家博物館新舊建築之間的空間在建築師的再利用設計策略下，呈現出很大的變化與空間趣味性，在2007年獲頒新加坡建築遺產獎。

京都
文化博物館

日本銀行京都支店的發展始自於1894年（明治27年），現有建築興建於1903年（明治36年）9月，1906年（明治39年）6月竣工，建築師為辰野金吾與長野宇平治。整棟建築主要為磚造，高

4-10.2京都文化博物館外貌

兩層，木構架屋頂。營業廳部分應用了獨立柱，上承I字型鋼樑，為當時最先進的建築之一。外部裝飾以古典語彙及橫飾帶，為標準的「辰野風格」。1911年（明治44年）6月從日本銀行京都出張所改名為京都支店。1965年（昭和40年）10月，日本銀行京都支店搬遷至新址；1967年（昭和42年）4月此建物成為財團法人古代學協會所有。1968年（昭和43年）5月平安博物館在此開館，1969年（昭和44年）3月被指定為國家重要文化財。

1986年（昭和61年），在「京都府文化懇談會」的建言下，京都府京都文化博物館開始被催生，以作為平安建都1200年的紀念建設。在這個設計中，原有的日本銀行京都

原日本銀行京都支店

類　　型：新舊共容

設計層級：歷史成長

整體再利用設計策略：部分改變

部分改變設計策略：側部

新舊共存手法：對立

4-10.1京都文化博物館別館立面細部

支店被定位為新博物館的別館，新的博物館位於其北側，鋼筋混凝土造，樓高地上7層地下1層，以一個中庭與別館相連，主入口也改由新建築出入。1986年（昭和61年）3月，新博物館大體設計完成，1986年（昭和61年）10月開工，1988年（昭和63年）9月竣工，同年10月開館。別館以嚴謹的復原層級進行修復工作，也於1986年（昭和61年）4月開始整修；1988年（昭和63年）10月，別館正式開幕。原有銀行的營業大廳改為別館的大廳，原有的文書課室改為「和座百眾」（服飾小物及和洋雜貨販賣），原有的所長室及高等應接室都改成小型藝廊。整個再利用新舊工程總經費為82億1000萬日幣。2005年（平

4-10.3京都文化博物館別館三條通外貌

4-10.4京都文化博物館別館室內

4-10.5京都文化博物館別館入口

4-10.6京都文化博物館別館立面細部

4-10.7京都文化博物館別館立面細部

4-10.8京都文化博物館外貌

4-10.9京都文化博物館新舊接合處

4-10.11京都文化博物館新
舊建築接合處庭園

4-10.12京都文化博物館新
館室內仿古商店

4-10.10京都文化博物館新舊建築接合處牆面細部

4-10.13京都文化博物館新館大廳

成17年）5月曾再次進行部分整修工作。

　　在新建築的部分，設計者很明顯地應用了構成術
（architectonics）的觀念與態度，以求取新舊建築之間的
關係。由於京都是一個歷史名城如何在舊城中興建一棟新
建築就格外受人注目。基本上，原有建築的屋簷與白色水
平飾帶成為新建築的一種參考線，由直接延續漸次過渡到
更簡單的牆面。雖然在新建築的灰色調石材表面與舊建築
的紅磚有著非常明顯的對比，但是藉由水平線的處理，新
舊建築間的關係被加以建立起來。在新館與別館中，另外
以一個庭園相隔，作為一種中央過渡空間，也有廊道相
通。另外，原有位於庭園的金庫則再利用為餐廳，但保存

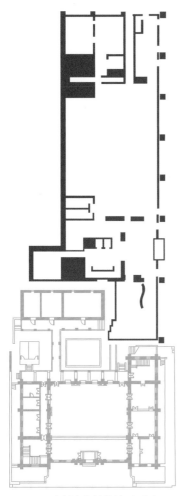

4-10.14京都文化博物館平面圖

4-10.15京都文化博物館新館室內展示-京都傳統建築
營建過程
4-10.16京都文化博物館新館室內展示-京都傳統街屋

4-10.17京都文化博物館新館原金庫再利用為餐廳
4-10.18京都文化博物館新館餐廳內部

有原金庫大門。新建築內部基本上
是現代博物館的設計，以圖說、模
型及先進的多媒體，展示京都的發
展與歷史。不過在地面層臨街部分
則又以復古的方式重塑了京都的傳
統市街，以作為賣店的空間，成為
另一種空間氛圍。

京都東本願寺
北側中庭

　　京都有東西兩大本願寺，二者本為一體。
1602年，幕府將軍德川家康因為認為本願寺的
勢力日益龐大，對他將是一個威脅，於是在本願
寺（今西本願寺）之東面建一座新的本願寺，即
為現今之東本願寺。東本願寺正式的名稱為「真
宗本廟」，也叫「真宗大谷派本山」。在江戶時
期，東本寺願曾遭大火侵襲，嚴重破壞，到了明
治時期才又重建，御影堂門、御影堂及阿彌陀堂
都是日本重要的文化遺產。御影堂是1895年重
建，為世界上最大的木結構建築之一，堂內供奉

4-11.1京都東本願寺入口御影堂門
4-11.2京都東本願寺入口御影堂門

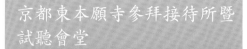

京都東本願寺參拜接待所暨
試聽會堂

類　　型：新舊共容

設計層級：歷史成長

整體再利用設計策略：部分改變

部分改變設計策略：下部

新舊共存手法：對立

4-11.3京都東本願寺視聽會堂入口坡道
4-11.4京都東本願寺視聽會堂外緣月輪天窗

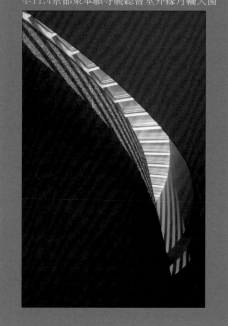

4-11.5京都東本願寺御影堂

4-11.6京都東本願寺全區鳥瞰透視圖
4-11.7京都東本願寺全區鳥瞰透視圖局部

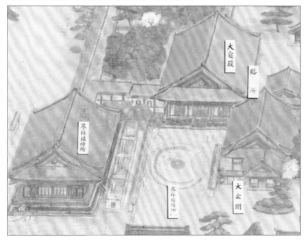

著親鸞聖人的御真影（木雕像），聖人雕像兩側懸掛著歷代主持的畫像。阿彌陀堂也是1895年重建，以阿彌陀如來為本尊，正前方右側供奉著被親鸞聖人稱頌為日本佛教之祖的聖德太子像，左側供奉的是向親鸞聖人傳授本願法門的法然上人像。御影堂門重建於1911年，是京都三大山門之一，也稱為正門，門樓上懸掛著「真宗本廟」的廟匾，門樓上供奉著釋迦三尊像（釋迦如來、阿難尊者、彌勒菩薩），再現了真宗《佛說無量壽經》中釋尊（佛陀）向阿難尊者及彌勒菩薩說法的情形。

　　歷經四百多年發展的東本願寺，是一個由眾多建築組成的建築群體。除了上述的御影門、御影堂及阿彌陀堂外，還有大寢殿、大玄關、鐘樓、造合廊下、二筋廊下、阿彌陀堂門、菊之門、玄關門、阿彌陀堂門南側築地塀、御影堂門南側築地塀、御影堂門北側築地塀、菊之門北側築地塀、玄關門北側築地塀等建物被指定為文化遺產。然而也因為多數建築具有法定文化遺產的身分，新的設施在興建上受到部分限制。1990年代，東本願寺深感缺乏一個可以供較多人聚會的室內講堂，也缺乏一個可以展示寺院歷史及文物的場所，於是利用「蓮如上人五百回御遠忌紀念事業的名義，將寺院北側的部分房舍拆除，改建為一個地下講堂及展示空間，1998年完工。

4-11.8京都東本願寺參拜接待所暨視聽會堂頂部　　　4-11.9京都東本願寺參拜接待所暨視聽會堂頂部

4-11.10京都東本願寺參拜接待所暨視聽會堂模型　　　4-11.11京都東本願寺參拜接待所與舊建築交接處

4-11.13京都東本願寺參拜接待所一樓展示空間

4-11.12京都東本願寺視聽會堂地下二層平面圖

4-11.14京都東本願寺視聽會堂入口
階梯

4-11.15京都東本願寺視聽會堂入口
坡道

4-11.16京都東本願寺視聽會堂入口
坡道

4-11.17京都東本願寺視聽會堂入口坡道　　　　4-11.18京都東本願寺視聽會堂夾層休息室

　　由於東本願寺現有的建築已占滿了整個腹地，要置入一座明顯的建築量體是不太可能地事。建築師高松伸的基本態度是如果因為腹地不夠於地上興建新建築，往地下發展是一個必要的過程。隱藏於地下的大量體，對於原有寺院基本上不會有太大的衝擊，而部分新建築與舊建築相接的部分，則是以較為透明或中性的材料。從舊建築轉折進入新建築本身就是一種空間體驗，新建築中經由一座坡道可以緩緩走到位於地下二層及三層的視聽會堂。視聽會堂前廳間有一道「月輪」形的天窗，將前廳與會堂區隔開來，前廳經由此月輪和另一道長條形的天窗可納入從上而下的充足光線，可以供參訪者休息，也可舉辦小型展覽。視聽會堂內部裝修以大量地木材，展現了日本傳統的木質美學，也使室內格外的有溫暖感。為了與「月輪」相呼應，會堂天花上也留設一個「日輪形天窗，在必要時可以開啟，讓自然光線射入會堂；日月互映，有深層的宗教意涵。長久以來，京都許多歷史悠久的寺院都有空間發展受到限制的困境，身

4-11.19京都東本願寺視聽會堂夾層休息室底部
4-11.20京都東本願寺視聽會堂入口坡道

4-11.22京都東本願寺視聽會堂前廳

4-11.21京都東本願寺視聽會堂前廳

為國寶的東本願寺在面對歷史態度上的轉變，以再利用設計手法，在地下創造了將近3500平方公尺的新空間，相信對不少寺院都會成為一種啟發。除了新設施外，2004年3月起，東本願寺也開始御影堂修復工程，歷經五年，於2009年8月竣工。新舊並陳的空間，讓京都東本願寺面對未來更具有競爭力。

4-11.23京都東本願寺視聽會堂內部

4-11.24京都東本願寺地下講堂內部日輪天窗

4-11.25京都東本願寺視聽會堂內部

4-11.26京都東本願寺視聽會堂內部
4-11.27京都東本願寺視聽會堂內部

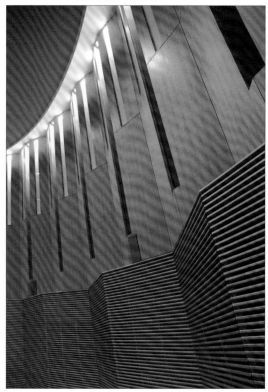

馬爾默
現代美術館

馬爾默（Malmö）是瑞典第三大城，位於南部，屬於斯堪尼亞省（Scania），有悠久的歷史，也是一個古老的工業城。2000年7月1日，橫跨丹麥哥本哈根到馬爾默間松德海峽（Øresund Bridge）的跨海大橋完成，縮短了兩個城市的距離，也使城市交流更加頻繁。馬爾默一直是瑞典文化與藝術重鎮，許多相關團體都以此為基地。馬爾默現代美術館（Moderna Museet Malmö）開幕於2009年，是瑞典國家現代美術館群成員的一分子，但擁有獨立的展覽計畫。馬爾默現代美術館所在的建築，原為建築師約翰史梅德柏格（John Smedberg）設計，興建於1901年

4-12.1馬爾默現代美術館外貌
4-12.2馬爾默現代美術館外貌

馬爾默電廠

類　　　型：新舊共容
設計層級：歷史成長
整體再利用設計策略：部分改變
部分改變設計策略：內部＋外部
新舊共存手法：對立

4-12.3馬爾默現代美術館原磚造建築細部
4-12.4馬爾默現代美術館新增建

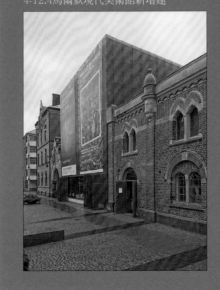

4-12.5馬爾默現代美術館原磚造建築細部

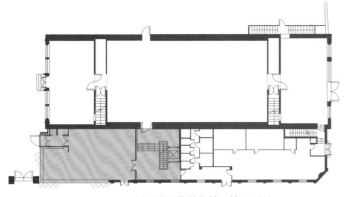

4-12.6馬爾默現代美術館一樓平面圖

4-12.7馬爾默現代美術館新增建
4-12.8馬爾默現代美術館新增建

的一棟發電廠。這座電廠為馬爾默提供了近一百年無慮的供電。停止電廠機能後，在1998年至2006年間，這裡成為一處當代藝術中心，由瑞典藝術收藏家和金融家菲特力克羅斯（Fredrik Roos）創辦，稱為羅斯館（Rooseum）。2006年因財務問題，羅斯館大量的展品被拍賣，中心被迫關閉，但隨即進行再利用改造，由薩姆與維德格德聯合建築師事務所（Tham & Videgård Arkitekter）負責，不但改造了原有的空間，也增建了一處空間。

4-12.11馬爾默現代美術館新增建
4-12.12馬爾默現代美術館新增建

4-12.9馬爾默現代美術館新增建
4-12.10馬爾默現代美術館新增建細部

4-12.13馬爾默現代美術館新增建
4-12.14馬爾默現代美術館新增建細部

　　對於建築師來說，這是馬爾默一次很難得的機會可以用一座新的美術館，一處具有公共性的文化設施來創造城市中的新結點，並在所

處的社區中取得一種都市平衡點。另一方面，將一棟帶有非正式且實驗性質二十世紀初的工業建築改造成一座新的美術館，也是與瑞典許多正式的大美術館形成一種互補作用。當然，此案例一開始面臨著許多挑戰，除了從初步設計到完成，只有十八個月外，還包括必須滿足現有氣候與安全性的需求，以便得以在一座磚造廠房內創造出國際上最高品質的藝術展示空間。為此，建築師很快的提出在原有建築中置入新建築的概念，這個以新增建置入舊軀殼的作法不僅是設計上的挑戰，更是對歷史提供一種新意的機會。對馬爾默這座有歷史深度的城市來說，本身也是一種挑戰。

從外觀來看，馬爾默現代美術館新的增建很清楚的告訴訪客，這裡是新博物館的起始，它是新的入口。此增建有沖孔板的立面及鮮明的橘色連繫了兩側既有的磚造建築，更在原有的鄰里環境中引介了一項嶄新的元素。兩側磚造建築的個性並不一致，一邊是一個大的拱門，另一邊是細緻的磚與石材線腳組成的立面，屋簷裝飾以連續小盲拱。沖孔表面讓立面有了視覺深度，也創造了富動感的陰影。地面層是完全裝設防曬玻璃，所以可以隔離光線。在面對環境的涵構中，新增建的尺度是經過特別考量的。從遠處觀之，它只是周圍環境中

4-12.15馬爾默現代美術館新增建入口
4-12.16馬爾默現代美術館新增建接待空間

4-12.17馬爾默現代美術館新增建咖啡廳
4-12.18馬爾默現代美術館大渦輪室前廳

4-12.19馬爾默現代美術館置物櫃區
4-12.20馬爾默現代美術館置物櫃區

4-12.21馬爾默現代美術館廁所

的一個可以識別的量體，但是當人靠近它到某一個距離，它本身的細部就逐一浮現，清晰可見。新增建內部是接待空間，也有一間咖啡廳及一個新的上層藝廊，顏色與材質完全延續室外的表現，也是橘色及金屬質感，更為新的美術館添增十足的藝術美感。

在美術館室內，空間是重新組構過。由新的接待空間，訪客可以通過一個前廳前往由大渦輪室改造的大展覽室，或是前往完全以黃色調作為主題的個人置物櫃區與廁所。每一座個人置物櫃上有印著一位當代著名藝術家的名字，打開置物櫃後，門後則是印著此位藝術家所說，關於藝術的一段話，設計者的用心與巧思，讓本來只是次要服務性的空間，有了許多想像性與藝術性，因為許多訪客總是希望將他個人之物，存放於印有心儀藝術家名字之櫥櫃中。由前廳進入展覽空間後，美術館不管是大渦輪室或是上層的畫廊基本上是一系列的白色盒子，提供策展人與參展藝術家不同選擇的機會。渦輪室則是高達11公尺的大型空間，兩座新設的樓梯讓訪客可以順暢的在由原有的渦輪室改造的大展廳與上層的展示空間游動。兩座樓梯是封圍於兩道牆內，因而在渦輪室區隔出三個獨立的空間，除了主要展覽空間外，還有一處兒童畫室與一處卸貨空間，必要時後者也可作為展示

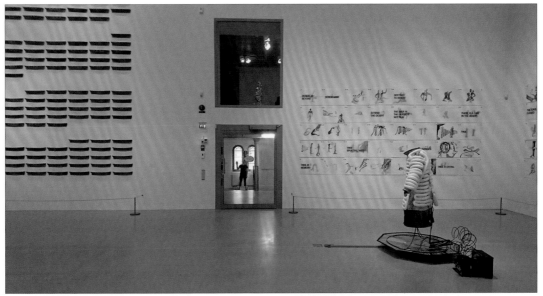

4-12.22馬爾默現代美術館大渦輪室展覽空間

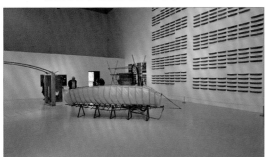

4-12.23馬爾默現代美術館大渦輪室展覽空間
4-12.24馬爾默現代美術館大渦輪室展覽空間

4-12.25馬爾默現代美術館二樓展覽空間
4-12.26馬爾默現代美術館二樓展覽空間

4-12.27馬爾默現代美術館二樓展覽空間

空間使用。整體而言，馬爾默現代美術館是
一座規模不大的再利用案例，精準的表現了
新舊共容的辯證美學。

倫敦國王十字車站

倫敦國王十字車站（King's Cross Railway Station）是英國鐵路幹線東海岸主線（East Coast Main Line）的南端終點站，與通往歐洲大陸之歐洲之星停靠的聖潘可拉斯車站（St Pancras）相鄰，設計者是路易庫比特（Lewis Cubitt）。

倫敦國王十字車站

類　　　型：新舊共容
設計層級：歷史成長
整體再利用設計策略：部分改變
部分改變設計策略：側部
新舊共存手法：對立

4-13.1倫敦國王十字車站新旅客大廳內部
結構細部

國王十字車站於1852年10月啟用時，它是當時英國最大的車站。此車站完工時包含兩大部分，北側為鐵道上方的兩個拱形頂棚，南側為有一座高34公尺鐘塔的磚造建築，其立面的兩個大拱圈忠實的反映了北側的拱形頂棚。整座車站縱深長達250公尺，據說設計時參考了莫斯科賽馬學院180公尺縱深的建築，但在尺度上超越了它。雖然車站的月台曾隨著鐵道公司的變革有所調整，但車站的外貌一直沒更動。直到1972年，英國鐵道公司在正立面進行擴建。雖然這個建築是臨時建築，但是卻破壞了這座被列為一級遺產建築的外觀。

2005年，英國鐵道網公司（Network Rail）宣布對國王十字車站進行一個五億英鎊的修復改造計畫，這個計畫在2007年11月9日由卡麥登倫敦區議會（Camden London Borough Council）批准。此修復計畫將把車站鐵道上方的拱形屋頂重新裝設天窗，並把1972年於車站前方增建的部分拆除，改造成一個露天廣場。在車站西邊，大北方酒店後邊，將拆除一些附屬建築，建設一個半圓形的旅客大廳，以取代1972年臨時建築、購物區、東海岸國家快速列車公司的售票處，提供更方便的城際列車和市郊列車間的換乘。此修復計畫也聖潘可拉斯車站的整建以及周邊全面改造的「國王十字中心計畫」（King's Cross redevelopment）相互配合，在兩個車站的鐵道之間和後面建設近2000個新的住宅，逾480000平方公尺的辦公室和新的道路。由於車站的修復改造成功的帶動了周圍地區

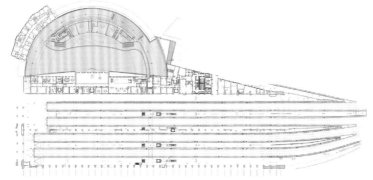

4-13.2倫敦國王十字車站修復後新舊建築關係圖

4-13.3倫敦國王十字車站原貌

4-13.4倫敦國王十字車站與聖潘可拉斯車站(右)

4-13.6倫敦國王十字車站新旅客大廳外貌

4-13.5倫敦國王十字車站新旅客大廳與原車站本體連接

4-13.7倫敦國王十字車站新旅客大廳外貌

4-13.8倫敦國王十字車站新旅客大廳外貌　　　4-13.9倫敦國王十字車站新旅客大廳外貌

4-13.10倫敦國王十字車站新旅客大廳內部　　　4-13.11倫敦國王十字車站新旅客大廳內部

4-13.12倫敦國王十字車站新旅客大廳內部　　　4-13.13倫敦國王十字車站新旅客大廳內部

4-13.14倫敦國王十字車站新旅客大廳內部　　　4-13.15倫敦國王十字車站新旅客大廳內部

的復甦，因此在2013年獲頒歐盟文化遺產歐洲諾斯達獎（European Union Prize for Cultural Heritage / Europa Nostra Award）。

倫敦國王十字車站這項受世界注目的修復改造計畫是由約翰麥雅斯蘭建築師事務所負責設計（John McAslan ＋ Partners），代表的是二十一世紀倫敦在場所形塑（place-making）上很令人震撼的一個案例。在許多人看到的計畫中，焦點自然而然地落在歐洲最大單一跨度車站構造物的西側旅客大廳（Western Concourse），然而整個計畫的複雜度實在超乎想像，牽涉到非常多問題的整合與合作，才能與聖潘可拉斯車站及地鐵共創一個新世紀的國際鐵路轉運中心，也修復強化了1852年的車站本體。西側旅客大廳在2012年3月開始啟用，不但成為車站的新入口，也解決了日益增加的旅客人流，並幫助整合了國際線、城際線、郊區線與地下鐵的動線。由奧雅納工程公司（ARUP）負責結構設計的半圓形的建築半徑約為54公尺，使用了超過2500塊的三角形屋面板，其中半數為透明的玻璃。緊鄰著原有車站的西棟的新構造物是一個結構獨立的建築，由一個位於圓心的白色鋼構物像樹幹般往上昇起後往圓周幅射而成，所以在廣大的空間中不需要任何其它支撐。屋頂這種斜格系統（diagrid）與大英博物館的大中庭屋面相似。然而在此建築中，結構的精準度與美學考量配合的天衣無縫，完全看不到任何鉚接之處。參與計畫的工程師曾以「火柴棒頭」來形容此一構造物，因為支撐地面上

4-13.16倫敦國王十字車站新旅客大廳內部
4-13.17倫敦國王十字車站新旅客大廳內部二樓夾層

4-13.18倫敦國王十字車站新旅客大廳內部二樓夾層
4-13.19倫敦國王十字車站新旅客大廳內部二樓夾層

4-13.20倫敦國王十字車站新旅客大廳內部結構細部

4-13.21倫敦國王十字車站新旅客大廳內部結構細部　　4-13.22倫敦國王十字車站新旅客大廳內部結構細部
4-13.23倫敦國王十字車站新旅客大廳內部結構細部　　4-13.24倫敦國王十字車站新旅客大廳內部結構細部

4-13.25倫敦國王十字車站新旅客大廳內部結構細部

這座優美建築的鋼樁是深入到地下50公尺，宛若一根火柴棒被埋在土裡，只冒出上部與頂部。使用鋼鐵與玻璃作為主要的表現一直是英國維多利亞時期以來的一個傳統，在1851年的水晶宮與各地的車站及溫室都可看見。在此建築中大膽的使用金屬屋頂再度的證明了英國人對於工業革命的力量與其帶來的成果是充滿自信的。

為了管制人流，旅客大廳只是一處出發的空間，就像機場的出境大廳一樣，它取代了1972年遮蔽車站立面的增建。在地面層，旅客只能單向的前往月台區，或者乘坐電扶梯前往二樓的商業區，再由此可通往一座跨越月台區的行人天橋，旅客可由此天橋往下抵達火車的月台。這種空間與動線的思考，解決了過去在旅客大廳前往不同目的旅客交錯複雜的動線，更創造了更寬廣及舒適的空間。這個花費鉅資的修復改造計畫在面對每年有近4700萬名旅客時，考慮的不足是如何讓人流加速，也考慮如何讓旅客更放鬆。因此在大廳中加置了二樓夾層，設有餐飲及商業設施，也讓想停留消費的人可以避開大廳內人潮的喧囂，對於那些等長途夜車的旅客而言，這真是一種恩惠。

整體而言，國王十字車站的修復改造計畫牽涉到三個層面的設計：再利用、修復與新建。1852年的月台頂棚、車站本體與西棟大樓是被再利用與修復，原有的立面重現於大家眼前。在修復完之後，深250公尺、寬65公尺、高22公尺的月台頂棚因為更換了部

4-13.26倫敦國王十字車站月台區
4-13.27倫敦國王十字車站月台區

分採光玻璃，顯得更明亮耀眼。頂棚上的太陽能板將可生產車站百分之十到二十的能源需求。前述的西側旅客大廳屬於新建，亦可視為自原建築增建，是整體計畫的核心，也是靈魂。趕在倫敦奧運開幕前，國王十字車站於2012年3月以新的風貌重新營運，馬上成為城市中標誌性建築，建築師約翰麥雅斯蘭也非常有自信的說，這是世界上最好的車站，他的自信也透露了在設計之初的建築野心，希望為車站所在之區，創造一個帶動再生的觸媒。當然，為了讓旅客（或訪客）有一點趣味性，國

王十字車站在旅客大廳內設置了一處根據哈利波特電影場景中的九又四分之三月台複製的牆面，牆面還嵌著半台行李推車，這裡是通往霍格華茲魔法學校的秘密入口。雖然這裡並不是真正的月台區，但每天卻也吸引許多人來拍照。將原有該位於月台的場景複製於1852年興建的建築一道牆上，也許會讓熟悉電影或小說情節的人感到失望，但卻可防止無票的人無端的闖入月台區，更可避免熱情的旅客用閃光燈對著月台拍照，讓強光影響了入站列車司機的視線。

國王十字車站的脫胎換骨在原有十九世紀中葉的車站建築與二十一世紀的建築間，創造了一個非常顯著的對話，也展現了英國基礎設施設計的策略性改變與新能量。新與舊既對立又和諧的關係，創造了一處新的現代交通匯集中心，更活化了一處在英國交通史上最重要的鐵道紀念物。

4-13.28倫敦國王十字車站新旅客大廳二樓夾層往月台通道
4-13.29倫敦國王十字車站月台出口閘口

4-13.30倫敦國王十字車站新旅客大廳往月台閘口
4-13.32倫敦國王十字車站新旅客大廳九又四分之三月台

4-13.31倫敦國王十字車站月台區天橋

上海1933老場坊

上海1933老場坊是這幾年上海繼新天地之後，引起最多話題的一處老建築再利用的創意空間。它的前身是「上海英國工部局宰牲場」，設於公共租界區，由英國建築師巴爾福（Balfours）所設計，余洪記營造廠承建，落成於1933年，外立面採由英國進口的花格窗處理，由數種不同形狀的幾何形體小單元重複組構而成，鏤空的設計，在當時可以保持空氣的流通。主要開窗面向西面，也有物理環境的考量，柱列也是幾何圖案，帶有藝術裝飾（Art Deco）風格的特質。這個屠宰場的

新Ave

上海英國工部局宰牲場

類　　型：新舊共容
設計層級：歷史軀殼
整體再利用設計策略：部分改變
部分改變設計策略：內部
新舊共存手法：對立

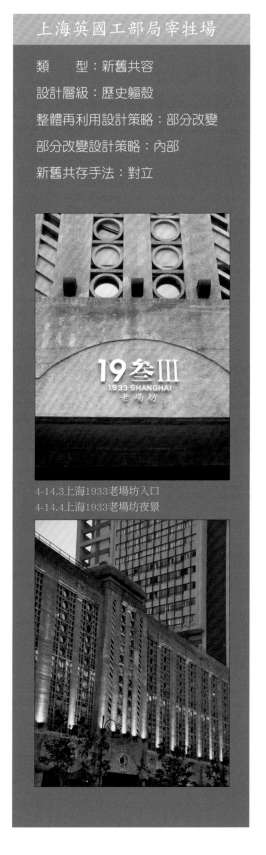

4-14.3上海1933老場坊入口
4-14.4上海1933老場坊夜景

4-14.1上海1933老場坊外貌
4-14.2上海1933老場坊柱頭細部

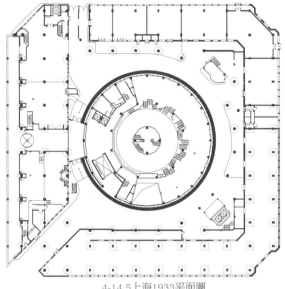

4-14.5上海1933平面圖
4-14.6上海1933平面圖

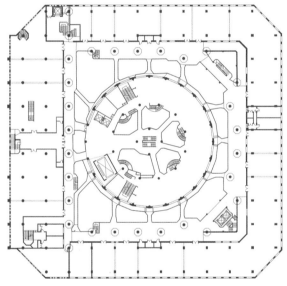

4-14.7上海1933中央圓空間地面層

規模，據說在當時是世界排第三、亞洲最大的肉食屠宰廠，而被稱為「遠東第一屠宰場」。在其鼎盛時期，同時有2000名工人在工作，每天平均宰殺的牲畜量可達13800頭，其中以牛隻為最大宗。

1945年，此屠宰場改由上海社會局接管。1951年，名稱改為「上海市營宰牲場」，1953年再改名為「中國食品出口公司上海宰牲場」。1969年，這個宰牲場曾作為東風肉類加工廠、上海長生食品廠、上海肉類食品廠、上海市食品研究所及上海食品綜合機械廠的空間，1970年改為上海長城生化製藥廠，直至2002年才完全停用。此時正逢上海市在推動創意產業，此建築也順著這股潮流進行再利用，在2007年展開修復工程，有不少商家進駐，於2009年陸續啟用，2010年4月成為上海創意產業「示範集聚區」，稱為上海1933老場坊。

就建築表現而言，1933年興建的這座屠宰場，可以說是把現代建築鋼筋混凝土的可塑性特質發揮的淋漓盡致。在空間規制方面，上海1933老場坊是由一個接近正方形的外層空間加上內部圓形空間組成，正方形四個角落都有面寬甚小的斜切角，使外貌有八角形的特徵。內部圓形空間一樓至三樓為昔日屠宰場的工坊，三層間有X形的樓梯和螺旋梯。螺旋梯弧度很大是因為當時中心圓空間是宰殺牲畜之處，而牲畜往往驚慌失措狂亂奔跑，為了避免宰殺工人受到驚嚇牲畜的傷害，才設

4-14.8上海1933老場坊中央圓空間
4-14.10上海1933老場坊中央圓空間螺旋梯

4-14.9上海1933老場坊中央圓空間
4-14.11上海1933老場坊中央圓空間

置這樣的螺旋梯供工人在必要時可以逃生。目前這個圓形空間匯集了不同公司,特別是設計或藝術相關者,也經常有各種活動的舉辦,可以說是1933老場坊的核心空間。中央圓空間的最頂層四樓,為一個占地超過1500平方公尺的透明玻璃地板大空間,樓高8公尺,中央為懸空的舞台,面積有600平方公尺,是舉辦各種大型活動的最佳場所,而鋼架屋頂結構與玻璃樓板所呈現出來的工業化美學和質感與粗獷的鋼筋混凝土形成了一個強烈的對比,也充分的展露了新舊空間與元素的辯證性。

外層方形空間與內部圓形空間之間,由數不清的天橋、坡道及螺旋樓梯連接,不同的元素尺度差異很大,整個空間宛若是一座上下縱橫交錯的大迷宮。其中坡道被稱為「牛道」,是上海1933老場坊的主要建築特色之一,實際上這些坡道曾是牲畜們擁向主樓屠宰室的最後途徑。事實上,這些牛道反映了當時這個屠宰場在生產流程與工作方法上已經跟國際接軌,採行的是人畜分離的制度,更是機能主義的例證。由於牛道上會以水清洗,為了防滑,地面是處理以粗獷的表面,不但與整體的清水混凝土十分搭配,而且也多了幾分質感。雖然設計者在處理這些錯綜複雜的坡道、天橋與樓梯時的原始動機應該不是為了創造空間的趣味性,而是為了人畜行徑的分流,不過卻也真的創造了一種

4-14.12上海1933老場坊中央圓空間外貌
4-14.13上海1933老場坊中央圓空間空中舞台玻璃樓板

4-14.15上海1933老場坊中央圓空間空中舞台全貌
4-14.16上海1933老場坊中央圓空間空中舞台屋頂

4-14.14上海1933老場坊中央圓空間空中舞台下方結構

令人嘆為觀止的空間幻象，從某些角度看來，倒也與新古典主義時期皮拉尼西（Giovanni Battista Piraneesi）所繪的一系列「監獄」的室內空間十分神似。

　　至於在外層方型空間方面，目前已經逐漸進駐不同的藝術空間、時尚名店、俱樂部、教育機構、餐飲業及酒吧，部分還會闢作廣告、設計、公關的辦公室。這些商店中，不乏國際精品與連鎖企業，如以上海菜聞名中外的高檔餐廳「蘇浙匯」，也專程請到荷蘭設計師為其在1933的分店，營造出視覺充滿撞擊感，氣氛卻雅致的用餐空間；巴

4-14.17上海1933老場坊天橋

4-14.18上海1933老場坊天橋

4-14.21上海1933老場坊天橋

4-14.22上海1933老場坊天橋

4-14.19上海1933老場坊天橋

4-14.20上海1933老場坊天橋牛道

4-14.23上海1933老場坊天橋牛道

黎有名的百年烘培坊「Paul」，也入駐1933，許多世界級葡萄酒的葡樂閣（GLOBUS Wine Lounge）酒坊及「雪茄客」上海俱樂部都沒在1933老場坊缺席。另外，2009年4月底開幕的「狠牛創作麵館」（Noodle Bull），也曾經引發很多的討論。有作家就指出在曾經是亞洲最大的屠宰場中開設牛肉麵館，除了餐飲的機能之外，「還多出了類似教堂或紀念碑的性質，以求達到一種真正對牛的「消解」（肉體上的消費和歷史上的理解），膾炙出牛的集體圖像。」當然，為了滿足當地居民的需求，1933老場坊也會在外層的空間定期舉辦跳蚤市場，使更多人能夠參與到此建築再利用後的活動。

　　整體而言，1933老場坊在修復過程，因為要保留原風貌，所以在再利用設計上對於空間採取比較小的干預，所有的空間基本上都保留下來。不過因為空間特殊，而且過去的機能也具有話題性，因此吸引了很多的活動，利用彼此的知名度聚焦。至今已舉辦過法拉利F1派對、雷達表50週年慶、第三屆上海國際創意週、丹麥創意時尚展、保時捷60週年紀念活動、可口可樂新產品發表會及賓士新車發表會等，成功的成為上海著名的創意空間，也達成永續經營的可能性。

4-14.24上海1933老場坊蘇浙匯餐廳
4-14.25上海1933老場坊外層空間

4-14.26上海1933老場坊狠牛麵館

4-14.27上海1933老場坊跳蚤市場

上海新天地

隨著房地產的開發與計畫經濟的好轉，中國各地城市的發展速度非常的快，也直接或間接的摧毀與拆除不少不去遺留下來的建築遺產。在過去，上海最有名的民間建築就是石庫門住宅，這種住宅雖興起於十九世紀60年代，不過仍是保留至今最重要的中西合璧式建築。早期大多的石庫門住宅不但被設計模仿西方連棟住宅，空間格局卻又沿襲江南傳統民居。從大門進去是天井，天井後為客廳（客堂），之後又是天井，後天井後又是廚房和後門。房子有二、三層樓高，天井和客堂兩側分別為左右廂房，廚房之上為亭子間，再上面為陽台。晚期的石庫門住宅在1910年代以後，由於比較注重公共衛生，因此在通風採光上得以解決使得空間略有變化，也更多樣。由於這類住宅的正大門以厚實花崗石作為門框，加上兩扇有銅質吊環的門板，因而名為「石庫門」。

4-15.1上海新天地北里上海灘及Brown Suga

上海石庫門住宅

類　　型：新舊共容（都市層級）
設計層級：歷史軀殼＋歷史成長
整體再利用設計策略：部分改變
部分改變設計策略：側部＋內部
新舊共存手法：對立、聯想

4-15.2上海新天地北里石庫門舊建築
4-15.3上海新天地北里香咖繽側巷

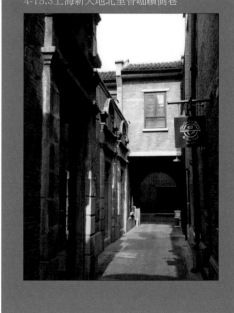

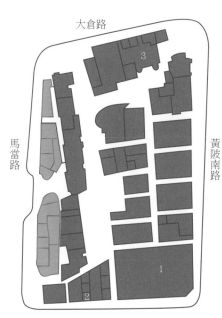

大倉路

馬當路

黃陂南路

興業路

4-15.4上海新天地全區配置圖

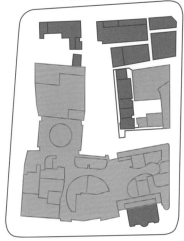

■ 新建築
■ 舊建築

1 中共一大會址
2 石庫門屋里廂
3 新天地壹號

自忠路

上海新天地是以上海獨特的晚期石庫門住宅群為基礎,以更新式保存將上海黃陂南路、自忠路、馬當路及大倉路兩個街廓改造成具國際水平的餐飲、商業、娛樂、文化的休閒步行街,分為北里與南里,以興業路為界。上海新天地是「太平橋地區舊區改造計畫」的一部分,由香港瑞安集團所開發,於1999年初開工,於2000年6月全部建成。經過整體規畫設計後,形成了由傳統石庫門建築與現代建築共構的時尚步行街,被喻為「上海市的起居室」與「觀望世界與本土,張望昨天和明天的窗口」,更在2010年上海世博期間被選為「長三角世博主題體驗之旅示範點」。

4-15.5上海新天地北里興業路入口

4-15.6上海新天地北里噴泉廣場

4-15.7上海新天地北里昌星里舊牌樓立面

4-15.8上海新天地北里樹德里舊牌樓面　　　　4-15.9中國共產黨第一次全國代表大會會址

4-15.10上海新天地北里新天地壹號　　4-15.11上海新天地北里石庫門屋里廂　　4-15.12上海新天地北里華萬義大利餐廳圓山牆

　　新天地大部分石庫門建築群主要位於黃陂南路及興業路沿街面，其中位於興業路上的一棟為中共第一次全國代表大會的會址，被認為是中共主要的誕生地，為中國的全國重點文物保護單位，也被視為中共全國愛國主義教育示範基地，內部陳列中共相關史料文獻。上海新天地的石庫門建築都只部分保留了舊建築的磚牆、屋瓦、石庫門，以形塑上海二十世紀20及30年代之感。大多數建築內部，會依照二十一世紀現代城市的需求與生活方式重新設計，成為國際畫廊。時裝店、主題餐館、咖啡酒吧等。除了新舊並存的建築外，新天地有二處原貌保存的建築。一棟為「新天地壹號」，其為二十世紀20年代所建，以原貌修復，正面有一個半圓形門廊，也應用了西洋古典愛奧尼克柱式，是新天地中保存最完整的一棟歷史建築。另一棟為「石庫門屋里廂」，其實就是石庫門博物館。透過對一棟原有的石庫門住宅重新佈置，再現二十世紀初上海人的生活型態，使訪客能了解上海的居住文化。建築內也透過圖片及文獻，展示了上海新天地從石庫門建築舊區發展成為具有歷史風貌區的演變。

4-15.13上海新天地北里石庫門屋里廂入口

4-15.14上海新天地北里石庫門屋里廂室內展示
4-15.15上海新天地北里昌星里義大利餐廳

4-15.16上海新天地北里石庫門屋里廂門廳展示
山牆
4-15.17上海新天地北里T8餐廳

　　上海新天地原始規畫的兩個街廓占地三萬平方公尺，建築面積約為六萬平方公尺。
上海新天地在開發之初，其負責人羅康瑞曾被認為是瘋了。但他認為新天地，「不是簡
單的復舊，而是更高層次上的改造。我下定決心要做的事情，一定全力以赴。」他以

3000萬元人民幣請來美國舊房改造專家本傑明伍德建築設計事務所和新加坡日建設計事務所，並邀同濟大學建築設計院為顧問。在研究了上海的舊建築後，設計團隊決定在整體規畫上保留北部地塊大部分石庫門建築，穿插部分現代建築；南部地塊則以反映時代特徵的新建築為主，配合少量石庫門建築，一條步行街串起南、北兩個「里」。經過戰亂及閒置，在設計之初，黃陂南路和馬當路

之間保留下來的石庫門已破損的面目全非。設計團隊從檔案館找到了當年由法國建築師簽名的原有圖紙，然後依原貌加以修復，並在舊建築中加了必要的現代化設施，包括地底光纖電纜和空調系統，然後注入現代化功能。

上海新天地的成功，使羅康瑞和瑞安集團聲名大震。由於風格特異，成功的吸引人群，也使周圍不斷的更新，出現不少新的

4-15.18上海新天地北里香啡繽露天咖啡座

4-15.19上海新天地北里香啡繽側巷

4-15.20上海新天地北里保羅貝香

4-15.21上海新天地北里新吉士酒樓

4-15.22上海新天地南里采蝶軒

建築，也帶動了該區的房地產價格。這個現象對於投資商及開發商是件好消息，但所有商品及房地產價格的不斷攀升，卻使得當地居民卻步，新天地於是成為「觀光客」的世界。而周圍逐漸增多的高層建築，不但干擾了新天地原有的天際線，也使得新天地的歷史氛圍受到破壞，引起很多人的關注。

4-15.23周遭環境日益增加的新建築
4-15.24周遭環境日益增加的新建築

4-15.25上海新天地南里星際餐廳

4-15.26上海新天地南里星際餐廳舊山牆
4-15.27上海新天地北里北側街廓新建建築

彰化縣地方產業交流中心

　　彰化縣地方產業交流中心係再利用自原福興鄉農會碾米廠暨穀倉。日本統治時期，受到日本殖民母國發展影響，台灣的農作經濟形態形成米、糖獨占的雙元化產業結構，兩者分別於日治後期與前期扮演著重要角色，也使得台灣農業倉庫以米穀貯藏為主的特殊現象，與米作的發展有著密切的關係。日本殖民政府在1920年首次提出獎勵補助農會設置農業倉庫的計畫，此乃肇因1918年日本內地受第一次世界大戰影響導致糧食缺乏，從台灣輸入大量米糧，造成台灣島內米穀價格上揚。台灣總督府為了平衡米作生產，於

4-16.1彰化縣地方產業交流中心原穀倉外貌
4-16.2彰化縣地方產業交流中心原穀倉外貌

福興鄉農會碾米廠暨穀倉

類　　型：新舊共容
設計層級：歷史成長
整體再利用設計策略：部分改變
部分改變設計策略：內部＋側部＋上部
新舊共存手法：對立

4-16.3彰化縣地方產業交流中心原穀倉老虎窗
4-16.4彰化縣地方產業交流中心原穀倉小型倉庫

4-16.5彰化縣地方產業交流中心原穀倉外貌　　4-16.6彰化縣地方產業交流中心原穀倉外貌
4-16.7彰化縣地方產業交流中心原穀倉外貌　　4-16.8彰化縣地方產業交流中心原穀倉南側樓梯

4-16.9彰化縣地方產業交流中心原穀倉老虎窗　　4-16.10彰化縣地方產業交流中心原穀倉老虎窗

1919年發布「米穀移出限制令」，使得米穀輸入在隔年銳減，相對的島內的米量流通增加。為了控制過多米穀在市場上流通，須有適當的貯藏空間，因而催生農業倉庫計畫，從1922年起，各地陸續興建，維持三年。福興鄉農會成立於1924年，稱為「有限責任福興信用組合」，隸屬臺中州，當時日本政府為積極生糧計畫，獎勵興建穀倉，此時因水利灌溉設施與水庫陸續完成，稻米產量大增，第一批的穀倉也在此時完成，開始收購福興地區稻穀經營穀倉，兼營碾米業務。1932年5月，信用組合事務所遷入庄役場內，隨後不斷改組更名。1949年以後，改組為臺中縣福興鄉農會，1952年正式改為彰化縣福興鄉農會。戰後，農會陸續引進美

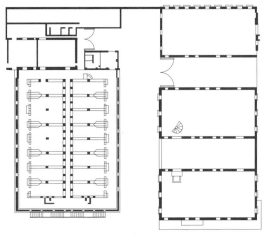

4-16.11彰化縣地方產業交流中心全區一樓平面圖

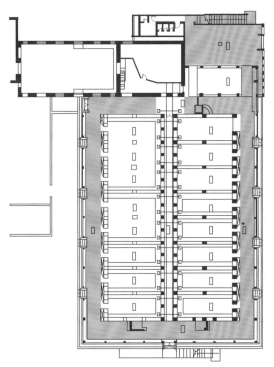

4-16.12彰化縣地方產業交流中心原穀倉一樓平面圖

式的現代化機械設施的圓桶式穀倉，傳統的農會穀倉在產業結構的變化下，大多面臨拆除或閒置的命運。福興穀倉在1996年功成身退。

原福興鄉農會碾米廠暨穀倉，見證台灣稻米加工封存的歷史，具生活與農業文化的重要意義，分為兩大部分，一為早期木造及土埆磚造碾米機房與散裝稻穀倉庫，另一為後期磚造三連棟倉庫。稻穀倉庫四周繞以走廊，中間為南北向輸送帶，壁體是土埆磚所砌。輸送帶兩側為小型散裝稻穀貯藏倉庫，東西兩列各八間。每一倉庫設有獨立倉門，牆體也是土埆磚，兩道牆相交之處，設有磚砌柱子作為結構補強元素。倉庫上為木造屋架，座落於每一個倉庫長向分隔的土埆磚牆上，每兩格穀倉上方就設有一座老虎窗，作為採光與熱空氣的散發之用，全棟計有十座老虎窗，成為此建築造型上的重要元素。在室內，倉庫地板抬高約35公分，以木樁撐起。地板本身是鋪設鐵板，其上挖設20公分見方的通氣孔，用以擺放「竹篾圓管」。這些圓管是使用細切成長條形的竹片所編成，其可幫助中間部分的稻穀得以藉由竹片編織細縫及兩端的開口，以降低溫度，避免發芽。這一部分也須借助人力觀察並在必要時加以攪動。除此之外，穀倉倉庫還有很多精密的設計。輸送帶都低於地面層，以便儲存於倉庫中的稻穀得以藉稻穀溢流孔送出。與倉庫相接的是碾米機

4-16.13彰化縣地方產業交流中心原穀倉屋頂貓道
4-16.14彰化縣地方產業交流中心原穀倉屋頂貓道

4-16.17彰化縣地方產業交流中心原穀倉中央輸送廊
4-16.18彰化縣地方產業交流中心原穀倉碾米廠

4-16.15彰化縣地方產業交流中心原穀倉外廊
4-16.16彰化縣地方產業交流中心原穀倉外廊

房（廠），樓高三層，內有傳統的碾米設施。

1999年，台灣中部發生九二一地震，福興穀倉受到嚴重的損壞，為了保存此珍貴穀倉，彰化縣政府於2003年6月將之登錄為歷史建築，並自2004年8月開始修復，翌年5月竣工，改造成為「產業交流中心」，除了扮演彰化縣產業的一個重要對外窗口外，並兼具有廣場、舞臺、商店、學校、服務五大功能，以容納許多新的文化與商業活動、創造出新的價值。再利用設計由大涵學乙設計工程有限公司、莊學能建築師事務所與石昭永建築師事務所共同負責，採取的並不是傳統的凍結式修復，而是加入新的建材，以創造新的空間，並達成新舊對話的可能性。在碾米廠暨穀倉部分，外廊以鋼材及玻璃圍塑成一到新的內廊，並鋪以連貫的木質地板，形成新又明亮的展示空間。在南北兩端則各添加一座樓梯分別通往穀倉及碾米廠上部。北側新門廳則應用了清水混凝土，穀倉中間通道的地板也加以更新，並配合燈

4-16.19彰化縣地方產業交流中心原穀倉辦公室天花

4-16.20彰化縣地方產業交流中心原三連棟外貌
4-16.21彰化縣地方產業交流中心原三連棟外貌

4-16.22彰化縣地方產業交流中心原三連棟外貌

4-16.23彰化縣地方產業交流中心原三連棟外貌

4-16.24彰化縣地方產業交流中心原三連棟室內

4-16.25彰化縣地方產業交流中心原三連棟室內

光形成一道特別的空間。在再利用過程，
碾米機房內機器設備均加以完整保存，並
搭配解說系統，以使參觀者能清楚瞭解傳
統實作碾米作業流程。至於三連棟部分，
建築師捨棄了單棟修復的方式，而是用一
座完整的鋼構屋頂，將三棟建築一起納入
其中，原有位於兩棟建築中的戶外走道，
於是成為有頂的中介空間，增加了空間使
用的彈性。而原有的三棟建築，因為空間
甚空，也被適度的加以夾層，不但增加了
空間面積，也增加了空間的趣味性。

4-16.26彰化縣地方產業交流中心原三連棟室內
4-16.27彰化縣地方產業交流中心原三連棟室內

4-16.28彰化縣地方產業交流中心原三連棟室內

台中20號倉庫

　　1990年代以後台灣鐵路運輸的沒落，致使許多鐵道沿線相關設施成為閒置空間，造成鐵路營運的危機。1997年，文建會中部辦公室委託東海大學劉舜仁及沈芷蓀建築師進行了「藝術家傳習創作及相關展示場所專案評估」研究，走訪了許多舊有鐵路相關建築，發覺鐵路倉庫兼具寬敞的空間特性、及記錄歷史軌跡的人文特性，於是提出以此為基礎，發展「鐵道藝術網絡計畫」的構想，希望透過貫穿台灣全島的鐵道，將閒置的鐵道貨運倉庫整建為藝術創作的展示場所及藝文新地標，推展地方文化特色及帶動當地藝術的活絡。為此，行政院文化建設委員會（文化部前身）也公布輔導縣市推動鐵道藝術網絡工作作業要點，希望藉由「鐵道藝術網絡計畫」，透過貫穿臺灣全島的鐵道，將閒置的鐵道貨運倉庫整建為閒置空間再利用之藝文新地標，發展地方特色，帶動文化產業及觀光事業。此計畫的預期效益有五大項：（一）串聯鐵道藝術網絡及文化行銷政策，創造各站地方特色；（二）藝術文化教

4-17.1台中20號倉庫現貌

台中火車站舊倉庫

類　　型：新舊共容
設計層級：歷史成長
整體再利用設計策略：部分改變
部分改變設計策略：內部＋側部
新舊共存手法：對立

4-17.2台中20號倉庫早期風貌
4-17.3台中20號倉庫現貌

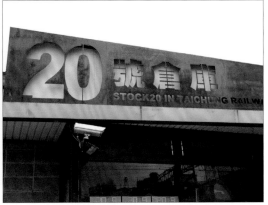

4-17.4台中20號倉庫現貌

4-17.6台中20號倉庫現貌細部

4-17.5台中20號倉庫現貌招牌

4-17.7台中20號倉庫現貌細部

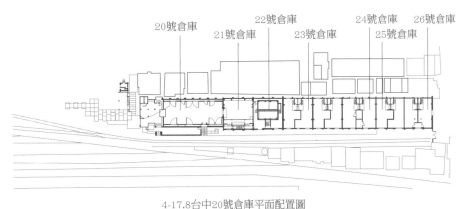

4-17.8台中20號倉庫平面配置圖

育之延伸；（三）開創地方文化產業特色，創造鐵道藝術網絡「文化」、「觀光」與「產業」經濟鏈，提升文化觀光與深度休閒品質，帶動地方商機與觀光人潮；（四）創造鐵道藝術文化與藝文新地標，建構臺灣本土文化與世界文化產業接軌的橋樑，帶動文化產業發展的目標，提升閒置空間再利用經營績效與服務品質；（五）提升新世代藝術家藝文特質與交流平臺。

4-17.9台中20號倉庫中期風貌　　4-17.10台中20號倉庫室內前廳　　　　　　　　4-17.11台中20號倉庫室內前廳

4-17.12台中20號倉庫室內展廳　　　　　　4-17.13台中20號倉庫室內展廳
4-17.14台中20號倉庫室內展廳屋架　　　　4-17.15台中20號倉庫室內展廳

　　計畫由「台中20號倉庫」開始，串聯「嘉義鐵道藝術村」、「枋寮F3藝文特區」、「臺東鐵道藝術村」、「新竹市鐵道藝術村」及「花蓮鐵道文化園區」等六處。位於台中火車站後站的「20號倉庫」扮演重要角色，最初委由姜樂靜建築師進行再利用設計，於2000年6月9日正式對外開放。「20號倉庫」其實是一個對台中火車站鐵道南側倉庫群的通稱，它還包含了

4-17.16台中20號倉庫餐廳外貌
4-17.17台中20號倉庫餐廳外貌
4-17.18台中20號倉庫餐廳室內
4-17.19台中20號倉庫餐廳細部

4-17.20台中21號倉庫外貌　　　　　4-17.21台中21號倉庫外貌

21、22、23、24、25及26號倉庫。在設計時，建築師「決定用黑白照片、素描、編織、以及無伴奏和音的手法與倉庫溝通對話；她認為「正確的使用簡樸材料的本性，可以表達豐富質感與詩意的美。」由於受限於基地與原有倉庫群的配置，建築師只能在有限的條件下，努力創造無限的可能。首先，在20號倉庫中，維持一個大空間的概念是一個基本的設計條件。就此，利用鋼構在東側架構出一個弧形的夾層以安置行政及服務空間。另外，為了在大空間形塑一個前廳，以空心磚砌出一道牆面，同樣的材質也應用於外加於倉庫主體的玻璃盒

4-17.22台中22號倉庫外貌

4-17.23台中22號倉庫外貌

4-17.24台中22號倉庫瞭望台細部

4-17.25台中22號倉庫瞭望台細部

子。此玻璃盒子原來企圖以鋼構略為懸挑形成一個有趣的且有漂浮感的量體，在舊倉庫建築中添增一份現代感。然因部分西曬問題，也在過程中加置過水平遮陽板。此倉庫群另一處比較創新的空間乃是22倉庫，此倉庫因為原屋頂已嚴重坍毀，因此建築師改以新建材施作了屋頂，同時也以鋼材搭建了一座樓梯與瞭望台，頗有在舊倉庫群中求取畫龍點睛之效。其餘倉庫，除了簡單的修繕之外，基本上維持原貌。在機能上，20倉庫是主展覽空間，其餘則作為藝術家的創作工作室。

　　台中20號倉庫，是台灣第一個獲得公部門完整的整修資源，透過再利用設計，改造舊建築進而活化之閒置空間。在多年的經營歷程中，從廢棄的倉儲空間，再利用成類似藝術村的新意象，曾經成為中部地區重要的當代藝術展演平臺，目前由文化部文化資產管理局管轄。除了定期的主題展外，也結合社區在地性文化資源，與藝術家共同進行場域環境的改造。2016年6月23日，20倉庫群與新民街倉庫群及台鐵宿舍群，被以「台中火車站附屬設施及建築群」名義，登錄為歷史建築，獲得法定文化遺產身分。2017年台中市區鐵路高架化正式完工，身處高架鐵路巨大柱墩之後的20號倉庫群及一座被彩繪的舊水塔，是否能再度變身轉型，也值得關注。

4-17.26台中23號倉庫外貌

4-17.27台中25號倉庫外貌

4-17.29台中24號倉庫外貌

4-17.30台中20號倉庫群舊水塔

4-17.28台中25號倉庫外貌

台北國立台灣博物館土銀展示館

國立台灣博物館土銀展示館位於原日本勸業銀行台北支店。「勸業」在日文中乃是提倡實業，獎勵產業。勸業銀行在台營業，乃是為了促進台灣農、漁等事業之發展，有助於日本之殖民事業。為了推廣台灣殖民地的業務，日本勸業銀行於1905年，與台灣銀行訂定代理店契約，委託台灣銀行代理其在台業務，為勸業銀行系統經營台灣金融市場之始。1923年，台灣金融受到不景氣的影響，台灣銀行之業務出現一些問題，勸

4-18.1台北台灣博物館土銀展示館外貌
4-18.2台北台灣博物館土銀展示館外貌

日本勸業銀行台北支店

類　　型：新舊共容
設計層級：歷史成長
整體再利用設計策略：部分改變
部分改變設計策略：內部＋後部
新舊共存手法：對立

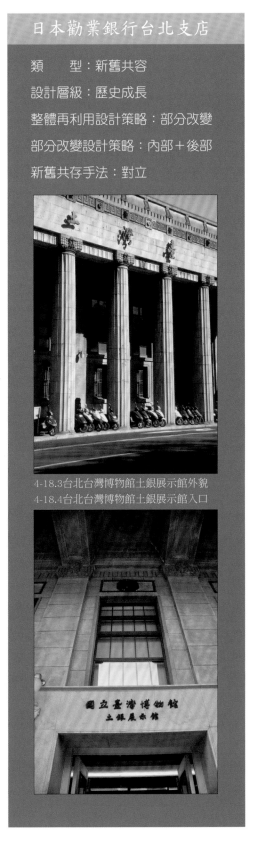

4-18.3台北台灣博物館土銀展示館外貌
4-18.4台北台灣博物館土銀展示館入口

4-18.5台北台灣博物館土銀展示館外貌

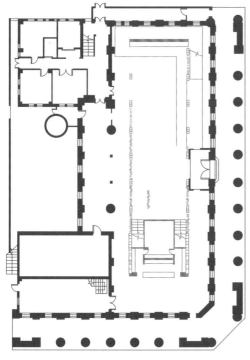

4-18.6台北台灣博物館土銀展示館一樓平面圖

業銀行乃與台灣銀行解除原有的契約，正式設置支店（分行），其業務以提供不動產金融和長期資金給農業水利團體，尤其以水利組合為主。到了1930年代勸業銀行已需要更寬敞的營業場所，因而分別於台北與台南斥資興建新的房舍，台北支店位於表町，為當時台北城內主要行政金融中心。新建工程由勸業銀行的營繕課設計，株式會社大林組負責興建，於1933年落成。

就空間組織而言，此建築位於角地。建築在南向及西向均設有騎樓，以高達兩層樓之柱廊呈現。主要入口置於南向，內部空間為不對稱處理，有寬敞且高二層樓之營業大廳，由櫃台區分為內部的營業空間及外部的客溜（顧客空間），營業大廳後半西側有金庫，東側為服務空間。二樓

4-18.7台北台灣博物館土銀展示館中央主體常設展區

除了挑空的營業大廳外，與一樓的空間區分與一樓類似，西側為圖書館，東側為會議室、餐廳與廚房。在造型方面，日人稱此建築為「日本趣味加近世式」，然究竟日本趣味究竟位於何處，不易理解，反而是建築中明顯的應用了一些非西方正統古典語彙之元素或語彙，嚴謹的說反而是一種西洋歷史式樣中的異風表現，同時與1930年代流行的藝術裝飾（Art Deco）風格混合而成。沿街面採用有如埃及神廟內庭之柱廊構成，兩端為厚重之壁體，兩壁體中間，在南向有八根柱子，

4-18.8台北台灣博物館土銀展示館一樓大廳
4-18.9台北台灣博物館土銀展示館一樓原金庫展示區

4-18.10台北台灣博物館土銀展示館一樓原金庫展示區

西向有五根柱子。柱子高約9公尺，有二十個尖銳凹槽，無明顯基座，類似古典建築中的多立克柱式，不過柱頭的處理卻很特別，是個幾何塊體，中央有一個人頭雕像，而且所有的柱頭都與簷口的裝飾帶連成一體。此人頭雕像究竟源自何處，不同的學者有不同的詮釋，但其手法明顯為藝術裝飾的手法。兩端壁體中央則開有壁龕，並以石材為邊框。

轉角部分斜切45度角內縮於基地，以兩根柱子與沿街面端部的厚牆連成一體，柱間遠比沿街面為寬，無凹槽而由壁體延伸五組等寬距的水平線腳形成一體，額枋上則有雙渦旋之裝飾，置於八角形之邊框內。除了柱子與牆身之外，屋頂之簷口是裝飾最多之處，其在實際機能上也扮演女兒牆的功能，在處理上略為內縮，由三層不同的水平飾帶組成。第一層是獅頭、萬字紋與花飾，第二層為與第一層相對應的幾何線腳，第三層為更細分的裝飾，只出現於相對第一層的獅頭及花飾的部分。在室內，營業廳的柱頭及天花線腳，也都各有不同的花草紋樣。

戰後，國民政府接收日本勸業銀行的各項業務，並改組成為土地銀行，作為執行農業建設與土地改革政策的重要角色，建築因實際之需曾數度整建。1974年，土地銀行因為空間之需，改變了室內空間的形態，營業廳由高挑的一層空間分隔成為為三層空間以擴充樓

地板面積，不過仍舊維持原貌。1989年，土地銀行曾因計畫拆建此建築引起軒然大波，在文化界搶救下，最後於1991年5月24日，經內政部指定為第三級古蹟（今台北市市定古蹟）。2005年，「台灣博物館系統計畫」在行政院、文建會的支持下成案，土地銀行遂與台灣博物館合作，由台博館負責古蹟修復及後續營運管理，並定位為「自然史博物

4-18.11台北台灣博物館土銀展示館一樓原金庫展示區
4-18.12台北台灣博物館土銀展示館一樓原金庫展示區

4-18.13台北台灣博物館土銀展示館一樓原金庫展示區
4-18.14台北台灣博物館土銀展示館一樓原金庫展示區

4-18.15台北台灣博物館土銀展示館一樓原金庫展示區

4-18.16台北台灣博物館土銀展示館土銀行史室展示區

4-18.17台北台灣博物館土銀展示館外貌
4-18.18台北台灣博物館土銀展示館中央主體常設展區

4-18.19台北台灣博物館土銀展示館中央主體常設展區

館」。2009年12月,「舊土銀總行的修復與土銀展示館建置計畫」完成,並正式對外開館營運,也見證了台灣金融史、經濟史、建築史、工藝史以及博物館的發展。

再利用後的國立台灣博物館土銀展示館在面臨馬路的外貌,基本上維持不變,但後側則可以看到一座新添加的玻璃電梯,在厚重的仿石材量體中,格外的明顯。在室內,則因應展覽需要,而有所調整。在東北角落原有的銀行金庫與其前面的走廊,被改造為土地銀行行史室,區分為「土地銀行行史室起源」、「展示館前世今生」、「金融機構沿革」、「1930年代台灣拓殖會社」、「戰後台灣土地銀行的誕生」、「伴隨國家經濟發展的土地銀行」與「展望未來」等展出。其中部分展覽係利用原有金庫狹窄的空間布置而成,穿過厚重的金庫大門,參觀民眾可親自體驗金庫特殊的氛圍。土銀展示館最主要的展覽空間乃是由原來的銀行營業大廳改造的常設展「生命的史詩與演化共舞」,展示的內容是從化石的紀錄,揭開地球生命演化的奧秘,以及早期的生命為適應地球形成初期的惡劣環境,所做的努力和改變。為了要容納這個多樣的展覽,原有的營業大廳作了一些改變,利用坡道、階梯、走道與夾層,圍塑出中央挑高的主體空間。中央挑高的主體空間擺置了體型較大的恐龍骨骼模

4-18.20台北台灣博物館土銀展示館中央主體常設展區
4-18.21台北台灣博物館土銀展示館中央主體常設展區

4-18.24台北台灣博物館土銀展示館中央主體常設展區

4-18.22台北台灣博物館土銀展示館中央主體常設展區
4-18.23台北台灣博物館土銀展示館中央主體常設展區

4-18.25台北台灣博物館土銀展示館中央主體常設展區
4-18.26台北台灣博物館土銀展示館中央主體常設展區

4-18.27台北台灣博物館土銀展示館中央主體常設展區
4-18.28台北台灣博物館土銀展示館中央主體常設展區

4-18.29台北台灣博物館土銀展示館中央主體常設展區

型,另外也從天花吊起翼龍等飛行性動物的骨架。四周的坡道、階梯、走道與夾層,也都各自有不同的展示方式展出圖片、化石及實體模型。值得注意的是,在此中央主體空間四周的構造物與展示櫃或展示牆,基本上都是結構獨立的物件,與原有古蹟本體,保存著一定的區隔;而原有銀行天花石膏飾帶及附壁柱的修復也遵循國際原則,讓修復前後可以區分,新舊共容的精神,十分清楚。

除了銀行史室有關銀行與經濟的展覽及常設展覽外,國立台灣博物館土銀展示館還特別設置了一處古蹟修復展示區,展示建築特色、建築史料,修復工法及部分修復時拆解下來的構件,讓參觀的民眾可以更清楚的了解這棟銀行建築是如何被修復且再利用成目前的風貌。另外,為了滿足一座現代博物館的基本需求,國立台灣博物館土銀展示館也在一樓設有紀念品店,二樓設有咖啡廳,並且可延伸到戶外座位區;同時也設有會議室與簡報視聽室,提供演講與會議的空間。

4-18.30台北台灣博物館土銀展示館古蹟修復室
4-18.31台北台灣博物館土銀展示館古蹟修復室

4-18.33台北台灣博物館土銀展示館古蹟修復室
4-18.34台北台灣博物館土銀展示館古蹟修復室

4-18.32台北台灣博物館土銀展示館古蹟修復室

4-18.35台北台灣博物館土銀展示館餐廳

案例賞析—新舊共融類型

費城
富蘭克林中庭

　　富蘭克林紀念館正式的名稱為富蘭克林中庭計畫（Franklin Court），是一個博物館，也是紀念館，也是一個都市空間位於費城舊市區，市集大街（Market Street）後，富蘭克林為他自己設計興建之住宅原基地上。紀念館不但在與它所在的環境融合，而且也必須有明確的自明性。此館最主要的目的是教育與紀念，同時也要刺激訪客的想像力，傳達美國歷史的豐富面向，並且反映富蘭克林的精神以及他的生活故事與成就。

　　為了回應這些多元的挑戰，建築師范裘利（Robert Venturi）採取了有別於傳統博物館及

類　　型：新舊共融
設計層級：歷史軀殼＋歷史成長
整體再利用設計策略：部分改變
部分改變設計策略：內部＋下部
新舊共存手法：對立

5-1.3富蘭克林中庭故居框架
5-1.4富蘭克林中庭故居框架

5-1.1富蘭克林中庭故居框架
5-1.2富蘭克林中庭故居框架

5-1.5富蘭克林中庭故居框架　　　　　　　　5-1.6富蘭克林中庭故居地下考古展示口
5-1.7富蘭克林中庭故居地下考古展示口　　　5-1.8富蘭克林中庭地下文字銘記

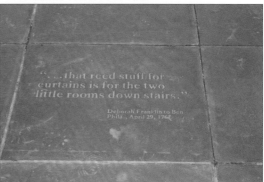

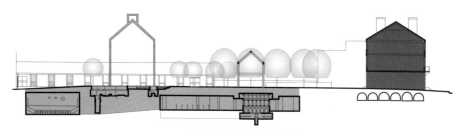

5-1.9富蘭克林中庭新舊關係圖

紀念館的設計方式，將主要的展覽空間全部置放於地下，同時設計了兩座鋼製的房屋框架（被稱為鬼屋）以反映原有的建築。而基地則保留作為開放空間，也是一個庭園。在庭園中也保留了部分於考古挖掘時所發現的遺構。而從富蘭克林寫給他妻子之信件中所摘錄的句子則銘刻於舖面之上，據推測基地上富蘭克林原有的住宅為三層樓，於1812年損毀，然而因為現存的資料不夠完整，因此范裘利乃決定不將之重建，而以意象式的框架取代。

　　地下的博物館有各種關於富蘭克林的資料，富蘭克林有著多樣的性格與角色，包括版畫家、外交家、發明家、出版商、作家、政治家、郵局局長等。館中一方面將他的各種角色以不同顏色霓虹燈加上鏡面玻璃表達，呈現出一種相當視覺性的陳設。另一方面也展出相關的文獻、模型及文物。他創建了賓州醫院、哲學協會、與賓州大學等設施，因此要呈現他豐富的一生並不簡單，但設計者以通俗易懂的現代手法達成了其中所謂的電話銀行（phone bank），為

5-1.10富蘭克林中庭地下博物館富蘭克林不同身分霓虹燈　5-1.11富蘭克林中庭地下博物館富蘭克林不同身分霓虹燈

5-1.12富蘭克林中庭地下博物館富蘭克林不同身分陳列品　5-1.13富蘭克林中庭地下博物館電話銀行

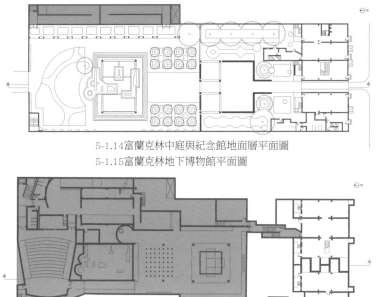

5-1.14富蘭克林中庭與紀念館地面層平面圖

5-1.15富蘭克林地下博物館平面圖

5-1.16富蘭克林中庭地下博物館電話銀行

排列整齊的電話聽筒，觀眾可以自撥號碼，聆聽各種有關富蘭克林的資料，包括許多名人對他的讚美。紀念館中也以年代來表達富蘭克林相關年表與同時代的歷史人物，同時也以人偶劇場的形態來源陳述富蘭克林當時的美國政治歷史。

5-1.17富蘭克林中庭地下博物館富蘭克林年表
5-1.18富蘭克林中庭地下博物館富蘭克林同時代人物

5-1.19富蘭克林中庭地下博物館人偶劇場

這個計畫於1976年落成以慶祝美國建國二百年，自它落成之後，至今，已成為美國獨立公園最吸引人之地點，也是附近地區及上班族中午休息時間經常使用的開放空間，曾經得到許多獎項；美國總統設計獎（Presidential Design Award, 1984），聯邦設計成就獎（Federal Design Achievement Award,

1984），美國建築師協會國家榮譽獎（National Honor Award, AIA, 1977），美國建築師協會費城分會再利用設計獎（Adaptive Reuse Award, Philadelphia Chapter of AIA, 1976）。

面臨市集大街的喬治亞式街屋，曾經經過復建整修的過程。314號為郵政博物館。316號為郵局，而且是全美唯一一座沒有美國國旗飄揚的郵局（因為富蘭克林創建郵局時，尚未有美國國旗！）320號為印刷坊，展示十八世紀的印書及裝訂，318號是其中最有趣的一棟，展示著自此屋中建築考古的成果。此棟建築是富蘭克林在拆除位於他住宅前，位於市集大街上之三棟建築後，所重建於1787年，當時富蘭克林是準備將之建好以後出租。

318號建築有著當時最標準之平面與外貌，以磚為主要建材，三層樓半，並且與316號共用一個通往庭園之拱形通道，通道寬可行駛馬車。拱圈之上的空間則由316號與318號共用。雖然現有建築之立面已為十九世紀初期之風貌，十八世紀之拱圈則大致保持原貌未改。318號此棟建築原來之用途，一樓為商店，二樓以上為住宅，也因而一樓之房間並沒有太多裝飾，二樓則顯得較細緻。富蘭克林於1790年去世之後，將之留給女兒與女婿，後來幾度易手，於1954年由聯邦政府取得所有權，並將之納入「獨立國家歷史公園」（Independence National Historical Park）之一部分。1959年，市集大街318

5-1.20富蘭克林中庭臨街喬治亞風格街屋

5-1.21富蘭克林中庭臨街喬治亞風格街屋318號室內

5-1.22富蘭克林中庭臨街喬治亞風格
街屋318號室內

5-1.23富蘭克林中庭臨街喬治亞風格
街屋318號室內

5-1.24富蘭克林中庭臨街喬治亞風格
街屋318號室內

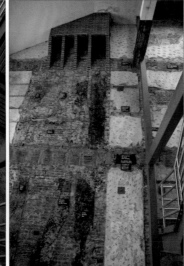

號之保存工作開始,當時建築師葛羅斯曼（Charles Grossman）出面阻止市集大街沿街面之建築被拆除。葛羅斯曼也懷疑原有十八世紀的建築物仍然被埋藏於十九世紀建築立面之後,而此項懷疑也在考古學家摩爾（J. W. Moore）與建築師巴奇勒（Penelope Hartshorne Batcheler）之調查後得到證實。

當保存維護工作開始之後,參與的建築師就決定採取「考古建築（archaeological architecture）之方式,也稱為探索式拆除（exploratory demolition）」。在細心將建築一部分一部分慢慢拆除之過程中,建築師與歷史家,釐清了1787年之營建工人是如何興建這棟建築,而當時建築之可能風貌也是探討之重點。調查中發現原有建築之四道南北向之磚牆仍然存在,而原建築為三層半也在1847年被增建為五層樓。在細心之考證下,此排建築被加以復建。

從外貌觀之,318號這棟建築與費城同時期興建之同類型並無太大差異,但室內空間則會令參觀者感受創新之處。就機能而言,這棟建築目前也可以算是博物館,被稱

5-1.25富蘭克林中庭臨街喬治亞風格街屋318號室內　　5-1.26富蘭克林中庭臨街喬治亞風格街屋318號室內
5-1.27富蘭克林中庭臨街喬治亞風格街屋318號室內　　5-1.28富蘭克林中庭臨街喬治亞風格街屋318號室內

5-1.29富蘭克林中庭臨街喬治亞風格街屋318號室內展　　5-1.30富蘭克林中庭臨街喬治亞風格街屋318號室內展
示品　　　　　　　　　　　　　　　　　　　　　　示品

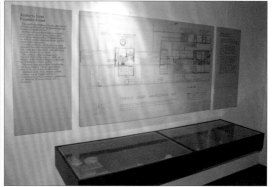

為「富蘭克林中庭碎片之屋」（Fragments of Franklin Court），展示的是建築的保存與修復，以及陳列解說先前考古挖掘所得到之物件。經由這些物件與保留於這棟建築中的各種舊痕，訪客們可以學習到從1787年到二十世紀中葉，居住於此屋中人們的生活。在處理的手法上，一個由樓板及垂直動線組成之現代構造物，被置入舊有的軀殼之中，訪客也藉由在這個新構造物中游走於各個空間之中。由於此座鋼製新樓梯所在的位置，就是原有建築樓梯之處，因此訪客不但可以了解原建築之空間格局，也因為樓梯的材質與原建築所有不同，而得以區分原物與增加新物，不致產生歷史混淆，是一種相當符合國際建築遺產保存再利用的手法。

柏林德國國會

　　1999年重新啟用的柏林德國國會
（Reichstag）不僅是二十世紀再利用一個
重要的案例，在現代性與歷史性上關係的呈
現，不斷的被討論，更是德國民主歷程一個
重要象徵。十九世紀末原來由瓦羅特（Paul
Wallot）興建的德國國會位於倒塌前柏林圍
牆旁，緊臨著1791年興建的布朗登堡凱旋
門。威廉二世（Kaiser Wihelm）在位時，因
為這棟建築代表著民主，因此並不受喜歡，
只來過兩次。正面山牆山花上橫楣上銘刻著
「為德國人民（Dem Deutschen Volke）」應
是對帝國權力的一種批判。

　　1933年，納粹政權將之縱火，但卻
嫁禍予發瘋的荷蘭無政府主義者范德魯皮
（van der Lubbe），並且將建築連同「民
主」加以關閉。1945年蘇聯認為此建築的
占領將是整個戰爭的一個高潮，而英雄般
的士兵將紅旗插在原建築圓頂的景象也成為
戰爭勝利的一個圖騰。在戰爭結束德國瓜分
後之前幾年，此建築曾為西德政府所使用

5-2.1柏林德國國會山牆山花

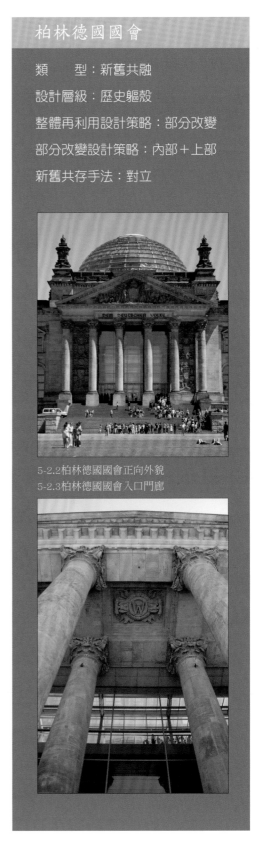

柏林德國國會

類　　型：新舊共融
設計層級：歷史軀殼
整體再利用設計策略：部分改變
部分改變設計策略：內部＋上部
新舊共存手法：對立

5-2.2柏林德國國會正向外貌
5-2.3柏林德國國會入口門廊

5-2.4柏林德國國會正向外貌

以彰顯成為孤島的西柏林仍然在他們的影響
之下。然而此建築仍顯得孤立、不適切與不
祥,因為東西柏林間沿著十八世紀關稅界所
興築的圍牆使此建築完全脫離了原柏林市中
心的脈絡。

　　幾十年來,此棟建築孤零零的位於柏林
圍牆邊,與西柏林商業與住宅繁榮的地區間
有著公園相隔。雖然室內的整修可以讓國會
舉行會議,但國會卻幾乎不在此開會(因為
蘇聯強烈反對)。而一般人也相信這一棟被
孤立日漸荒廢的西方歷史式樣建築,再也沒
有機會重現它昔日的光芒。然而柏林圍牆的
拆除與兩德間的統一,卻改變了這一棟建築
的命運,因為它在霎那間從一個政治孤島的
邊緣,轉身成為一個國際大城市的正中心。
在經過一番激辯之後,新德國的國會通過將
國會從原西德的波昂遷回至此建築(支持的

5-2.5柏林德國國會二次世界大戰前原貌
5-2.6柏林德國國會位置圖

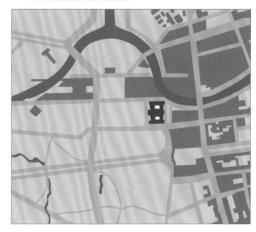

人只以些微的票數險勝）。

在整修此建築的國際競圖中，佛斯特建築師事務所（Norman Foster）贏得首獎。原來的設計是以一個篷子將原建築包覆於其中，非常類似該事務所在法國尼姆所設計的新劇院。但是後來因為整體計畫的改變，佛斯特也將設計完全更改，最後的方案是在原建築之上置放一個透明的半圓球，其中依附著兩個條如太陽軌道般的坡道，可以將市民引導至此，不但可以俯視下面議事中由人民選出政治家的論辯，也可以飽覽柏林風光。這種規畫的概念是「人民凌駕於政治家」的一種兼具象徵性及實用性的宣言，更是一種戲劇化的姿態。任何人都可以爬昇到這個發亮的球體，在爬昇的過程中，柏林逐漸浮現，然而在下面的政治家正工作著，想要控制柏林以及從柏林所發散出去各方向的國家。

任何想要到圓頂的人，都必須經由正式的動線。在設計概念中，原建築的門廊及階梯現在是由國會議員、辦公人員以及公眾所共用，這是現代民主政治中選舉人、當選人及公僕間最適當關係的陳述。穿過大門後即為一個採天光的前室，在此可以透過兩道透明的隔間牆看到議事廳開會的情況。從前室，國會議員可以進入其他空間，一般人則必

5-2.7柏林德國國會與原柏林圍牆（地面石片）
5-2.8柏林德國國會圓頂

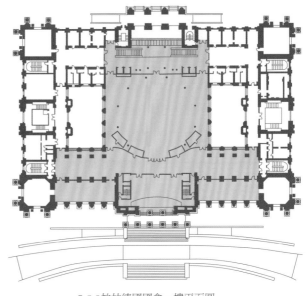

5-2.9柏林德國國會一樓平面圖

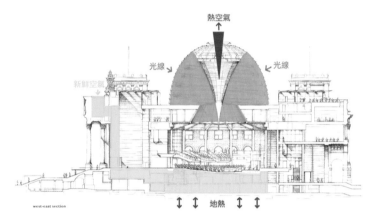

熱空氣

光線　　　　　　　　光線

新鮮空氣

west-east section

地熱

5-2.10柏林德國國會圓頂內部
5-2.11柏林德國國會室內角錐頂部
5-2.12柏林德國國會再利用後環境
控制示意圖
5-2.13柏林德國國會圓頂內部
5-2.14柏林德國國會室內角錐底部
5-2.15柏林德國國會室內角錐

須到夾層觀看議事廳，或者搭乘電梯至屋頂層。

圓頂的正中央有一個相當特殊的構造。由議事廳玻璃天花板的正中央發散出一個弧形的鏡面角錐，有如一處水晶噴泉一般。這個奇妙的設計有不只一項機能，它可以將光線反射進入議事廳。角錐的底部也展示了有關柏林國會與柏林的各種歷史資料。在夜晚，聚光燈由此散發開來，隱喻了德國過去的光榮歷史。如果議事廳在開會時，公眾更可以知道他們所選出的議員是在工作沒有怠忽職守。

另一方面，這一個角錐體也是建築能源計畫的一部分，可以成為調節熱空氣的出口，構成了整體環境控制系統的一部分，讓再利用後的國會比以前更符合環境與能源保護的需求。除了角錐之外，圓頂內還有一片巨大可動的遮陽板，會隨著陽光的角度而移動，以達最有效的遮陽。在室內，每一處空間也都細心處理，而1945年蘇聯軍隊所留下的

5-2.16柏林德國國會圓頂頂部與角錐出風口
5-2.17柏林德國國會室內角錐底部展示區

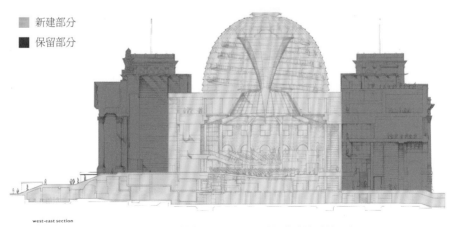

■ 新建部分
■ 保留部分

west-east section

5-2.18柏林德國國會再利用後新舊建築關係示意圖

5-2.19柏林德國國會圓頂可移動式遮陽板
5-2.20柏林德國國會外貌細部

牆上塗鴉也被保存下來作為歷史見證。在
外貌上，新建材在不少地方巧妙的與舊建
築融為一體。

　　柏林德國國會在建築史上的意義不只
是再利用的好案例而已，它是整個永續環
境與古建築保結合的一個代表。

5-2.21柏林德國國會圓頂可移動式遮陽板
5-2.22柏林德國國會外貌細部
5-2.23柏林德國國會室內中庭

倫敦泰德
現代美術畫廊

　　倫敦泰德現代美術畫廊（Tate Modern）
是再利用自一個廢棄的火力發電場，代表的
是再生工業文化紀念物的舉動。泰德畫廊是
世界上收藏最多二十世紀藝術品的美術館之
一，與紐約的現代美術館（MOMA）齊名。
在此建築尚未再利用之時，原有興建於十九
世紀的泰德畫廊每天有二萬人湧入參觀，因
此擴建的壓力不斷昇高，而且將作品分館收
藏的壓力也愈來愈高。舊館將收藏從1750年
至今，以英國為主的藝術，而新館則為國際
上日益發展的當代美術。事實上，泰德畫廊
從1980年代開始就不斷贊助建築的興建，包
括有利物浦及聖艾維斯島（St Ives）的新畫
廊及倫敦原畫廊之增建克羅瑞畫廊（Glore
Gallery）。

　　這個位於泰晤士河南岸的發電廠在無法
繼續運作後，就一直荒廢，而將之拆除之聲
音也不斷出現。泰德畫廊決定在泰晤士河南

5-3.1倫敦泰德現代美術畫廊西側外貌與主入口

泰晤士河南岸火力發電廠

類　　型：新舊共融

設計層級：歷史軀殼

整體再利用設計策略：部分改變

部分改變設計策略：內部＋下部

新舊共存手法：對立

5-3.2泰德現代美術畫廊外貌
5-3.3泰德現代美術畫廊外貌

岸興建現代美術館的計畫起初看起來是相當的異端，但是史考特（Giles Gilbert Scott）設計的這個電廠卻提供了空間寬大及濱河環境上雙重的優勢。甚且，電廠所在的地區正在進行一個持續的再生計畫，使原本在十六及十七世紀為紅燈區的南岸能脫胎換骨。不過遠在倫敦市公部門進行都市改造之前，這裡租金便宜的大型倉庫已吸引不少藝術家前來。直至1990年代，當泰晤士河南岸已經發展成一個文化藝術新區時，此電廠也因為泰德畫廊的介入而有新的機會。

為了尋求最好的設計方案，泰德現代美術畫廊舉辦了一次國際競圖。來自瑞士的建築師賀佐與狄莫隆（Herzog & de Meuron）獲得首獎。與其他作品相較之下，這個得獎的作品的概念與作法最接近原建築之空間特色。作品沒有張牙舞爪的姿態，也沒有對原建築特色太多的更動。在遵循介入愈少愈好的原則下，這個龐大電廠的大部分外殼被保留下來，但內部則重新改造為一個具有多樣藝術空間的現代美術館，適度應用的新建材更使此工業遺產再利用的美術館除了保持了原有地標意象之外，增添了當代的訊息。泰德的總監賽羅塔（Nicholas Serota）認為這些空間將會在往後的數年成為策展人與藝術家發揮的地方。

史考特設計的電廠，分兩期設計興建於1948年至1963年之間，反映出其對於荷蘭現代主義的喜好，全棟建築以整齊的磚材呈現，只開有細長直窗。建築師保留了這一部分的特色沒有改變，但是藉由一條西側的

5-3.4倫敦泰德現代美術畫廊外貌
5-3.5倫敦泰德現代美術畫廊西側外貌及主入口

5-3.6倫敦泰德現代美術畫廊展示大道
5-3.7倫敦泰德現代美術畫廊展示大道光廊

大坡道將密不通風的建築特色逐漸改變，將
觀眾引導進入超大彷彿大教堂空體的原渦輪
機室。再利用完的渦輪機室被挖空到其最極
至之高度，成為一條壯麗的展示大道，在此
不但可以有各種表演，也是一個展示場，其
超高的尺度更容許以前只能在戶外的大型雕
塑與裝置藝術可以進入室內。其它的公共設
施，包括演講廳、商店以及資訊中心也都位
於此空間旁邊成為觀眾匯集參觀的參考點。

　　至於在展示空間上，雖然在尺度、形
態與採光狀況上有很大的差異，不同的展示
空間卻組成了一個可以共同辨識的特徵。早
在規畫初期，建築師就與業主決定要維持5
公尺的基本房高，而不刻意去在舊有的空間
內再創造新的空間層級。在這個概念下，大

5-3.8倫敦泰德現代美術畫廊展示大道

5-3.9倫敦泰德現代美術畫廊展示大道
5-3.10倫敦泰德現代美術畫廊展示大道光廊
5-3.11倫敦泰德現代美術畫廊公共空間
5-3.12倫敦泰德現代美術畫廊展示空間

廳（渦輪室）北側的畫廊被規畫繞以一個中央核心。進出展示空間的出入口不只一個，以使觀眾可以依個別的需求來創造動線。展示空間的牆面基本上是白色或淺色，地板則是木材或混凝土。

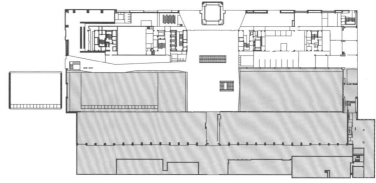

5-3.13倫敦泰德現代美術畫廊平面圖

有些展示空間是經由原建築細長的窗戶採光，有些則由高窗。有一些則完全封閉採光，有些則可以遠望泰晤士河或大廳，頂層的餐廳及景觀長廊（光樑）尤其有良好的視野。在長遠的計畫中，南面的交換室將會改成後續的畫廊空間，以作為更多樣展出之處。近年，畫廊中也順應時代需求，增加了更多的互動空間，使參觀者可以有更多的參與機會。在外貌上，對原建築而言，最明顯的改變乃是高兩層樓，橫越整棟建築的光樑（light beam）。這條光樑的水平性與中央煙囪的垂直性相互抗衡。在夜晚，整條光樑完全光亮，對整個量體而言，宛若是再利用後的希望，其與煙囪形成的十字架形，蘊藏了其象徵意義，也宣告了一棟舊建築投胎轉世之再生（reincarnation）。

5-3.14倫敦泰德現代美術畫廊互動空間
5-3.15倫敦泰德現代美術畫廊室內坡道

5-3.16倫敦泰德現代美術畫廊頂層餐廳

在體認到美術館於當代社會的新角色後，賀佐與狄莫隆細心的將建築視為是原創性的刺激而不是一種靜止的限制。泰德現代美術畫廊可以說是一個重要而且複雜的再利用案例。

倫敦大英
博物館大中庭

大英博物館創建於十八世紀考古風潮
之中，1759年正式對外開放。現有的建築
乃是興建於新古典主義盛行的1820年代，
由建築師史馬克（Robert Smirke）所設計
於1823年，歷經二十多年才於1847年完
成。莊嚴的希臘神廟門面是英國最重要的
新古典主義之作。中央的圓形院閱覽室落
成於1857年。

5-4.2倫敦大英博物館外貌
5-4.3倫敦大英博物館前庭

大英博物館＋大英圖書館

歷史分期：新舊共融

設計層級：歷史軀殼

整體再利用設計策略：部分改變

部分改變設計策略：內部

新舊共存手法：對立

5-4.1倫敦大英博物館大中庭北側山牆

雖然大英博物館中藏品大部分並非英
國本土之物，但因收藏豐富，使對於古文明
有興趣的人絡繹不絕前來參觀，使之成為一
座國際性的博物館。所有展品之中，埃及、
希臘、西亞與中國之展品是其中最吸引人之

5-4.4倫敦大英博物館外貌山牆
5-4.5倫敦大英博物館室內展示室（埃及展品）

5-4.6倫敦大英博物館室內展示室（中國文物展品）
5-4.7倫敦大英博物館外觀柱列

部分，而來自於這些地區的民眾在參觀之際也常觸發幾許傷感與羨慕，為何自己母國之寶物要流落於他鄉。難怪希臘這幾年會積極發動所謂的「帕特嫩大理石回歸計畫」，希望藉由民意與輿論爭回失去的寶物。不管這種國家之間的文化爭奪戰是否會有結果，大英博物館作為十九初到1980年代全世界最重要的文化教育推廣中心之角色卻一直未曾改變。

1980年代起，世界許多著名老博物館紛紛進行改造，以滿足當代之需求。也許是英國人的保守，大英博物館起初是按兵不動。等到羅浮宮的金字塔計畫完成，成為世界注目的焦點後，歡迎了近兩世紀訪客的大英博物館不得不認真思考它老舊的館舍、迂迴的參觀動線及無法引人駐足的附屬設施，是否能滿足二十一世紀的博物館需求。這一連串的問題與困境，最後終於在英國的樂透彩，特別是千禧年計畫（Millennium Commission）與遺產樂透基金（Heritage Lottery Fund）的支持下，於「大中庭（The Great Court）」計畫中迎刃而解。

1993年9月，大英博物館公開向世界徵求方案，以便得以洗刷被譏為吵雜菜市場般展覽館的惡名，一共有132家建築師事務所提出方案。1993年12月公布了第一階段入圍的20名；1994年3月只有三家事務所成為第二階段的入圍名單，最後由英國著名的佛斯特建築師事務所（Norman Foster）以大中庭計畫在1994年7月取得設

5-4.8倫敦大英博物館大中庭全貌

計權。這個計畫的概念十分簡單，其中最巧妙之處乃是將原來位於其中央圓形圖書館周圍之空間拆除，只留下圓形閱覽室，並以一個橢圓空間包被之，然後在口字型展覽室與圓形圖書館周圍之間以一個被暱稱為「枕頭」的超大型的玻璃屋頂加以覆蓋形成一個全新的大廳，中央圓形圖書館底層則略為擴張增設書店，並以一對螺旋梯沿著圓周將人引導至圓形空間頂部的餐廳，由此更有一座透明的天橋，神來之筆般地穿入北翼展覽室的古典山牆中。在整個方案中，業主與建築師大膽的拆除了圓形空間之外空間的舉動，其實是此案能否成功的關鍵之一。在此案中，我們看到原有建築的空間潛力如何被開發出來，也看到了業主與建築師在全盤考量下，對於舊建築的取捨判斷。另一方面，大英博物館也利用此次再利用的機會，更新了部分設備，特別是在殘障設施方面。

　　大中庭在2000年底重新開幕，一夕之間，被遺忘多

5-4.9倫敦大英博物館玻璃屋頂
5-4.10倫敦大英博物館東側山牆

5-4.11倫敦大英博物館大中庭全貌
5-4.12倫敦大英博物館大中庭全貌

5-4.13倫敦大英博物館大中庭西側山牆
5-4.14倫敦大英博物館大中庭南側新立面

5-4.15倫敦大英博物館大中庭北側山牆與天橋

5-4.16倫敦大英博物館大中庭北側玻璃天橋

5-4.17倫敦大英博物館大中庭通往北側山牆之玻璃天橋

年的戶外空間轉化而成有如明亮珍珠般的大廳，原來必須環繞口字型空間的參觀動線因為大中庭的出現而縮短，人們可由大廳很快地到達想去的展覽室。於每一翼參觀的人與大中庭都保持著親密的關係，更重要的是大中庭成為一個公共空間，它歡迎所有的人，即便是不要參觀博物館的人，也可以隨時進入，透過大玻璃屋頂內欣賞倫敦陰晴晝夜的

5-4.18倫敦大英博物館大中庭北側山牆

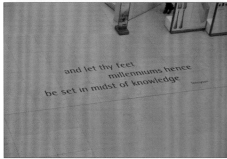

時空變化。重新蛻變的老博物館，因為這一個令人讚嘆的大中庭，帶來的生命與活力。新舊辯證與老建築再生之真諦，在大英博物館大中庭中獲得了實踐。當然經由此次的大中庭計畫，大英博物館在都市涵構上的角色變得更加重要，從正面前庭，經大中庭到背面形成另一種市民空間，博物館的角色也為之改變，更積極的經營管理隨之而至。換句話說，再利用在大英博物館所達成的效應是全面的，而不是只有空間上而已。

5-4.19倫敦大英博物館簡餐廳
5-4.20倫敦大英博物館大中庭地上銘文
5-4.21倫敦大英博物館服務台

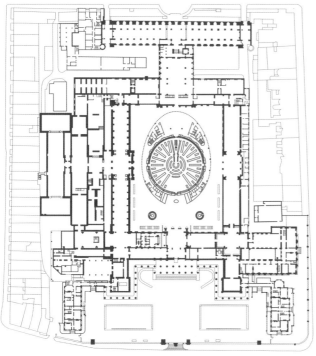

5-4.22倫敦大英博物館再利用後平面圖
5-4.23倫敦大英博物館再利用後公共空間圖（橙色部分）

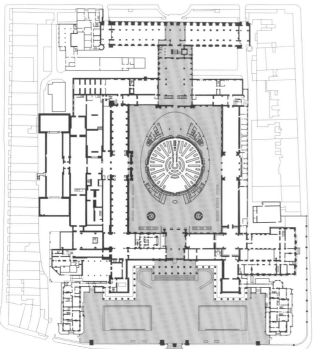

5-4.24倫敦大英博物館大中庭樓梯
5-4.25倫敦大英博物館大中庭餐廳

5-4.26倫敦大英博物館大中庭販賣部
5-4.27倫敦大英博物館新設殘障設施

紐倫堡
檔案文件中心

　　德國紐倫堡（Nuremberg）是一個在歷史上非常特殊的城市，在納粹統治德國期間，紐倫堡曾是納粹第三政權（The Third Reich）集合場的所在地。在此，希特勒曾經在御用建築師史畢爾（Albert Speer）等人的協助下，企圖興建幾處全世界最大的集會設施，這些設施如果順利完成，將會超越羅馬帝國的各種都市集會建築，這些設施包括有路特波德集合場（Luitpoldarena）、齊柏林集會場（Zeppelinfeld）、德國體育場（Deutsches Stadian）、行進大道（Crosse Strasse）、行進場（Mäerzfeld）以及國會大廈（Congress Hall）。其中德國體育場被構思為全世界最大的體育場，史畢爾計畫的容量是40萬人，高度則為100公尺，而且體育場之機能是作為“戰鬥運動”而不是傳統的運動。工程開始於1937年，持續到1941年，但並沒有完成。在此期間則運入了數以萬噸的石材及土方，但只進行了挖掘之工作，戰爭後已經挖掘的部分被注入了水形成了今日的史爾柏湖（Silbersee Lake）。

5-5.1紐倫堡原第三政權國會大廈外貌

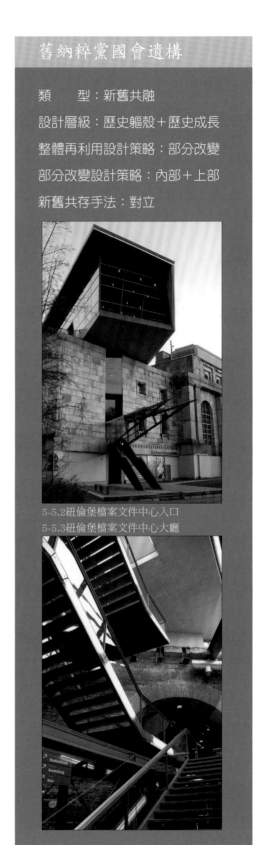

舊納粹黨國會遺構

類　　　型：新舊共融
設計層級：歷史軀殼＋歷史成長
整體再利用設計策略：部分改變
部分改變設計策略：內部＋上部
新舊共存手法：對立

5-5.2紐倫堡檔案文件中心入口
5-5.3紐倫堡檔案文件中心大廳

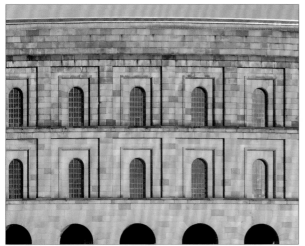

5-5.4紐倫堡原第三政權國會大廈外貌
5-5.5紐倫堡原第三政權國會大廈內部

5-5.6紐倫堡原第三政權國會與檔案文件中心鳥瞰

5-5.7紐倫堡原第三政權集會場鳥瞰圖

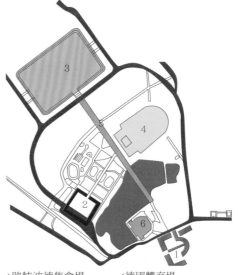

1路特波德集會場	4德國體育場
2齊柏林集會場	5行進大道
3行進場	6國會大廈

5-5.8紐倫堡原第三政權集會場全區配置圖

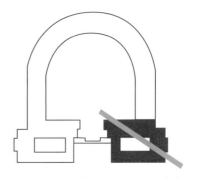

5-5.9紐倫堡原第三政權國會與檔案文
件中心關係圖

　　國會大廈是由路易與法蘭茲魯斯（Ludwig and Franz Ruff）所設計，1935年開始興建，然而卻未曾完成。完成一半的建築物占地長寬均為三百公尺，高則約40公尺，是整個第三政權集合場中最大的建

5-5.10紐倫堡檔案文件中心外貌

5-5.11紐倫堡檔案文件中心入口

5-5.12紐倫堡檔案文件中心入口　　5-5.13紐倫堡檔案文件中心大廳

築遺構。在最初設計時，希特勒的要求是必須能容納納粹黨員五萬人開會之用，以建築的尺度來彰顯政權的權力，並且希望成為世界最大之集會廳。原設計中，整個國會是一個馬蹄形的建築，中央的深長之空間原為有頂之室內，但目前已成室內中庭，並且延伸到兩個端部，兩個端部則自己各有一個小內庭。在外觀上，國會是以花崗岩板為表面裝飾材，以強化其紀念性，而實際之建材（磚及混凝土）則被隱藏於其中。戰後，此棟建築多數空間被作為儲藏之用。

　　檔案中心（Centre of Documentation Reichsparteitagsgelaende）位於國會之北翼，上層約有1300平方公尺，設置了永久性的展覽，名稱為「迷惑與恐怖」（Fascination and Terror）。內容為有關納粹政權及國社黨（National Socialist Party）之種種資料，中心內並且提供很好的教育計畫及節目。事實上，這個展覽早在1984年就已經開始，但是一個新計畫則始於1997

5-5.14紐倫堡檔案文件中心大廳　　　　　5-5.15紐倫堡檔案文件中心大廳

年，當時之巴伐利亞政府及德國政府決定共同興建所謂的「檔案中心」，並於2001年11月開幕。

　　從再利用的觀點來看，整個再利用是充滿了挑戰性與難度，其中「在這樣的場所，如何以納粹主義之涵構

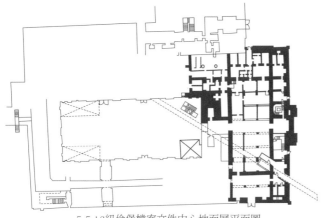

5-5.18紐倫堡檔案文件中心新樓梯
5-5.19紐倫堡檔案文件中心新樓梯

5-5.16紐倫堡檔案文件中心地面層平面圖
5-5.17紐倫堡檔案文件中心二樓平面圖

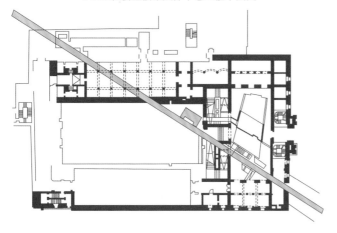

來解釋這個地方之意義」是最常被提出的問題。為了滿足展覽的需求,設計者奧地利的建築師杜門尼(Guenther Domenig)選擇在近乎半荒廢址之北翼中,置入了一個像雕塑般的新建築,而新建築給人的感覺也有幾分工業建築的意象。杜門尼認為他該做的是提供一個完全不同於原建築的設計,刻意的瓦解原有封閉建築之恐懼感,因為這種壓抑性的空間及尺度被認為是納粹建築之特色,這也呼應了德國總統在開幕時所說的話:「我們要重新檢視德國歷史黑暗的元素,也要重新確定我們的價值觀。」

　　新的檔案文件中心是對於希特勒政權歷史一項令人震憾的紀念(或是該稱為回顧)。這個設計的議題必須處理以意識型態的建築來強化物質的現實性,也就是在一處為了大型集會與軍隊校閱而設計的空間中,物質與象徵性的呈現出納粹主義的強勢與權力。整個方案包含有幾種主要的空間:一為檔案文件中心,二為設立經常性換展的展覽空間,三為交流與集會的空間,四為

5-5.20紐倫堡檔案文件中心線性新空間

5-5.21紐倫堡檔案文件中心線性新空間與大廳新樓梯

5-5.22紐倫堡檔案文件中心線性新空間

5-5.23紐倫堡檔案文件中心新舊介面

5-5.24紐倫堡檔案文件中心新舊介面

5-5.25紐倫堡檔案文件中心新舊介面

教育空間。其中展示中心與
檔案文件中心是展示納粹建
築的空間。集會空間與教育
空間則被解構並剝除原來的
紀念性。

　　紐倫堡檔案文件中心加
入的線性空間（有人稱之為
大樑）不但穿過原有幾何形
體的建築，也突出跨越於中
庭之上，為了考量殘障者之
需求，入口也整合了電梯。

5-5.26紐倫堡檔案文件中心新舊　　5-5.27紐倫堡檔案文件中心新舊介面
介面

基本上，換展空間及演講室安置於地面
層與一樓，檔案文件中心的空間與常設
展則置於較高的樓層。這條新加的大樑
沿著斜角一直通到建築末端，並且懸挑
於建築之外。新建築的材料基本上為鋼
鐵、混凝土、亮面鋁材與玻璃。舊有建
築的部分則維持於原來未曾修飾的情
況，以便得以和新建築部分產生對比。
整個再利用後的空間變化，宛如皮拉尼
西（Giovanni Battista Piranesi）在1754
年出版的「監獄」透視圖集。

5-5.28紐倫堡檔案文件中心服務台
5-5.29皮拉尼西「監獄」透視圖集中的監獄

格林威治
卡提沙克號

建於1869年的卡提沙克號（Cutty Sark）
是英國歷史上最有名的貿易快速帆船，長64.7
公尺，最早是隸屬於悠克威利斯船舶公司
（Jock Willis Shipping Line）。她是歷史上最
晚建造的快速帆船，但卻是速度最快的一艘。
卡提沙克號船名是源自於自蘇格蘭著名詩人羅
伯伯恩斯（Robert Burns）的一首詩，意指漂
亮女巫的白色短襯衣。在蘇格蘭建造完成後，
卡提沙克號就投入中國與英國間的茶葉貿易
運輸。然而蘇伊士運河的開通與蒸汽輪船的普
及，使卡提沙克號優勢不再而退出中英貿易

類　　型：新舊共融

設計層級：歷史成長

整體再利用設計策略：部分改變

部分改變設計策略：下部＋外部

新舊共存手法：對立

5-6.3格林威治卡提沙克號外貌
5-6.4格林威治卡提沙克號入口

5-6.1格林威治卡提沙克號外貌
5-6.2格林威治卡提沙克號外貌

船艦行列，轉而至澳大利亞運送羊毛，後
來因現代船艦之技術日新月異逐漸退出長
途旅運，在1895年被轉售給葡萄牙的費拉
利亞公司（Ferreira and Co.）並改名為費
拉利亞號。1922年，退休的船長威福瑞德
寶曼（Wilfred Dowman）買下此船作為一
艘訓練船。在寶曼去世後，卡提沙克號產
權在1938年被轉移至泰吾士航海訓練學院
（Thames Nautical Training College），成
為軍校生的輔助訓練船艦，直至1954年退

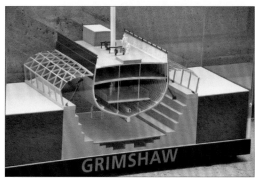

5-6.5格林威治卡提沙克號原貌
5-6.6格林威治卡提沙克號空間模型
5-6.7格林威治卡提沙克號排隊人潮
5-6.8格林威治卡提沙克號前廳
5-6.9格林威治卡提沙克號前廳
5-6.10格林威治卡提沙克號船艙入口

5-6.11格林威治卡提沙克號船艙展示空間

5-6.12格林威治卡提沙克號船艙展示空間

5-6.13格林威治卡提沙克號船艙展示空間

5-6.14格林威治卡提沙克號船艙展示空間

5-6.15格林威治卡提沙克號船艙展示空間

5-6.16格林威治卡提沙克號船艙展示空間

5-6.17格林威治卡提沙克號船艙展示空間

5-6.18格林威治卡提沙克號船艙展示空間

5-6.19格林威治卡提沙克號船艙展示空間
5-6.20格林威治卡提沙克號船艙展示空間

5-6.21格林威治卡提沙克號船艙展示空間
5-6.22格林威治卡提沙克號船艙展示空間

役停靠於格林威治一處船塢，重新開放給大眾參觀，也成為當地重要的天際線。從機能來看，卡提沙克號為一艘船博物館，也是英國歷史船艦隊的一部分，與國立海事博物館（Martitime Museum）、皇家天文台（Old Royal Observatory）及皇家海軍醫院相鄰，都位於1997年列名的世界文化遺產保護範圍。

　　卡提沙克號是目前存世的十九世紀複合構造的快速帆船，木材船殼搭以鐵骨架。另外兩艘是停靠於澳大利亞阿德萊德港（Port Adelaide）的「阿德萊德城市號（City of Adelaide）以及只剩骨架位於智利蓬塔阿雷納斯（Punta Arenas）的「大使號（Adbassador）。1951年，英國王夫愛丁堡公爵設立了卡提沙克號協會，以確保此船得以被妥善保存，2000年，卡提沙克號信託會取代了卡提沙克號協會，成為新的管理者。卡提沙克號是英國一級紀念物，也列名於瀕危名單中。近年來，卡提沙克號曾遭受二次火災。第一次是發生於2007年5月21日的清晨，當時船隻已經部分解體進行修復，火勢延燒數個小時才被控制。初步的調查報告指出船體因火災的損壞極為嚴重，中央部位的木構大多已燒毀。不過在隔天受訪時，信託基金會的執行長理查道提（Richard Doughty）卻指出，在火災前至少有一半以上的構件早已搬離現場等待修復。他說明信託基金會比較擔心的是木構相搭的鐵骨架，並預估光是火災受損可能要花費500萬至1000萬英鎊，可能導致全部修復高達3000萬至

3500萬英鎊。此次火災最初的原因曾被推測是人為縱火，但2008年9月30日出爐的最後鑑定報告卻直指可能是一個真空清淨器的電線走火。2012年4月25日，卡提沙克號在完成修復後，重新以博物館的經營型態開幕，以迎接倫敦奧運的到來，幾乎每天都吸引大排長龍的訪客。2014年10月19日清晨，卡提沙克號再度受祝融光臨，燒毀了一部分船殼與甲板，但很快的被修復並再度開放。

卡提沙克號雖然兩度遇火受損，但她的整體修復與再利用計畫卻是受到很多人的讚賞。在2007年火災之前的修復計畫中，就已提出將整艘船藉由完美的工程技術抬高於船塢地面3.3公尺，創造了一個船底的新空間及最極致的一座博物館。創意的計畫使的後代得以一種新的方式來探索這艘船的歷史，並從船底仰望這艘歷史之船。不過此一計畫卻招來包括維多利亞協會（The Victorian Society）及一些保守人士的批判，他們認為此船應該盡可能修復到原來的樣貌，並且達到可以再度於海上航行為目標。然而，卡提沙克號的木構狀態，特別是龍骨，以及早在1950年代就已經在船殼上開了一個大洞以利參觀等事實，已經無法使這艘船恢復到可以再度航行的狀態。《建物設計》（Building Design）甚至在2012年帶偏見的頒發「膿瘡杯」（Carbuncle Cup）給卡提沙克號的再利用設計，認為其是2012年英國最醜的建築。雖然受到一些嚴厲的批評，從再利用的角度而言，卡提沙克號卻是成功的，而且廣受社

5-6.23格林威治卡提沙克號甲板展示區
5-6.24格林威治卡提沙克號甲板展示區

5-6.25格林威治卡提沙克號甲板展示區
5-6.26格林威治卡提沙克號甲板展示區

5-6.27格林威治卡提沙克號甲板展示區
5-6.28格林威治卡提沙克號新設電梯

會大眾喜好。創意的設計成為她成功的關鍵，也使其成為倫敦2012年夏天最吸引人的亮點。

　　整個卡提沙克號的修復與再利用是由格里姆蕭建築師事務所（Grimshaw Architects）負責發展設計，優米賀謝建築師事務所（Youmeheshe Architects）和布羅哈波德工程師事務所（Buro Happold）參與了以一種凱芙拉纖維結構網（Kevlar web）系統將船艦抬升的部分，這個系統企圖以使訪客得以自船底一窺整艘船。然而後來發現這種纖維網無法適用於船殼的反曲面，勉強用之將導致遮掩部分船殼，於是只好再發展另一種解決方案。這個新方案是在船殼四周安置了一道鋼帶，再由鋼材斜構件穿越船艙連繫到以鋼構補強的龍骨。接著由水平的管狀結構體慢慢撐起船艦，再穿越船艙獨立斜構件拉繫著船體，兩者同時鉚釘於船塢上緣，許多已腐蝕的原有船殼骨架則被補強。在船體與船塢間的空隙全部被玻璃鋼材所包覆，形成室內空間。主要船艙內，以新設計鋼構下層甲板整合了一個劇場。船塢外，設有一座玻璃鋼材盒子，內有新電梯與新樓梯，與

5-6.29格林威治卡提沙克號新設電梯

5-6.30格林威治卡提沙克號船塢舊貌

5-6.31格林威治卡提沙克號船底新空間

5-6.32格林威治卡提沙克號船底新空間
5-6.33格林威治卡提沙克號船底新空間

5-6.34格格林威治卡提沙克號船底新空間
5-6.35格林威治卡提沙克號船底新空間

5-6.36格林威治卡提沙克號船底新空間
5-6.37格林威治卡提沙克號船底新空間
5-6.38格林威治卡提沙克號船底新空間

船體以橋相接。再利用後,往卡提沙克號的入口改由一處從低於水線位於右舷船艙的船殼所挖開的並框以鋼鐵的新洞口,由此訪客可直入下層船艙。

　　卡提沙克號修復再利用整體費用在初提案時為2500萬英鎊,其中1175萬英鎊是來自於英國的「遺產樂透基金」(Heritage Lottery Fund)。許多人都對此計畫提供各種資助,其中奧斯卡得獎製片傑瑞布洛克海默(Jerry Bruckheimer)曾於2007年11月以在電影「神鬼奇航3:世界的盡頭(Pirates of the Caribbean: At World's End)場景所拍攝的30張照片舉行攝影展,並義賣照片以贊助修復經費。2008年,「遺產樂透基金」再提撥1000萬英鎊給卡提沙克信託

5-6.39格林威治卡提沙克號船底餐廳
5-6.40格林威治卡提沙克號船底餐廳

5-6.41格林威治卡提沙克號船底展示區
5-6.42格林威治卡提沙克號船底展示區

基金。此時信託基金已掌握到當時整體修復經費3500萬英鎊中的3000萬。2008年6月，以色列船業鉅亨兼慈善家珊米奧佛（Sammy Ofer）適時的捐助了330萬英鎊，使全部所需的款項幾乎到位。不過《倫敦旗艦報》（London Evening Standard）卻在2009年1月揭露卡提沙克號的修復再利用經費已經爆增到4000萬英鎊，形成財務上的缺口，而且日益嚴重。根據《每日電信報》（The Daily Telegraph）在2010年10月的報導，修復經費已達4600萬英鎊，最後只能由倫敦格林威治區的公部門拿出預算來挹注。再利用後的卡提沙克號內部展示著她光榮的歷史，有些展示品係以茶箱（Tea Chest）作為設計概念。船底尾部展示有全世界最大收藏的船首像（figureheads）是英國企業家兼收藏家辛尼卡姆博斯（Sindey Cumbers）於1953年所捐。而船底首部也附設一間餐廳，販售有趣的水手餐。

5-6.43格林威治卡提沙克號船底船首像展示區

5-6.44格林威治卡提沙克號船底船首像展示區　　　5-6.45格林威治卡提沙克號船底船首像展示區

5-6.46格林威治卡提沙克號結構細部

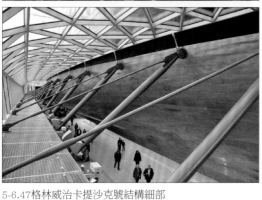

5-6.47格林威治卡提沙克號結構細部　　　　　5-6.49格林威治卡提沙克號捐款箱

5-6.48格林威治卡提沙克號結構細部　　　　　5-6.50格林威治卡提沙克號紀念品

赫爾辛格丹麥海事博物館

丹麥海事博物館（The Danish Maritime Museum）位於丹麥赫爾辛格（Helsingør）港口，係再利用自一座廢棄的歷史船塢，長150公尺，深近8公尺。這一座博物館自2013年開幕以來，即屢獲世界各類建築大獎，也吸引了全世界的眼光。赫爾格位於丹麥首都哥本哈根東北，

與瑞典赫爾辛堡隔著厄勒海峽相望，由班次頻繁的渡輪相通。中世紀以前，赫爾辛格並不發達，只是一個市集。直至13世紀初，才有了第一間教堂與數座修道院，但只有教堂本身存留下來，即今日的赫爾辛格大教堂。1420年代來自於波米拉尼亞的丹麥國王艾力克（Eric of Pomerania）建造克倫宮（Krogen），後來克倫宮於1574年由斐特烈二世國王（Frederik II）擴建，並易名克倫堡（Kronborg Castle），十七世紀末期更強化了它的防禦工事。

赫爾辛格歷史船塢

歷史分期：新舊共融

設計層級：歷史成長

整體再利用設計策略：部分改變

部分改變設計策略：下部＋側部

新舊共存手法：對立

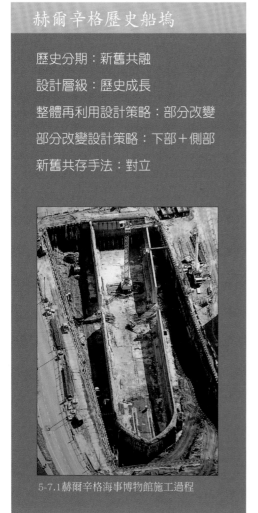

5-7.1赫爾辛格海事博物館施工過程

5-7.2赫爾辛格克倫堡遠眺
5-7.3赫爾辛格克倫堡現貌

5-7.4赫爾辛格文化中心

5-7.5赫爾辛格文化中心
5-7.7赫爾辛格海事博物館(舊船塢)

5-7.6赫爾辛格港口男人魚
5-7.8從赫爾辛格海事博物館遠望克倫堡

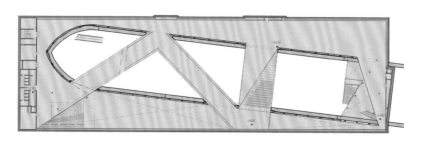

5-7.9赫爾辛格海事博物館新舊空間關係圖

　　克倫堡的位置居高臨下，面對丹麥與瑞典交界的松德（Øresund）水域，有重要的戰略地位，對丹麥人具有巨大的象徵意義。因為路過松德海域的船隻必須向克倫堡繳納過路費，在十六世紀至十八世紀的北歐歷史中發揮了重要作用，而丹麥更利用此戰略重地，適度的對某些國家的船隻給予免通行費而達成政治上的結盟。克倫堡也是莎士比亞的名劇《哈姆雷特》中故事發生的場景。克倫堡宮在2000年被列名為世界文化遺產，《哈姆雷特》曾在此上演多次。

5-7.10赫爾辛格克倫堡與海事博物館模型
5-7.11赫爾辛格海事博物館模型

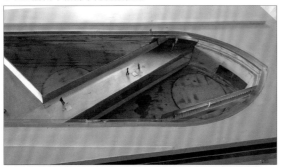

5-7.12赫爾辛格海事博物館施工過程
5-7.13赫爾辛格海事博物館(舊船塢)

丹麥海事博物館所在位置，剛好是位於文化中心與克倫堡之間，是港口的歷史船塢之一，從1882年到1985年間，這裡曾是丹麥最先進的現代造船廠所在地。博物館與由港口磚造建築改造的文化中心相鄰，並由一座橋跨越克倫堡的外城城濠相通。從遠處觀之，此博物館幾乎是看不見的（invisible），只見圍在下沉於地下船塢周界的圍欄，以摩斯密碼的意象呈現。博物館設計者丹麥BIG建築師集團（Bjarke Ingels Group）的創始人布楊克恩格斯（Bjarke Ingels）在談及此博物館的設計概念時，就清楚的說：「考量保存克倫堡（哈姆雷特古堡）的景觀，我們不允許突出地面，甚至連一公尺都不行。我們認為將建築計畫的內容硬塞入乾涸的船塢是一種建築自殺的行為，因此決定將船塢清空，並包被以新的博物館，使船塢成為博物館的中心。與其將船塢填入令人窒息的展覽空間，我們決定將之留白。這將是一種新的都市空間，為新觀念與新生活開放。

博物館的設計概念是極為簡單但又前衛，將歷史船塢的水抽乾，在其四周往地下開挖成為博物館展示空間，再以幾座不同角度的橋來跨越船塢，其中一座橋形成都市捷徑連接港口與克倫堡。之字形（zigzag）的橋則是引導訪

5-7.14赫爾辛格海事博物館(舊船塢)　　　　5-7.15從赫爾辛格海事博物館往克倫堡的橋
5-7.16赫爾辛格海事博物戶外階梯　　　　　5-7.17赫爾辛格海事博物館入口大廳

5-7.18赫爾辛格海事博物館展覽空間　　　　5-7.19赫爾辛格海事博物館展覽空間
5-7.20赫爾辛格海事博物館展覽空間　　　　5-7.21赫爾辛格海事博物館展覽空間

客前往主要入口，此橋也扮演連結新與舊的角色，當訪客漸漸往下走入博物館時，周圍壯麗的
歷史景觀也漸次從地面沉入地下。丹麥悠久而且著名的航海史在深入地下7公尺的連續空間被

5-7.22赫爾辛格海事博物館展覽空間
5-7.24赫爾辛格海事博物館展覽空間

5-7.23赫爾辛格海事博物館展覽空間
5-7.25赫爾辛格海事博物館展覽空間

5-7.26赫爾辛格海事博物館演講廳
5-7.27赫爾辛格海事博物館演講廳

巧妙的展出,而參觀動線也使訪客可以深刻地體會到船塢的獨一無二又充滿驚喜的船形空間。除了展示空間外,還有學習中心、演講廳、辦公室與餐廳。

除了設計本身,丹麥海事博物館的施工也極為特別。混凝土船塢的地板厚達2.5公尺,牆厚1.5公尺,本身就深具考古意義與空間設計意匠。興建一座低於海平面的博物館在丹麥是前所未見,施工技術也完全創新。為了防止水壓將整座博物館抬高,博物館本身打了深入地下30幾公尺到42公尺的地錨。部分厚牆被切開再重新處理,以期創造一個嶄新且施工精準的當代博物館。事實上,樓高7公尺的此座海事博物館幾乎已是全丹麥最高的博物館,但卻因往下發展,成為最隱形的博物館。自

5-7.28赫爾辛格海事博物館演講廳

5-7.29赫爾辛格海事博物館學習中心

5-7.30赫爾辛格海事博物館階梯空間

5-7.31赫爾辛格海事博物館餐廳

5-7.32赫爾辛格海事博物館置物櫃空間

開幕以來，這座空間特異的海事洋博物館吸引了全世界的遊客慕名而來，與港口邊的男人魚及文化中心，共同見證這座古老城鎮的再生。朝向未來的海事博物館與充滿歷史感的克倫堡，和諧的比鄰而立，讓歷史與新潮兩種美學相互呼應。

雅典
新衛城博物館

西元前480年，澤克西斯一世率領波斯軍遠征希臘，希波戰爭喚醒了一向自負的希臘人。以女戰神雅典娜作為整個城市守護神之雅典，在波斯人入侵時，以希臘領導人自居，領導由三百多個城市組成之提洛（Delian）聯盟，於西元前465年擊敗波斯。此時重建被波斯人掠奪以致逐漸荒廢雅典衛城之呼籲愈來愈強，雅典由貝利克里斯（Pericles）領導，進入最光輝的時期。從西元前450年左右，在雕刻家菲迪亞斯（Phidias）監督之下，以城外十六公里的白特利肯（Pentelikon）山的大理石，在俯視亞提克之岩石興建了一組由帕特嫩神

5-8.1雅典衛城遠眺
5-8.2雅典舊衛城博物館

雅典考古遺址

類　　型：新舊共融
設計層級：歷史成長
整體再利用設計策略：部分改變
部分改變設計策略：上部＋側部
新舊共存手法：對立

5-8.3雅典新衛城博物館古拙期展示廳
5-8.4雅典新衛城博物館依瑞克提翁神廟平台

5-8.5雅典衛城博物館遠眺

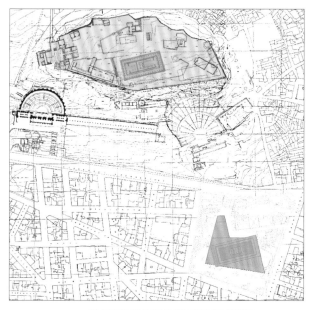
5-8.6雅典衛城與新衛城博物館關係位置圖
5-8.7雅典新衛城博物館新舊空間關係圖

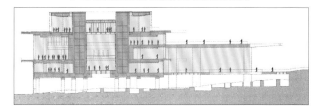

廟（Parthenon，447－432 B.C.）、依瑞克提翁神廟（Erectheion，421－405 B.C.）、雅典娜勝利女神神廟（Temple of Athena Nike）和衛城入口大門（Propylaea，437－432 B.C.）之建築群，成為古希臘文化最光彩奪目之傑作。1987年，世界遺產委員會，認為雅典衛城符合世界文化遺產六項標準中的五項，將之列名。並在聯合官方文件，如此地描述雅典衛城：清楚的闡明了在希臘繁榮超過一千年的文明、神話與宗教，作為古典希臘藝術最偉大的四件傑作帕特嫩神廟、衛城大門、依瑞克提翁神廟與雅典娜勝利女神神廟之所在地，雅典衛城被視為是象徵著世界遺產的理念。

5-8.8雅典新衛城博物館外貌

5-8.10雅典新衛城博物館外貌

5-8.9雅典新衛城博物館外貌

5-8.11雅典新衛城博物館入口

5-8.12雅典新衛城博物館外貌

5-8.13雅典新衛城博物館入口回望衛城

　　雖然雅典衛城上的帕特嫩神廟是如此光彩奪目的吸引著遊人，但她卻是不完整與殘缺的。要看到完整的帕特嫩神廟，還要再加上大英博物館的帕特嫩神廟專室與衛城南側的衛城博物館。大英博物館有關雅典衛城上取得的希臘古典雕刻，一般被稱為「艾爾金大理石」（The Elgin），也稱帕特嫩大理石（Parthenon Marbles）是大英博物館的鎮館寶之一。第七任艾爾金爵士湯姆士布魯斯（Thomas Bruce）在1801年宣告他自當時統治希臘的土耳其蘇丹取得衛城上雕刻的許可。從1801年至1812年間，艾爾金爵士湯姆士布魯斯委託人將帕特嫩神廟尚存的雕

刻的一半取下，也取下大門與伊瑞克提翁神廟的許多雕刻，並且海運回英國。在英國，布魯斯的舉動獲得了一些人的支持，但也有人批評他是文化藝術的破壞者。在歷經英國國會的公開辯論與接續艾爾金爵士獲得免責權後，這批雕刻在1816年由艾爾金爵士賣給了英國政府，並成為大英博物館的藏品。

1833年，土耳其人撤出雅典衛城。希臘建立新國家後就開始討論要在衛城上建立一座博物館，也一直想跟英國索回大英博物館中的衛城寶物。1863年，希臘當局決定在衛城帕特嫩神廟東南側一塊土地上興建新博物館，並且在1865年12月30日開幕。整個建築計畫決定新博物館的高度不可以高過帕特嫩神廟的基座。因為面積只有800平方公尺，所以很快的就無法滿足從1886年開始的考古挖掘出土的大量物件。第二衛城博物館的計畫在1888年展開，也常被稱為小博物館。1946年至1947年間，計畫又改變，決定將小博物館拆掉，而將原博物館擴大。到了1970年代，衛城博物館已經沒有辦法滿足一個現代博物館該有的標準。空間嚴重不足也使參

觀的品質變得十分低落。1976年9月，總理卡拉曼利斯（Constantinos Karamanlis）開始催生新的博物館。他更於20年之後，選擇了現在博物館所座落的基地。在他精準的願景中，卡拉曼利斯定義了新衛城博物館的需求與新博物館必要擁有的手段，論述了用現代科技保存維護希臘無價之寶的必要性，更勾畫新博物館將是帕特嫩神廟所有雕刻品未來團圓之處。

為了新博物館，1976年與1979年曾分別舉辦過一次競圖，但並未選出理想作品。1989年，當時強烈主張英國該歸還帕特嫩神廟雕刻的文化部長莫可里（Melina Mercouri）開啟了一項新的國際競圖。這次的結果被宣告無效，因為在競圖基地馬克里亞尼區（Makriyianni site）發現了從古典時期到早期基督教時期的遺址，因此新設計必須重新思考如何將這些考古遺址融入新設計之中。2000年，新衛城博物館籌備委員會發布重啟設計競圖，並且獲得歐盟的支持。法籍建築師楚米（Bernard Tschumi）與希臘當地的建築師佛提亞迪斯（Michael Photiadis）

5-8.14雅典新衛城博物館入口地下考古遺址

5-8.15雅典新衛城博物館入口地下考古遺址

5-8.16雅典新衛城博物館地下考古遺址　　5-8.17雅典新衛城博物館地下考古遺址
5-8.18雅典新衛城博物館地下考古遺址　　5-8.19雅典新衛城博物館地下考古遺址

5-8.20雅典新衛城博物館入口玻璃地板下望地下考古遺址　5-8.21雅典新衛城博物館入口玻璃地板鏡面倒影
5-8.22雅典新衛城博物館入口玻璃地板下望地下考古遺址　5-8.23雅典新衛城博物館入口玻璃地板鏡面倒影

迎得了設計權，工程在2007年完工。新衛城博物館總面積有25000平方公尺，展覽的面積為14000平方公尺，是原衛城博物館的10倍。博物館擁有各種二十一世紀博物館該有的標準與設施。

楚米的設計環繞著三個重要的觀念，光線、移動（movement）與一種構築性的元素。三個概念整合後在限制很多的基地上，創造了無限的可能性，也展現了數學精準與清晰的古典希臘建築特質。整棟新博物館的空間由兩個巨大的幾何形體相互偏移角度而成，龐大且構成外牆的量體是呼應基地的形狀，小且內部的量體其實是再現帕特嫩神廟的角度與尺度。底層則為考古遺址的呈現。

從再利用的觀點來看，此座新的雅典博物館可以被視為自底部的考古遺址再生而成。為了保護這片大多是古典及中世紀墓園的考古遺址，許多獨立柱被仔細的安置於遺構間的空隙；入口平台有一部分刻意挖空，所以訪客可以直接了當看到地下的考古遺構，這種直接觀看考古遺址的作法在博物館的其它向亦可看到。入口另一部分則鋪以玻璃，讓訪客可以隱約的看到地下的遺構，而玻璃的鏡面效果也將周圍不同年代的建築映射在地板上。透過玻璃觀看遺址的處理手法一直延伸到大廳。從大廳，一座寬大的玻璃坡道，也扮演者同樣的角色，將訪客緩緩的引導上第一層，它的空間方位考量了附近的街道紋

5-8.24雅典新衛城博物館大廳玻璃地板下望地下考古遺址
5-8.25雅典新衛城博物館古拙期展示廳
5-8.26雅典新衛城博物館商店玻璃地板下望地下考古遺址
5-8.27雅典新衛城博物館大坡道與樓梯

5-8.28雅典新衛城博物館依瑞克提翁神廟平台
5-8.29雅典新衛城博物館帕特嫩展示層
5-8.30雅典新衛城博物館帕特嫩展示層
5-8.31雅典新衛城博物館帕特嫩展示層

5-8.32雅典新衛城博物館帕特嫩展示層
5-8.33雅典新衛城博物館帕特嫩展示層

理，展示的是古拙期（archaic）、前帕特嫩期（pre-parthenon）與羅馬時期的雕刻。大坡道上
方一部分夾層則展出依瑞克提翁神廟的女像柱，現場也有修復示範。再經大樓梯往上則是餐
廳與商店所在的第二層，其中位於古拙期雕刻上方是挑空，以使這些雕刻看起來更雄偉。由
此層也可以走到北側的戶外平台，一睹眼前衛城景色。

衛城新博物館最引人關注的則是位於第三層，依帕特嫩神廟的實際角度配置的帕特嫩
層，所有尚存的雕刻都被置放於實際神廟相對的位置，但高度降低以符合人的視角。整個樓

層牆面的尺寸比帕特嫩神廟實體尺寸略大，以便可以順利的將原有的雕刻或浮雕安裝上去。大面玻璃讓衛城可以被直接的觀賞，也在視覺上連接了衛城與衛城新博物館。由於是自考古遺址再生，再加上雅典地處地震帶，在施工時隔外小心，因為只要誤差幾吋就有可能傷害遺址，防震措施也被適度的添加於新的結構系統中。從設計到施工，建築師、工程師、營造工人、考古家，以及博物館專家在每一個環節都必須攜手合作，最後才完成了這個由不同世紀構造物精彩對話的作品。

5-8.34雅典新衛城博物館帕特嫩展示層遠望衛城

5-8.35雅典新衛城博物館帕特嫩展示層遠望衛城

5-8.36雅典新衛城博物館帕特嫩展示層

5-8.37雅典新衛城博物館展示品

5-8.38雅典新衛城博物館餐廳平台

5-8.39雅典新衛城博物館餐廳平台

東京國際
兒童文學圖書館

東京國際兒童文學圖書館由國立國會圖書館上野支部，位於上野公園西北角，是一棟具備專業功能的國際兒童圖書館。收藏有豐富的國內外兒童圖書及相關資料，經常舉辦活動以促進兒童閱讀與兒童文學。這棟圖書館由兩個不同時期興建的建築組成，一部分是建於1906年，由文部省營繕課的建築師久留正道與真水英夫所設計，原來的設計是一棟主入口朝南的「口」字形平面大建築，但後來只建了東翼的北段，1929年再增建東翼南段。從外觀來看，這棟使用一些文藝復興風格裝飾的西洋歷史式樣看似一體，其實兩部分的構造形式差異很大。1906年興建的部分是標準的明治時期建築構造，為鐵骨架外覆磚材，建築主體是承重磚牆，樓板則是由鐵鑄與鐵樑所支撐。1929年的部分則是昭和時期的構法，為鋼筋混凝土柱樑結構。在屋頂構造方面，1906年與1929年興建

5-9.1東京國際兒童文學圖書館1929年原貌

國立國會圖書館上野支部

類　　型：新舊共融
設計層級：歷史成長
整體再利用設計策略：部分改變
部分改變設計策略：下部＋側部
新舊共存手法：對立

5-9.2東京國際兒童文學圖書館東向外貌
5-9.3東京國際兒童文學圖書館玄關大樓梯

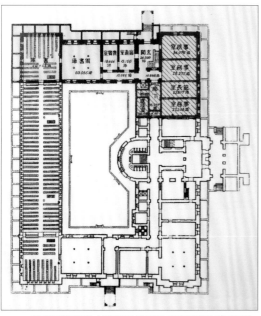

5-9.4東京國際兒童文學圖書館明治(橘)與昭和(綠)時期

5-9.5東京國際兒童文學圖書館東向外貌
5-9.6東京國際兒童文學圖書館入口

5-9.7東京國際兒童文學圖書館入口
5-9.8東京國際兒童文學圖書館西向外貌

的建築也完全不一樣，前者是木桁架，後者是鋼桁架。

　　東京國際兒童文學圖書館於1998年至2002年間進行再利用整修，是由安藤忠雄建築研究所與日建設計負責，工程則由日本國土交通省關東地方整備局營繕部負責。整個整修的最大挑戰是如何讓一棟老建築，可以在安全考量上，滿足現行法規的標準，這是不管歷史意義如何重大的老建築都無法迴避的課題。經過仔細研究分析後，發現如果要依傳統的方式來補強明治時期興建部分的結構強度不足問題的話，將會嚴重影響到室內珍貴的原貌，因此最後的決定是在建築物的底部增加地震隔絕裝置。這種裝置的基本原理就是將建築自地面隔離，以避免地震直接影響建物，而地震力可減低至原有的三分之

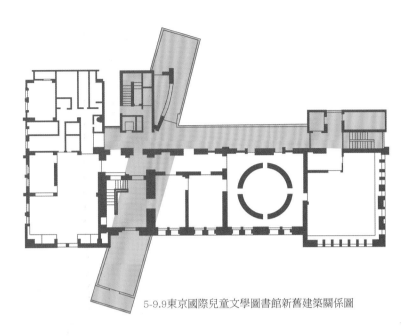

5-9.9東京國際兒童文學圖書館新舊建築關係圖

5-9.10東京國際兒童文學圖書館模型

5-9.11東京國際兒童文學圖書館入口廊道細部

一至五分之一,減少對建物構造體本身的補強。另外,原有建物的防災動線也無法滿足現代的法規,因此建築後側的兩座混凝土核,玻璃走道與後來於2015年增建的弧形棟彼此連通,形成了新的防災動線與區畫。

　除了結構防震防災等技術面的考量外,如何修復部分珍貴的室內裝修也是東京國際兒童文學圖書館特別被關注的事。在原有圖書館一樓貴賓室(現為「世界知識閱覽室」)、二樓特別閱覽室(現為第二資料室及兒童文學藝廊)、三樓明治時期閱覽室(現為「書本博物館」)及玄關大樓梯及西側走道,都有原始的裝飾,都是很珍貴的原物。在整修時,這些空間的地板、天花及燈具都儘量被依原始風貌修復。「世界知識閱覽室」的拼花木地板被修復後,部分也在上面再增設一層新的地板,以便在其中設置空調及其它管線,有些地方可以透過玻璃看到原始的地板。這裡依照地區分類陳列有介紹世界各國的兒童書籍約1800冊,像《魔女宅急便》等

5-9.12東京國際兒童文學圖書館玄關大樓梯天花
5-9.13東京國際兒童文學圖書館玄關大樓梯

5-9.14東東京國際兒童文學圖書館西向一樓廊道
5-9.15東京國際兒童文學圖書館西向二樓廊道

5-9.16東京國際兒童文學圖書館西向三樓廊道
5-9.17東京國際兒童文學圖書館西向三樓廊道

5-9.18東京國際兒原西立面面磚

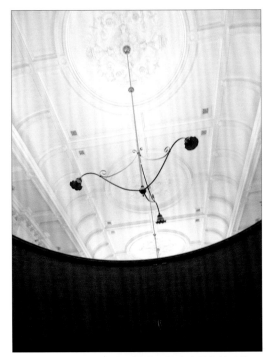
5-9.21東京國際兒童文學圖書館三樓書本博物館天花
5-9.22東京國際兒童文學圖書館三樓書本博物館原有門罩

5-9.19東京國際兒童文學圖書館三樓書本博物館
5-9.20東京國際兒童文學圖書館三樓書本博物館

較受歡迎的兒童圖書備有各國版本供比照閱讀。天花的施工是細膩的拉毛，採用傳統「鏝繪」技術，大吊燈則參考許多明治時期的燈具做復原設計。

二樓兒童文學藝廊可追朔明治時期直到當代的兒童圖書歷史變遷的書籍，從大正時期、二戰前後直到當代，反映時代性及社會性的繪本以及兒童文學作品。房間中央的四根粉刷塗飾的柱子，採用了稱為「竹小舞」的技術，十分特別且珍貴，是利用切割成細條的竹絲再貼覆於鐵柱上，用麻線覆蓋後又施行了粉刷。「書本博物館」的天花與水晶吊燈也都依原貌修復。中央設置的圓塔形空間具有畫廊空間的機能，經常舉辦活動。在三樓明治時期閱覽室改成的會堂，天花高達10公尺的空間，有良好的音響環境，是演奏和朗讀繪本合而為一的音樂活動的最佳場所。入口玄關舊的大樓梯通往三個樓層，樓梯基本上保存原貌，但原來從美國進口的鑄鐵扶手的高度已不符合當前建築的安全規定，所以均加上了玻璃板。至於外立面的面磚，在修復上則維持原貌，部分脫落的釉面也不刻意修復，以見證歷史的痕跡。

面對這棟厚重的西洋歷史式樣建築，安藤採取的策略是加入輕巧的語彙與之對話，並造成視覺上的對立，但空間又相融的量體。這些新加入的建築，被稱為「平成」棟，最主要的目的乃是要創造更舒適，更符合現代機能的空間，但也考慮到這是一棟法定的文化遺產，因此也不宜太過於誇大以

5-9.23東京國際兒童文學圖書館三樓書本博物館天花

5-9.24東京國際兒童文學圖書館三樓會堂
5-9.25東京國際兒童文學圖書館三樓會堂展示品

致掩蓋過原建築的光彩。首先，一個與原建築成一斜角的玻璃廊道被插入磚石造的建築中，形成了新的入口，也打破了原建築既有的意象。此玻璃廊道貫穿舊建築後，成為餐飲空間。另外在原建築後側北面與明治與昭和時期興建部分的交接處也分別興建了一座鋼筋混凝土的垂直交通核，內有電梯與樓梯。兩核之間原有廊道部分則圍塑以玻璃，形成室內空間。增建的玻璃外

5-9.26東京國際兒童文學圖書館平成時期興建建物
5-9.27東京國際兒童文學圖書館平成時期興建建物

5-9.28東京國際兒童文學圖書館牆面細部

5-9.29東京國際兒童文學圖書館平成時期興建建物
5-9.30東京國際兒童文學圖書館新舊建築交接細部

5-9.31東京國際兒童文學圖書館屋頂結構補強

5-9.32東京國際兒童文學圖書館牆面細部
5-9.33東京國際兒童文學圖書館新舊建築交接細部

5-9.34東京國際兒童文學圖書館新舊建築交接細部

5-9.35東京國際兒童文學圖書館新舊建築交接細部
5-9.36東京國際兒童文學圖書館地下避震設備

5-9.37東京國際兒童文學圖書館明治時期建物屋架

牆也可以保護原有貼以面磚的舊牆面。2015年，國際兒童文學圖書館又增建了一棟弧形的建築，以安置行政、會議與研習空間。一棟興建於一百多年前的建築，再歷經明治、昭和與平成三個時期，因為再利用設計而成為一個不可分割的整體。

台南國立台灣文學館暨文化部文化資產局文化資產研究中心

日治之初，台南設縣，縣廳設於原清朝台灣分巡道按察使之巡道署（今永福國小址），1909年曾計劃於原台南府署新建廳舍，但總督府並未同意該處基地，直至1912年始覓地新建新廳舍於台南孔廟後面之幸町，廳舍於1913年10月上樑，1916年落成完工搬遷啟用。落成之初，此棟建築兩翼較短，後來才陸續增建。此建築為總督府技師森山松之助之作品。1920年，台灣行政架構調整，台南廢廳置州，台南廳舍改稱「台南州廳」。就建築史而言，此建築是台灣日治時期重要廳舍建築中之代表作之一。戰後初期，台南州廳曾閒置數年，1949年空軍供應司令部自上海遷至台南，經修繕此建築後進駐使用。1969年台南市政府將之收回，

5-10.1台南國立台灣文學館正向外貌

台南州廳

類　　型：新舊共融

設計層級：歷史成長

整體再利用設計策略：部分改變

部分改變設計策略：下部＋側部

新舊共存手法：對立＋聯想

5-10.2台南國立台灣文學館衛塔
5-10.3原台南州廳細部

5-10.4台南國立台灣文學館馬薩頂
5-10.5台南國立台灣文學館側向外貌

5-10.6台南國立台灣文學館側向外貌
5-10.7文化部文化資產局文化資產保存研究中心外貌

改為台南市政府。1997年，台南市政府遷至五期重劃區之新建築，台南州廳在1998年由台南市與國立文化資產保存研究中心籌備處簽訂合約將此建築及基地無償提供國立文化資產保存研究中心使用，經五年的工程，於2003年正式完工啟用，作為國立台灣文學館及文化部文化資產局文化資產保存研究中心兩個單位之館舍。

就建築式樣而言，原台南州廳應屬西洋歷史式樣，有強烈的馬薩風格，原來厚重的雙坡式馬薩屋頂於戰爭時被炸毀，甚為可惜。整棟建築之造形構成分為三段，除屋頂外基座高約一公尺，屋身細分為二個層次，第一層為仿石材處理成較粗獷之水平帶，第二層則混有磚牆，處理較為細緻。就各部之構成而言，中央主入口為最高大之部分，設有門廊，採用托次坎柱式，共有十二根柱子分四組組成，柱子有圓柱、方柱及方壁柱三種，頗富變化。穿過門廊則為主入口，為弧拱形式，拱石與屋身平石線帶連成一體，拱心石比例誇大。門廊之上方為陽台，陽台之上為正面主山牆，由左右兩對二層樓高之變形愛奧尼克柱強而有力的撐起楣樑。正面兩側為圓頂衛塔，形成正面構成兩端之收頭。兩翼基本上之構成是由二根高二層之托次坎壁柱所構成之單元重覆而成，壁柱上承楣樑，下立於仿粗石砌成之基座上，構成每一單元之外框。在空間方面，原有建築整體配置呈英文V字型，包含一個內庭。

5-10.8原台南州廳舊貌
5-10.10原台南州廳細部

5-10.9原台南州廳舊貌
5-10.11原台南州廳細部

5-10.12台南國立台灣文學館入口

5-10.13台南國立台灣文學館新多功能大廳

　　2003年10月，原台南州廳老舊房舍，經過多年整修與增建，國立台灣文學館國立文化資產保存研究中心籌備處（今文化部文化資產局文化資產保存研究中心前身）隆重開幕。這是近年來舊建築再利用成為台灣空間設計一股潮流後，國立機關再利用舊建築作為使用空間案例中規模最大的一個。它的意義不僅是兩個新機構的新居落成而已，更重要的是，它代表了台灣老建築再利用實踐的重要里程碑。不過剛開始進行再利用時，許多人對於舊建築再利用的觀念尚不普及，甚至有人持反對意見，認為再利用就形同破壞舊建築。幸好1996年競圖得獎設計者陳柏森建築師事務所與部分學者的堅持與持續溝通，才有最後的成果出現。而此建築也在1998年5月被指定為台南市定古蹟，2003年被提升為國定古蹟。

5-10.14台南國立台灣文學館空照

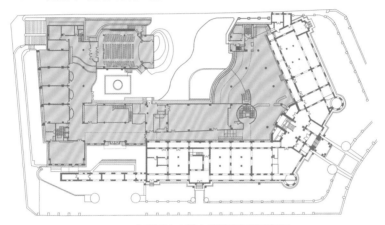

5-10.15台南國立台灣文學館舊空間關係圖

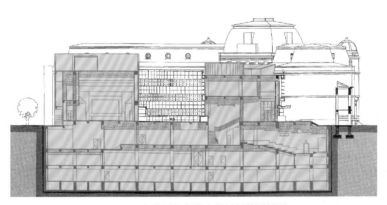

5-10.16台南國立台灣文學館新舊關係圖

　　由於第二次世界大戰末期，原台南州廳曾遭受盟軍轟炸損壞嚴重，戰後雖歷經數個單位使用，但並沒有細心整修，以致破敗並有不少不當增建，再加上原始設計圖說也存無法尋得，不太可能完全以不存在的原貌修復，再加上新單位的空間需求頗大，原有建築的既有面積明顯不足，因此朝向部分增建已是不可避免的事。在再利用的過程中，基本上臨圓環原台南州廳英文V字型量體部分大致保留，並依比較嚴格的態度進行修復，也參考一些同時代的建築，恢復

5-10.17台南國立台灣文學館玄關大樓梯
5-10.18台南國立台灣文學館玄關大樓梯

5-10.19台南國立台灣文學館新多功能大廳

了此建築最具代表性的馬薩頂,但後面原有一些附屬性增建像廁所、腳踏車棚及防空洞及則拆除。

再利用後,國立台灣文學館使用面臨圓環大部分的舊建築部分,大部分的空間是作為展覽之用,也刻意的挖開基礎及保留部分補強後的牆壁及一些門窗構件,以供訪客認識此棟建築。在開館之初,為了增進民眾對於舊建築再利用的認知,也多次舉辦「老建築新生命」特展。文化資產保存研究中心使用增建部分,一樓為展示空間,二樓以上為辦公空間,地下則有修復室。原有中庭則轉換為多功能大廳。新多功能大廳與原建築之間設有天窗,光線透過格版投入,照射於磚牆之上。從此空間訪客可以在室內欣賞到原台南州廳後側精美的磚拱,這是以前所辦不到的事。南側則以現代建築手法增建了一些二個單位共用的新設施,包括有一樓的演講廳及位於地下層的圖書館與國際會議廳。而新建築的高度則控制不高於原有建築,以免喧賓奪主。

5-10.20台南國立台灣文學館新舊建築間天窗

5-10.21台南國立台灣文學館新多功能大廳　　5-10.22台南國立台灣文學館新舊建築間天窗
5-10.23台南國立台灣文學館一樓走廊　　　　5-10.24台南國立台灣文學館舊建築新生命展

5-10.25台南國立台灣文學館舊建築　　5-10.26台南國立台灣文學館舊建築　　5-10.27台南國立台灣文學館舊建築
新生命展　　　　　　　　　　　　　新生命展　　　　　　　　　　　　　新生命展

　　在造型上，除了東南角與舊建築相接處及新臨友愛街量體的西側採用部分西洋語彙以呼
應舊建築外，增建的空間基本上採用現代手法表現，面臨內側部分有強烈的水平語彙，與原建
築形成對比。室內也有幾處空間特別處理，像入口樓梯後原有一個廊道，拆除後刻意在廊道與

5-10.28台南國立台灣文學館舊建築新生命展
5-10.29台南國立台灣文學館室內新舊牆面

牆面相接處留下輪廓並漆以白色，另外也有部分磚牆刻意留下敲除之痕，都是企圖以意象來見證建築的歷史變遷。國立台灣文學館暨文化部文化資產局文化資產保存研究中心並沒有採取傳統全面復原的方式，而是以一種比較積極、比較活潑，新舊建築辯證共存的風貌呈現，形塑了台南市的新歷史性地標。

5-10.30台南國立台灣文學館室內新舊牆面
5-10.32台南國立台灣文學館室文學展

5-10.31台南國立台灣文學館室內舊磚牆
5-10.33台南國立台灣文學館室文學展

5-10.34文資局文化資產保存研究中心東南角外貌
5-10.35文資局文化資產保存研究中心入口前庭
5-10.36文資局文化資產保存研究中心西北角外貌
5-10.37文資局文化資產保存研究中心西南角外貌

5-10.38文資局文化資產保存研究中心西向外貌
5-10.39文資局文化資產保存研究中心展示室
5-10.40台南國立台灣文學館南向外貌
5-10.41台南國立台灣文學館南向地下圖書室

台南安平樹屋

　　安平樹屋為1944年2月，以大日本鹽業株式會社為主體，結合台灣製鹽株式會社、南日本鹽業株式會社共同出資設立，承攬外銷鹽運輸與船舶儲倉業務的「台灣鹽荷役株式會社」的舊倉庫。由於閒置多年，舊倉庫中，老榕樹氣根盤踞攀附，形成「樹中有牆，牆中有樹」。近年因「安平港國家歷史風景區計畫」的啟動，安平港被列入「挑戰2008：國家發展重點計畫」，由中央概撥經費，自2003年起至2008年間編列經費三十億元，分年執行各分項

5-11.1安平樹屋第一期外貌
5-11.2安平樹屋第一期外貌

類　　　型：新舊共融
設計層級：歷史成長
整體再利用設計策略：部分改變
部分改變設計策略：上部＋側部
新舊共存手法：對立

5-11.3安平樹屋第一期主入口
5-11.4安平樹屋第一期主入口

計畫建設安平地區，以打造安平為國際級旅遊勝地。計畫企圖透過安平地區旅遊資源的整體規劃，將安平舊聚落內歷史遺跡、廟宇、古堡、砲台等歷史文化資產與安平內港優越的親水空間互相聯結，型塑安平港為一個集親水、遊憩、商業、藝術、文化、知性為一身之現地博物館園區。計畫至今已完成「王城再現」熱蘭遮城考古計畫及港邊景觀改造計畫等工作。安平樹屋也因這個契機，有機會進行再利用計畫，新增木棧道、空橋，與老榕樹氣根與共融存在，結果相當吸引人，使原本陰暗潮氣重的舊倉庫成為一個有趣的都市空間。

安平樹屋之前（前）南面，為已經指定為文化遺產的原英商德記洋行。1858年清廷與英締結天津條約，同意開安平為通商口岸之後，西人日多。1867年5月安平開港，英商馬遜（J.C.Masson）及布爾士（R.H. Bruce）前來安平，向台灣鎮道租借英國駐安平領事館（今西門國小）北側海灘地，興建洋房倉庫，成立德記洋行（Tait & Co），主要業務是出口糖和樟腦。日本

5-11.5安平樹屋第一期配置圖

5-11.6安平樹屋第一期外貌

5-11.7安平樹屋第一期外貌

5-11.8安平樹屋第一期內部

5-11.9安平樹屋第一期內部
5-11.11安平樹屋第一期內部

5-11.10安平樹屋第一期內部
5-11.12安平樹屋第一期內部

治台後，安平港商業地位日趨沒落，洋行多數被迫結束營業，德記洋行被改為「大日本鹽業會社會營業所」。戰後初期，一度改為「台南鹽場辦公室」，也曾作為鹽場宿舍。後來由台南市政府收回，保存館舍舊有外貌原則下，闢建「台灣開拓史料蠟像館」。換句話說，安平樹屋前身的倉庫，與德記洋行關係密不可分，因此在再利用初期，曾有將倉庫納入德記洋行，並砍除植栽，恢復倉庫之議。幸經部分文資審議委員提出應避免將其納入古蹟，應配合「安平港國家歷史風景區計畫」，用更有彈性的再利用方式，始有今日風貌。

5-11.13安平樹屋第一期內部

5-11.14安平樹屋第一期內部

5-11.15安平樹屋第一期內部

5-11.16安平樹屋第一期棧道

5-11.17安平樹屋第一期棧道

　　安平樹屋第一期的設計是由樹德科技大學劉國滄設計研究室與張瑪龍建築師事務所共同
合作。一開始，設計者與業主就決定不以靜態凍結式的方式來呈現此處歷史環境，同時採取了
「減法優先」的手段，以免增加環境的負擔。原有建築屋架鬆脫與損壞部分利用局部補強的方
式來處理，並清除已經嚴重損毀的屋面。已破壞的排水天溝因落葉量大，即便再修復也緩不濟
急，於是不再重作，讓雨水直接落於地面，再引導排出。另外，為了保有部分完整的室內空
間，有些地方重作鋼屋架、玻璃牆與止水台度，重新界定出內與外的界面。再以結構獨立可逆

5-11.18安平樹屋第一期棧道　　5-11.19安平樹屋第一期棧道
5-11.20安平樹屋第一期屋頂　　5-11.21安平樹屋第一期屋頂

性強的鋼構與木棧道，形成「可上可下、時左時右」的新動線，並根據現場樹木林相，設置了幾處觀景台，使訪客有停留遠眺風景或近觀老樹氣根的機會。

　　由於安平樹屋並不是以完整的室內空間作為設計的出發點，因此它就像一個裝置迷宮，讓訪客有機會出現在樹屋的各個角落，與同年在英國裘園（Kew Garden）落成的樹頂通道（Treetop Walkway）有異曲同工之處；它也像一處充滿驚奇的遊樂屋，男女老少都可以很快

樂的在棧道中遊動；它更像一處夢幻地景，讓訪客得以穿梭其間，以身體來體會自然與歷史的合體。台南市政府在樹屋裡設置「安平灘的故事」及「榕樹生態展」兩個常態性展出，也不定時舉辦藝文活動。由於第一期的成功，使得安平樹屋在非常短的時間成為全國知名度很高的亮點，而第二期往鹽水溪畔的棧道也順陸續發展，成為現貌。在安平樹屋中，人造物與自然之物、樹與屋、新與舊都已經融為一體。

5-11.22安平樹屋第一期屋頂

5-11.23安平樹屋第一期屋頂

5-11.24安平樹屋第一期屋頂

5-11.25安平樹屋第二期棧道

5-11.26安平樹屋第二期棧道

5-11.27安平樹屋外部大榕樹

台中
日出集團宮原店

類　　型：新舊共融

設計層級：歷史成長

整體再利用設計策略：部分改變

部分改變設計策略：上部＋側部

新舊共存手法：對立

　　宮原武熊（1874－？）為日本鹿耳島人，為著名的眼科專家，擁有德國慕尼黑大學與東京帝國大學醫學博士，曾於鹿耳島及東京開設眼科醫院。日治時期受聘到台灣，曾擔任台灣總督府台中醫院醫長、台中州州協議會員、台中州州會議員、台中州州參事會員以及台中商業專修學校校長，並於1927年在台中市開設宮原眼科醫院，是台中市第一家私人眼科醫院；1929年又興建了一棟新式住宅（今台中市長官

5-12.3日出集團宮原店外貌
5-12.4日出集團宮原店大挑空反射鏡面

5-12.1日出集團宮原店外貌
5-12.2台中宮原眼科醫院原貌

5-12.5日出集團宮原店外貌細部
5-12.6日出集團宮原店外貌細部

5-12.7日出集團宮原店外貌細部

5-12.8日出集團宮原店騎樓(綠川東路)
5-12.9日出集團宮原店騎樓(綠川東路)

邸藝廊）。1933年，與台籍菁英多人在台中市公會堂成立「東亞共榮協會」。二戰結束後返日，晚年生平及卒年不詳。

宮原眼科醫院位於台中綠川邊，為日治時期的橘町，離火車站不遠，是台中市區改正後出現的新式沿街建物，興建於1920年代，入口因應市區改正需求，切了45度斜角；建物本身則是磚木構造，牆身為磚，屋架為木，上鋪瓦作。這種處理方式，在當時台中市市區的幾個路口均可見到。以建築物在街廓中的大小而言，醫院規模應遠大於一般診所。根據店內展出的史料，有病房24間，病床數可達100床。戰後，日產沒入政

5-12.10日出集團宮原店騎樓(綠川東路)
5-12.11日出集團宮原店騎樓細部(中山路)

5-12.13日出集團宮原店騎樓(中山路)

5-12.12日出集團宮原店騎樓細部(中山路)

府資產,改為台中市政府民政科衛生股(隔年改為台中市衛生院,即今台中市政府衛生局前身)。1956年,產權轉移到民間張瑞楨,建築逐漸損毀。1999年9月21日中部大地震時,建物嚴重受創,接著又於2008年遭受卡玫基颱風摧殘,屋頂及大廳幾乎傾毀。2010年日出蛋糕集團買下此屋,再利用為糕點餐飲設施,並保留「宮原」之名,取名日出宮原店。

當日出集團買下宮原眼科時,建築的狀況已損毀的十分嚴重,且建築歷經多次不同機能使用,原有空間組織已無法可尋,正立面山牆上原有的華麗裝飾也已不見,因此再利用時決定不依傳統原貌復原的修復,決定用比較創新的手法。整個再利用方案委由蘇丞斌建築師事務所負責,並結合多位構造與結構專家共同設計。設計之初,建築師提出了幾個概念,以新舊建築的共存共融為目標,以期「延續過去、改變過去、衍生新生命力」。在騎樓部分,沿中山路及轉角傾毀部分,就保存現貌,不刻意復原,在沿綠川

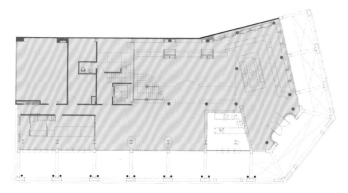

5-12.14日出集團宮原店新舊空間關係圖(一樓)

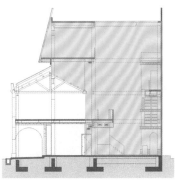

5-12.15日出集團宮原店新舊空間
關係圖(上下樓層)

5-12.16日出集團宮原店一樓展售
櫃台

5-12.17日出集團宮原店一樓展售
櫃台

5-12.18日出集團宮原店一樓展售
櫃台

5-12.19日出集團宮原店一樓展售櫃台

5-12.20日出集團宮原店一樓舊磚牆展示

5-12.21 日出集團宮原店一樓新舊建物交接處
5-12.22 日出集團宮原店一樓古井捐款箱

5-12.23 日出集團宮原店大圖書櫃

東街部分，則保留原有騎樓空間。由於原建築只剩沿街部分保存較多，所以建築師選擇在後面及頂部置入新空間，讓新舊空間融為一體，不過新舊建築的結構是一大難題。基本上，部分新的結構是落於原建築的承重牆系統上，但Y字型結構的使用則是為了減損對原有木屋加的實質與視覺衝擊。

日出宮原店的室內配置，除了少部分磚牆外，已無原有眼科醫院的空間，一樓除了大廳之外，配置有蛋糕酥餅類及巧克力展售櫃台與結帳櫃檯，在末端臨綠川東街處則是冰淇淋販售處。二樓則是餐飲空間，可由新設的電梯與樓梯抵達，此部分面積並不大，因為大廳、結帳櫃檯及部分展售櫃台上方基本上是挑空的，且結帳櫃檯上方的挑空一直延續到四樓。三樓空間更小，只有廁所及一處藝文展覽空間，展出此棟建築的史料，由此可通往一處戶外平台眺望街景，亦設有一座奠基石，原有沿綠川東街的屋頂木構架則保留以供參觀。四樓則是以新結構架於原有建築之上的新空間，大多作為餐飲之用。室內的設計，以書櫃為主體，彷若要打造一座夢幻圖書館，部分櫥櫃與家具是以拆解舊屋後剩下的木材所作。店中央也將一座無法使用的古井，打造成現代風的圓型玻璃募款箱，室內部分裝飾

5-12.24日出集團宮原店大圖書櫃細部
5-12.25日出集團宮原店大圖書櫃細部

5-12.27日出集團宮原店二樓餐廳
5-12.28日出集團宮原店二樓餐廳

5-12.26日出集團宮原店二樓餐廳

5-12.29日出集團宮原店二樓餐廳

及挑空部分天窗的設計，也脫胎於傳統「雙喜」剪紙，含有意抬頭見喜，喜從天降的寓意，均有其巧思之處。

整體而言，日出宮原店是再利用後是一棟在外貌上新舊對立，在室內則是新舊融合的案例。街角的愛奧尼克柱、原台中衛生院的浮雕字與沿街面的磚拱，透露了原有建築的歷史與過去。但新空間外觀上的玻璃帷幕牆與室內空間的設計，則展現了新世紀建築的質感。比起一些以凍結歷史原貌為保存觀念的老建築，宮原日出店明顯的受到更多年輕世代的喜歡。

5-12.30日出集團宮原店三樓餐廳
5-12.31日出集團宮原店三樓餐廳

5-12.32日出集團宮原店大挑空

5-12.33日出集團宮原店三樓餐廳

5-12.34日出集團宮原店電梯地板

5-12.35日出集團宮原店電梯天花

5-12.36日出集團宮原店大挑空
5-12.37日出集團宮原店大挑空

5-12.39日出集團宮原店大挑空天窗
5-12.40日出集團宮原店大挑空天窗

5-12.38日出集團宮原店三樓廁所

5-12.41日出集團宮原店大挑空天窗

圖片來源

本書之圖片，除下列A及B部分外，均為作者自拍或被授權直接使用

A: 以下資料採自網路，依國際協定CC BY-SA2.0, 3.0 或 GNU Free Documentation License Version 1.2授權使用:

1-1.3 (©Giovanni Dall'Orto), 1-2.5 (©Giovanni Dall'Orto), 1-2.6 (©Verity Cridland), 1-2.19 (©Friends of Gas Works Park), 1-2.20 (©Another believer), 3-1.1 (©Ugo franchini), 3-2.4 (©Dennis Jarvis), 3-2.8 (©Wikimedia Commons), 3-2.9 (©Akumiszcza), 3-2.15 (©Kriskros), 3-2.23 (©Cezary), 3-12.8 (©Joe Mabel), 4-3.1 (©GOcar Tour Barcelona), 4-3.2 (©Antoni Tapies Foundation), 4-3.6 (©Barcelona Card), 4-3.18 (©loop-barcelona.com), 4-3.18 (©World Architects), 4-5.1 (©Epizentrum) , 4-6.17 (©Maccoinnich), 5-5.1 (©eigene Aufnahme), 5-5.2 (©Chris Baier), 5-5.4 (©Nicohofmann), 5-5.5 (©Wikimedia Commons), 5-5.6 (©Tobias Bar), 5-7.1, 5-7.13 (©Danish Martime Museum)

B: 以下超過50年之照片及部分資料採自不同來源:

1-1.1 (lindisfarneprints), 1-2.2, 1-2.3, 1-2.4 (Pantheon), 2-1.1, 2-1.2, 2-1.5, 2-1.6, 2-1.22, 2-1.23, 2-1.24 (Baths of Diocletian), 2-2.22 (Bath Museum), 2-3.4, 2-3.12 (National Museum of the Middle Ages), 2-4.1 (Carmo Archaeological Museum), 2-6.5 (馬祖文化處), 3-1.2 (Barry Lawrence Ruderman Antique Map Inc.), 3-2.18, 3-2.19, 3-2.20, 3-2.21, 3-2.22, 3-2.23, 3-2.24 (Wieliczka Salt Mine Museum), 3-3.8 (San Antonio Art Museum), 3-4.1, 3-4.2 (Gulf of Georgia Cannery National Historic Site), 3-5.5, 3-5.6, 3-5.7 (www.hakodate-kanemori.com), 3-6.6, 3-6.7, 3-6.8, 3-6.9 (www.yokohama-akarenga.jp), 3-7.1 (Heineken Co.), 3-11.7 (Asian Civilization Museum), 3-12.1, 3-12.2, 3-12.5, 3-12.6, 3-12.7 (©Friends of Gas Works Park), 3-13.1, 3-13.5 (Library of Congress), 3-13.2, 3-13.6 (Wikimedia Commons), 3-13.7 (Abel Bowen), 3-13.8 (The New Downtown), 3-14.1 (archivemaps), 3-14.5 (Tate Gallery), 3-17.6 (高雄市立歷史博物館), 3-18.2, 3-18.3 (台灣建築會誌), 3-20 (台灣寫真集), 4-1.4, 4-1.6 (Orsay Museum), 5-2.5 (Library of Congress), 5-5.29 (Wikipedia), 5-6.5 (State Library of Victoria), 5-6.30 (Cutty Sark Museum), 5-9.1 (東京國際兒童文學圖書館), 5-10.8, 5-10.9 (舊明信片), 5-12.2 (國立臺中圖書館數位典藏)

舊建築再利用:歷史.理論.實例 / 傅朝卿作. -- 第一版. -- 臺南市:古都
基金會, 2017.11
400面;18x25公分
ISBN 978-957-30236-2-3(平裝)
1.文化政策 2.歷史性建築 3.文化資產保存 4.個案研究
541.29   106022006

舊建築再利用／歷史‧理論‧實例

作者: 傅朝卿
美編: 湯鈺媗
出版: 財團法人古都保存再生文教基金會
地址: 700台南市中西區中山路79巷3號
電話: 886-6-2204455
傳真: 886-6-2204453
印刷: 台暉印刷設計有限公司
第一版: 2017年11月
定價: 新台幣750元

ISBN: 978-957-30236-2-3(平裝)
©傅朝卿